数学文化与初中数学教学的融合

基于"洋葱数学"进行设计的视角

王学先 —— 主编

杨兴建
朱兴强 —— 副主编

东北师范大学出版社

长春

图书在版编目（CIP）数据

数学文化与初中数学教学的融合：基于"洋葱数学"进行设计的视角 / 王学先主编. — 长春：东北师范大学出版社，2023.8
ISBN 978-7-5771-0463-8

Ⅰ.①数… Ⅱ.①王… Ⅲ.①中学数学课—教学研究—初中 Ⅳ.①G633.602

中国国家版本馆CIP数据核字（2023）第150579号

□责任编辑：刘格格　　　　□封面设计：言之凿

□责任校对：刘彦妮　张小娅　□责任印制：许　冰

东北师范大学出版社出版发行

长春净月经济开发区金宝街 118 号（邮政编码：130117）

电话：0431-84568023

网址：http：//www.nenup.com

北京言之凿文化发展有限公司设计部制版

北京政采印刷服务有限公司印装

北京市中关村科技园区通州园金桥科技产业基地环科中路 17 号（邮编：101102）

2023年8月第1版　2023年10月第1次印刷

幅面尺寸：170mm×240mm　印张：18.5　字数：312千

定价：58.00元

编 委 会

　　20 世纪 80 年代初，我大学毕业被分配到一个小镇去教书，和我一起去的有十几人，教什么学科的都有。我们中一些人，他们见多识广、爱读哲学、美学，喜欢谈论音乐、美术、天文地理，天天把柏拉图、亚里士多德、康德、叔本华、卢梭、达·芬奇等挂在嘴边，还会谈论芝诺悖论、三次数学危机，特别是毕达哥拉斯学派的希帕索斯因为发现等腰直角三角形的直角边与其斜边（或正方形的边与对角线）不可通约，而被同门兄弟施以惩罚，贝克莱大主教在与牛顿的论战中把无穷小量称为"已死量的幽灵"等，这些茶余饭后的讨论非常引人入胜，让我大开眼界。受他们影响，我也买了黑格尔的《小逻辑》《大逻辑》、卢梭的《忏悔录》、彭加勒的《科学与假设》、叔本华的《作为意志与表象的世界》……虽然不一定能理解书中的深刻意义，但我仍坚持阅读，并将其渗透于课堂教学中。

　　1988 年，我在北京师范大学读数学教育方向的研究生，其间，钟善基先生担任我们的《古今数学思想》选读课老师。钟善基先生博古通今、学贯中西，他在讲数学史、数学思想史、数学文化等时，真可谓娓娓道来、信手拈来。在钟先生的课上可以真切感受到数学史、数学文化的魅力，也对当年自己在数学课上通过讲"数学史趣闻"激发学生兴趣的做法有了感悟——原来这是在传播数学文化。我读过孙小礼、邓东皋的《数学与文化》，齐民友的《数学与文化》等，还有《西方文化中的数学》《数学：确定性的丧失》，但对数学文化始终没有形成清晰的认识。后来，通过读杨振宁、陈省身、丘成桐等人的论著，对其中体现的数学文化、数学思想有所体验，但同时也让我明白，要想对数学文化形成清晰认识，归根到底要有深厚的数学功底，否则就只能是"玩一玩"。

　　然而，我国在世纪之交开始的基础教育课程改革中，明确提出了数学文化走进中小学课堂的要求。其中，在义务教育阶段，要求"数学文化作为教材的组成部分，应渗透在整套教材中。为此，教材可以适时地介绍有关背景知识，包括数学在自然与社会中的应用，以及数学发展史的有关材料，帮助学生了解在人类文明发展中数学的作用，激发学习数学的兴趣，感受数学家治学的严谨，欣赏数学的优美。"高中阶段，强调通过数学文化的学习，让学生"初步了解数学科学与人类社会发展之间的相互作用，体会数学的科学价值、应用价值、人文价值，开阔视野，寻求数学进步的历史轨迹，激发对于数学创新原动力的认识，受到优秀文化的熏陶，领会数学的美学价值，从而提高自身的文化素养和创新意识。"在此基础上，提出了两点具体要求：第一，数学文化应尽可能有机地结合高中数学课程的内容，选择介绍一些对数学发展起重大作用的历史事件和人物，反映数学在人类社会进步、人类文明发展中的作用，同时也反映社会发展对数学发展的促进作用。第二，学生通过数学文化的学习，了解人类社会发展与数学发展的相互作用，认识数学发生、发展的必然规律；了解人类从数学的角度认识客观世界的过程；发展求知、求实、勇于探索的情感和态度；体会数学的系统性、严密性、应用的广泛性，了解数学真理的相对性；提高学习数学的兴趣。

在《义务教育数学课程标准（2022 年版）》中，对教材中介绍数学文化提出了进一步要求：内容设计要反映数学在自然与社会中的应用，展现数学发展史中伟大数学家，特别是中国古代与近现代著名数学家，以及他们的数学成果在人类文明发展中的作用，增强学生的爱国情怀和民族自豪感。如介绍《九章算术》、《几何原本》、珠算、机器证明、黄金分割、计算机层析成像（CT）技术、大数据等内容，以及祖冲之、华罗庚、陈景润等数学家的事迹。《普通高中数学课程标准（2017 年版 2020 年修订）》中还给出了数学文化的定义："数学文化是指数学的思想、精神、语言、方法、观点，以及它们的形成和发展；还包括数学在人类生活、科学技术、社会发展中的贡献和意义，以及与数学相关的人文活动。"认为将数学文化融入教学，有利于激发学生的数学学习兴趣，有利于学生进一步理解数学，有利于开阔学生视野、提升学生的数学学科核心素养。这就要求教师将数学文化融入课程内容中去，有意识地结合相应的教学内容，将数学文化渗透在日常教学中，引导学生了解数学的发展历程，认识数学在科学技术、社会发展中的作用，感悟数学的价值，提升学生的科学精神、应用意识和人文素养。

由此看来，中小学数学教学中不仅要"玩"数学文化，并且非"玩"好不可。那么，如何在中小学数学教学中进行数学文化教育呢？

看到王学先老师发来的书稿——《数学文化与初中数学教学的融合——基于"洋葱数学"进行设计的视角》，我有豁然开朗之感——数学课堂融入数学文化的目的并不是单纯为了讲解数学文化理论，所以不必把数学文化看得那么神秘，也不必把数学教学中融入数学文化看得那么高不可攀。从王学先名师工作室和昆明市中学数学教师的做法中，可以得到以下启示。

第一，他们以课程标准为依据，以教材为蓝本，紧密结合课堂教学开展数学文化与初中数学教学融合的实践探索，持续地在课堂中积累经验，最终将老师们的实践结晶综合起来，汇集成书。本书这些成果没有什么高大上的理论，但在培养学生数学核心素养上颇有效果，并且有可操作性和可模仿性。

第二，根据学校数学教学实际，将数学文化融入课程内容的研究，从教学设计、课堂教学延伸到数学文化背景试题的命制。名师工作室主持人王学先老师率先垂范，他以有代表性的初中学业水平考试数学文化试题为对象，从中外优秀传统数学文化、中外数学家优秀成果、古代生产生活、数学名题、当代生活文化、当代科技文化、数学画作等方面展开深入细致的分析，从中梳理出数学文化试题的命题思想及教育价值，为初中学业水平考试中心命制数学文化试题提供了有益借鉴。在课程教学改革深化发展的今天，通过"双考合一"中的命题改革来牵引数学课堂教学与数学文化的融合，是一种不错的策略选择。

第三，以课题研究带动数学文化融入课堂教学研究。王学先名师工作室开展了"基于'洋葱数学'培养学生自主预习能力的模式探索"课题研究，利用信息化手段进行数学文化融入课堂的教学设计，取得了大量成果，这些成果虽然有些稚嫩，但却为一线教师开展数学文化渗透到初中数学课堂的教学提供了宝贵的实验数据和可借鉴的操作方法。

第四，本书在数学文化融入初中数学课堂教学的"选点"上比较准确，是落实课程标准提出的"将数学文化融入教学内容"的一次有益尝试。事实上，初中数学课程内容都具有悠久历史，很多内容都蕴含着丰富的文化价值，例如《九章算术》中正负数、无理数的发现、结绳计数、《庄子·天下篇》中的极限思想、杨辉三角、《几何原本》中一元二次方程图的解法、海伦的秦九韶公式、赵爽弦图、黄金矩形……本书从教科书的每个章节中选取相关教学内容，有机融入数学文化，编写成教学案例。从这些案例中可以看到，蕴含数学文化的数学史料，可以极大提高学生的数学学习兴趣，让学生从中切实感受到数学"好玩"，同时也能使他们体验到任何一个数学知识都不是天经地义就是这样的，即使像0、负数这样的"简单"内容，也是经历了漫长的认识过程才形成现在这个样子的。

另外，特别值得称道的是，本书中的教学设计都包含数学阅读任务的设计，这是非常重要的。例如，在"二次根式"中就有"古埃及的化圆为方运算史料""古巴比伦的方形对角线运算史料""古印度的根式运算史料""中国《九章算术》的开方术史料"的阅读任务。我认为，与日常教学相伴，有意识地引导学生开展这样的数学阅读，不仅能使学生的阅读理解能力得到提升，有效地提高考试成绩，而且能在日积月累中让学生既长知识又长见识。

总之，本书虽然"草根"，但却能给读者以启示，因为它是作者们在数学教育教学实践中一点点积累下来的。愿广大一线教师能像王学先名师工作室的老师们这样，扎扎实实地搞教科研，全心全意地为学生终生发展谋利益，在提升数学课堂的文化品位、数学教学思想品质上走出一条康庄大道来。

章建跃

2023 年 7 月 18 日于北京吾庐

第一章　数学文化融入教学的案例设计集

第三章　数学文化试题特色分析及课题研究成果

数学文化融入教学的案例设计集

第一节　教学设计

重温文化经典　再探解题之法
——以"鸡兔同笼"为背景的二元一次方程（组）教学设计
云南财经大学附属中学　王学先

一、数学文化背景材料

"鸡兔同笼"最初记载于《孙子算经》，该书作者不详．其中将"鸡兔同笼"问题叙述为："今有雉兔同笼，上有三十五头，下有九十四足，问雉兔各几何．"后又被收录于明代程大位（1533—1606 年）所著《算法统宗》第八卷的"少广章"，问题叙述时把"雉"改为了"鸡"，由此"鸡兔同笼"的说法被沿用至今．

古人对"鸡兔同笼"的问题早已给出了解法．《孙子算经》中的解法可概括为"上置头，下置足，半其足，以头除足，以足除头即得"，此方法叫作"半足法"．《算法统宗》给出了两种不同于"半足法"的算法，一种算法为"置总头倍之得七十，与总足内减七十余二四，折半得一十二是兔，以四足乘之得四十八足，总足减之余四十六足为鸡足，折半得二十三"，另一种算法是先求鸡的只数，与先求兔的只数程序基本相同，这个方法叫作"倍头法"．

二、教学内容解析及文化背景分析

（一）内容

本节课选自人教版《义务教育教科书·数学》七年级下册第八章中的二元一次方程组的内容．

（二）内容解析

本问题可以通过算术法、一元一次方程或二元一次方程的方法来解决．本节课以数学文化——"鸡兔同笼"经典问题为背景,是一节把算术法、一元一次方程与二元一次方程进行整合的方程专题线索课.本节课通过分析问题中的数量关系,让学生脑洞大开,从不同的角度去思考"鸡兔同笼"问题,用逆向思维列出算式去解决问题,用正向思维列出一元一次方程和二元一次方程去解决实际问题(数学建模),这一经典的数学建模过程,是数学应用的具体表现,它对运用其他数学模型解决实际问题有很强的示范作用.

(三) 数学文化背景分析

《全日制义务教育数学课程标准》指出:"数学是人类文化的重要组成部分."数学课堂教育应该把数学知识、人文知识的教学和人文精神的培养融为一体,体现数学的文化价值.学生不仅要学会数学知识,还要感受到数学是一种文化,使自己成为有知识、有文化的青少年.因此,教师在课堂教学中渗透数学文化是培养学生情感、态度、价值观的一个重要方面.

《鸡兔同笼》一课通过回顾小学的算术解法,迁用二元一次方程组的思想方法来解决一些古代应用题.在这节课的教学中,教师不仅要教会学生用二元一次方程组来解决类似的实际问题,还要在课堂中大量渗透数学文化,培养学生对数学学习的兴趣和提升学生的民族自豪感.

三、教学目标和目标解析

(一) 教学目标

(1) 学生理解二元一次方程组的概念,会解二元一次方程组.

(2) 通过"鸡兔同笼"问题引导学生一题多解,让学生体会数学建模和转化的思想,并能运用二元一次方程组解决相关的实际问题.

(3) 通过对"鸡兔同笼"问题解法的探究,让学生感受数学文化的魅力和中国古代数学的成就,激发学生学习数学的兴趣和培养学生的民族自豪感.

(二) 目标解析

达成目标(1)的标志是:学生能够准确判定一个方程组是不是二元一次方程组,掌握代入消元和加减消元的一般步骤,并能正确求出简单的二元一次方程组的解.

达成目标(2)的标志是:学生能够准确分析数量关系,发现等量关系,依据实际问题列出方程组,解方程组,并用方程组的解解释实际问题.

达成目标(3)的标志是:学生能够在数学文化背景下的知识学习中,感受数学的美,关注数学文化,了解我国古代数学文化,并找一些中国古代数学问题来进行探究.

四、教学重难点

（1）教学重点：学生结合实际问题背景构建二元一次方程组，并会求解二元一次方程组.

（2）教学难点：学生会根据实际问题列二元一次方程组，并理解如何将"二元"向"一元"转化.

五、学生学情分析

"鸡兔同笼"问题，学生在小学的时候已经有所接触，小学主要是通过算术的方法解决该问题，算术法是通过转化思想，用逆向思维分析问题，在这个过程中，学生较难理解转化思想，但是计算比较简单；学生在七年级上学期已经学习过一元一次方程，会用一元一次方程解决这个问题，而建立二元一次方程组解决这个问题，是学生之前没有接触过的内容，学生第一次遇到多元的问题，为什么在解二元方程时要向一元转化，如何进行转化，需要结合实际问题进行分析.

六、教学策略分析

数学是一门培养人的思维、发展人的思维的重要学科，因此在教学中，不仅要使学生"知其然"，还要使学生"知其所以然".针对七年级学生的认知结构和心理特点，教师在教学本课时可以选择"问题引导教学法、探究式教学法"，由浅到深，引导学生掌握自主学习法、探究学习法，这种教学理念紧随新课改理念，也反映了时代精神.

七、教学设计过程

环节1：引入情境，提出问题

《孙子算经》是我国古代一部较为普及的算书（图1-1-1），里面的许多问题浅显有趣，其中下卷第31题"雉兔同笼"流传尤为广泛."鸡兔同笼"是中国古代的数学名题之一，大约在1500年前，《孙子算经》中就记载了这个有趣的问题."鸡兔同笼"题为：今有鸡兔同笼，上有三十五头，下有九十四足，问鸡兔各几何？

图 1 - 1 - 1

设计意图：我国古代数学有许多杰出的研究成果，许多成就为世界所瞩目，并获得了高度评价. 在教学中结合教学内容，介绍我国古代数学成就《孙子算经》中的"鸡兔同笼"问题，既符合本章的教学内容，又可以培养学生的爱国精神和民族自豪感. 教师要重视提高学生对本章学习的热情，从数学文化说起引入课题.

问题 1："上有三十五头"的意思是什么？"下有九十四足"的意思是什么？

环节 2：假设想法，思考发现

问题 2：鸡兔各有几只？可以用哪几种方法计算？

问题 3：同学们，你可以想到几种算术方法来解决这个问题呢？

1. 最帅的方法"耍兔法"

可以给这群小动物喊口令："鸡不动，兔子耍酷."兔子就全体起立了！

脚：$2 \times 35 = 70$（只）

兔脚：$94 - 70 = 24$（只）

兔：$24 \div 2 = 12$（只）

鸡：$35 - 12 = 23$（只）

2. 最神奇的方法"添脚法"

变变变，把鸡的翅膀变成脚！

脚：$35 \times 4 = 140$（只）

鸡翅膀：$140 - 94 = 46$（片）

鸡：$46 \div 2 = 23$（只）

兔：35 − 23 = 12（只）

3. 最酷的方法"金鸡独立法"

让每只鸡都一只脚站立着，每只兔都用两只后脚站立着．

94 ÷ 2 = 47（只）

兔：47 − 35 = 12（只）

鸡：35 − 12 = 23（只）

4. 最逗的方法"吹哨法"

（1）假设鸡和兔接受过特殊训练，吹一声哨，它们就会抬起一只脚．

（2）再吹一声哨，它们又抬起一只脚，这时鸡都一屁股坐地上了，兔子还有两只脚立着．

94 − 35 = 59（只）

59 − 35 = 24（只）

兔：24 ÷ 2 = 12（只）

鸡：35 − 12 = 23（只）

5. 人见人爱的"列表法"

表 1 − 1 − 1

腿（只）	鸡（只）	兔（只）
……	……	……
88	26	9
90	25	10
92	24	11
94	23	12

兔：12 只

鸡：23 只

设计意图：通过生动有趣的方法，激发学生探究问题的兴趣．在引导学生通过列算式解决问题的同时让学生学会转化思想，也为后续讲解用加减消元法解二元一次方程组作好相应的铺垫．引导学生从不同的角度思考问题，利用不同的方法解决问题，着力培养学生数学建模的素养．

环节 3：自主探究，数学建模

问题 4：如果设鸡有 x 只，怎样列出一元一次方程？

等量关系：鸡头数＋兔头数＝35，

鸡脚数＋兔脚数＝94.

表 1－1－2

	鸡	兔	总数
头数	x	$35-x$	35
脚数	$2x$	$4（35-x）$	94

由此，得到一元一次方程：$2x+4（35-x）=94$.

问题 5：怎样解这个一元一次方程？

解：$2x+4（35-x）=94$

$2x+140-4x=94$

$2x=46$

$x=23$

$35-23=12$（只）

答：鸡有 23 只，兔有 12 只.

问题 6：如果设兔有 x 只，怎样解答这个问题？

由此，得到一元一次方程：$4x+2（35-x）=94$.

解：$4x+2（35-x）=94$

$4x+70-2x=94$

$2x=94-70$

$2x=24$

$x=12$

$35-12=23$（只）

答：兔有 12 只，鸡有 23 只.

设计意图：学生在用算式解决问题之后，对"鸡兔同笼"问题的数量关系有了一定理解，教师要引导学生学会运用一元一次方程解决问题，让学生充分感受到小学方法与中学方法的异同，同时也为学生后续的二元一次方程组的学习作更自然的铺垫.

问题 7：如果设鸡有 x 只，兔有 y 只，怎样列出二元一次方程组？

等量关系：鸡头数＋兔头数＝35，

鸡脚数＋兔脚数＝94.

表 1 - 1 - 3

	鸡	兔	总数
头数	x	y	35
脚数	$2x$	$4y$	94

由此，得到二元一次方程组 $\begin{cases} x + y = 35, & ① \\ 2x + 4y = 94. & ② \end{cases}$

问题 8：怎样解这个二元一次方程组？

由题意，得 $\begin{cases} x + y = 35 & ① \\ 2x + 4y = 94 & ② \end{cases}$

由①得，$x = 35 - y$　③

把③代入②得，

$2 (35 - y) + 4y = 94$，

$70 - 2y + 4y = 94$，

$y = 12$

把 $y = 12$ ①得，$x = 23$．

答：鸡有 23 只，兔有 12 只．

设计意图：由一元一次方程自然过渡到本节课的新知识点，建立二元一次方程组模型解决实际问题，在解方程组的过程中运用了代入消元法，让学生感知解决二元一次方程组的思想是"消元"——消去其中一个未知数，将"二元"转化成"一元"进行求解．

环节 4：思考问题，知识整合

问题 9：根据"耍兔法"的算法，怎样解这个二元一次方程组？

由题意，得 $\begin{cases} x + y = 35, & ① \\ 2x + 4y = 94. & ② \end{cases}$

将①×2 得，$2x + 2y = 70$，③

②-③得，$(2x + 4y) - (2x + 2y) = 94 - 70$，

化简得，$2y = 24$，

$y = 12$，

把 $y = 12$ 代入①得，$x = 23$．

答：鸡有 23 只，兔有 12 只．

设计意图：受"耍兔法"算法的启发，将该思想迁移到解二元一次方程组

中——改变其中一个式子中未知数 x 的系数，使得两式中未知数 x 的系数相同，两式相减消去 x，将"二元"转化成"一元"进行求解.

问题 10：根据"添脚法"的算法，怎样解这个二元一次方程组？

由题意得，$\begin{cases} x+y=35, \ ① \\ 2x+4y=94. \ ② \end{cases}$

由①×4 得，$4x+4y=140$，③

③-②得，$(4x+4y)-(2x+4y)=140-94$，

化简得，$2x=46$，

$x=23$，

把 $x=23$ 代入①得，$y=12$.

答：鸡有 23 只，兔有 12 只.

设计意图：受"添脚法"算法的启发，将该思想迁移到解二元一次方程组中——改变其中一个式子中未知数 y 的系数，使得两式中未知数 y 的系数相同，两式相减消去 y，同样也可以将"二元"转化成"一元"进行求解.

问题 11：根据"金鸡独立法"的算法，怎样解这个二元一次方程组？

由题意得，$\begin{cases} x+y=35, \ ① \\ 2x+4y=94. \ ② \end{cases}$

由②÷2 得，$x+2y=47$，③

③-①得，$(x+2y)-(x+y)=47-35$，

化简得，$y=12$，

把 $y=12$ 代入①得，$x=23$.

答：鸡有 23 只，有兔 12 只.

设计意图：受"金鸡独立法"算法的启发，将该思想迁移到解二元一次方程组中——利用等式的性质改变其中一个式子中未知数 x 的系数，使得两式中未知数 x 的系数相同，两式相减消去 x，同样也可以达到"消元"的目的.

问题 12：根据"吹哨法"的算法，怎样解这个二元一次方程组？

由题意得，$\begin{cases} x+y=35, \ ① \\ 2x+4y=94. \ ② \end{cases}$

由②-①得，$x+3y=59$，③

③-①得，$(x+3y)-(x+y)=59-35$，

化简得，$\begin{cases} 2y=24 \\ y=12 \end{cases}$

把 $y=12$ 代入①得，$x=23$.

答：鸡有 23 只，有兔 12 只.

设计意图：受"吹哨法"算法的启发，将该思想迁移到解二元一次方程组中——两次相减也可以达到借助"消元"来解二元一次方程组的目的.

环节 5：理解方法，知识内化

（1）算术法：计算容易，分析较难.

兔：$(94-35\times2)\div2=12$（只）   鸡：$35-12=23$（只）

或鸡：$(35\times4-94)\div2=23$（只）   兔：$35-23=12$（只）

（2）一元一次方程：比算术法容易理解.

设鸡有 x 只，则兔有 $(35-x)$ 只，由题意得：

$2x+4(35-x)=94$.

（3）二元一次方程组：容易理解，能更清晰、直接地表示出等量关系.

设鸡有 x 只，兔有 y 只，由题意得：

$$\begin{cases} x+y=35, \\ 2x+4y=94. \end{cases}$$

设计意图：通过师生共同探究，让学生比较解决"鸡兔同笼"问题的三种方法的不同之处，让学生进一步体会这三种方法各自的特点.

环节 6：学以致用，新知巩固

练习 1：有若干只鸡和兔，它们共有 88 个头、244 只脚，鸡和兔各有多少只？

答案：鸡有 54 只，兔有 34 只.

练习 2：一个停车场一共停了 15 辆车，有三轮车和轿车，共有 52 个轮子，求三轮车和轿车各有多少辆.

答案：三轮车有 8 辆，轿车有 7 辆.

感悟：

（1）算术法可以用"添轮法""减轮法"或"独轮法"等；

（2）方程建模，万能解题.

练习 3：红色钢笔每支 20 元，蓝色钢笔每支 15 元，两种颜色的钢笔共买了 16 支，花了 300 元. 问红、蓝钢笔各买了几支？

答案：红色钢笔 12 支，蓝色钢笔 4 支.

设计意图：通过不同类型的练习，让学生能够抓住该类问题的本质特征解决问题.

课堂回顾，深入理解（视频）.

课堂小结，分享收获.

通过本节课的学习，你们有哪些收获？

（1）这节课你获得了哪些知识？

（2）这节课你获得了哪些解决问题的方法？

（3）这节课你学习到了哪些数学思想？

设计意图： 让学生从不同的角度谈本节课学习的主要内容，使学生在学习过程中感受中国数学文化及数学之美，感悟用模型解决实际问题的数学思想，引发学生更深层次的思考，增强学生的应用意识，促进学生数学思维品质的提高.

数　轴

昆明市教育科学研究院　朱兴强

一、数学文化背景材料

数轴起源于 1637 年法国数学家笛卡儿提出的平面直角坐标系. 法国数学家笛卡儿在思考如何用几何图形来表示方程时，受到蜘蛛吐丝的启发，利用三根数轴画出了空间直角坐标系. 数轴也因此被称为一种特定的几何图形，它把我们常用的数和直线上的点一一对应起来.

二、教学内容解析及数学文化背景分析

（一）内容

数轴概念，用数轴上的点表示有理数.

（二）内容解析

数轴是初中数学中的一个核心概念，它是我们研究相反数、绝对值、有理数运算法则等概念的图形分析工具；借助数轴的直观性表示不仅可以加深我们对正数、0、负数的认识，还可以帮助我们进一步分析、理解相关数学问题；通过对点在数轴上的运动的研究可以推导出有理数的运算法则，利用数轴上表示数的特点来确定有理数的大小和不等式组的解集. 数轴作为分析、研究数学问

11

题的工具，不但体现了数形结合思想，而且也为研究数学问题提供了新的方法，为今后建立及运用平面直角坐标系打下了坚实的基础．

学习数轴是把数和形有机统一起来的一次尝试，我们借助人教版教科书七年级上册中第7页的问题情境，从情境出发，引导学生通过观察、转化、类比、比较、分析等思维活动，发现"三要素"（基准点、方向和与基准点的距离）在确定事物相对位置中的作用，把实际问题抽象成用"直线、点、距离等"描述的图形；继而将直线上的点用数表示，实现在一条直线上用0表示"基准点"，借助负数概念引入过程中用正数和负数表示"相反意义的量"的经验，来规定在0的左、右两边分别用负数和正数表示，顺利过渡到用负数、0、正数表示出这条直线上的点，为定义数轴概念提供直观基础；然后通过这一例子与温度计比较，使学生进一步明确"三要素"的意义，体会"用点表示数"和"用数表示点"的思想方法，为定义数轴概念又一次提供直观基础，自然引出数轴的概念．在数轴概念的建立过程中，应注意0是正数和负数的分界点，原点是数轴的基准点；单位长度是度量线段长度的单位，1是实数单位；原点两边的方向表示相反方向．它们与正数、负数的对应关系，即要注意原点与0，正向、反向与正数、负数，单位长度与1的对应关系，并具体讲述数轴的画法和用数轴上的点表示数的方法．

三、教学目标设置

（一）目标

（1）学生理解数轴的概念，会用数轴上的点表示有理数．

（2）学生理解数轴的原点、方向和单位长度与0、正负数和1的对应关系．

（3）通过数轴概念的建立过程引导学生的思维活动，使学生在学习过程中，不但学会知识，而且受到研究问题的思想方法训练，从而培养学生的思维能力，逐步提高学生独立解决问题的能力．

（4）学生经历从实际问题中抽象出数学问题的过程，逐步渗透相互转化、数形结合的思想方法．

（二）目标解析

通过数轴概念的建立过程，让学生明确数轴是一条规定了原点、正方向和单位长度的直线；当在数轴上给定一个点时，学生能读出或写出它所表示的数；当给定一个有理数时，学生能在数轴上找到表示它的点；会画数轴，能用数轴上的点表示有理数．

通过学习让学生体会数轴上的点与数的"一一对应"关系，任意给定一个有理数，都可以在数轴上找到一个点来表示；但在数轴上的一个点，并不一定能用一个有理数来表示．本节课只要求学生知道"所有的有理数，都可以用数轴上的点来表示"即可，无需刻意强调"数轴上的一个点，不一定有一个有理数与之对应"．

四、教学重难点

（1）教学重点：学生理解数轴"三要素"；体会用数轴上的点表示数的有理性，感受其中的数形结合思想．

（2）教学难点：学生体会数轴的原点、方向和单位长度与0、正负数和1的对应关系．

五、学情分析

从智力与能力发展的年龄特征方面看，七年级学生的思维正处于从以具体形象思维成分为主向以抽象逻辑思维成分为主的转折期．因此，教师呈现出的教学内容必须注意具体性、形象性，同时还要有适当的抽象、概括要求．本节课是学生第一次遇到用形表示数的问题，他们的困难在于无法理解其中蕴含的数与形之间的内在联系与相互转化的思想．教学中要选择学生熟悉的马路及路边上的一些具体物体作为引入情境，让学生画图描述物体的相对位置，借助引入负数概念时的经验逐步过渡到"用数表示直线上的点"和"用直线上的点表示数"，然后再让学生把这一例子与温度计作比较，让学生概括它们的共同点，从而引入数轴的概念.

本节课中，需要明确数轴的"三要素"（原点、正方向和单位长度）都是规定的，且缺一不可，根据"三要素"可以在数轴上找到唯一确定的点，否则"存在性""唯一性"就做不到；原点与0，正向、反向与正数、负数，单位长度与1的对应关系，都需要教师进行引导．

六、教学策略分析

为达到教学目标，突出重点，突破难点，本节课将从教学问题诊断和学生学习特点两个方面进行分析，分析在教学过程中存在的和可以借助的支持条件.

（一）从问题诊断方面看

教学情境的选取既要符合学生在这一时期的能力发展水平，又要能促使他们的思维向更高的阶段发展. 教学时选取教科书中的情境作为学习素材, 引导他们通过观察、转化、类比、比较、分析等思维活动, 发现"基准点""方向"和"与基准点的距离"在描述事物相对位置中的作用, 然后引入负数概念, 用正数和负数表示"相反意义的量"的经验概括出数轴"三要素", 引导学生体会数形结合思想.

（二）从学习特点方面看

七年级学生具有好动性, 注意力容易分散, 喜欢发表见解, 希望得到老师和同学的肯定与表扬, 教学中应抓住学生的这一生理、心理特点.

根据以上分析, 本节课以启发性教学为主, 通过对情境的观察、类比、比较等感知活动, 并借助温度计和课件、投影仪等辅助手段抽象出数轴的概念.

七、教学过程

（一）设置情境, 引入课题

问题 1： 在一条东西向的马路上, 有一个汽车站牌, 汽车站牌东 3m 和 7.5m 处分别有一棵柳树和一棵杨树, 汽车站牌西 3m 和 4.8m 处分别有一棵槐树和一根电线杆, 试画图表示这一情境.

师生活动： 以小组为单位从 3 个方面展开讨论, 寻求解决问题的方法.

1. 马路可以用什么几何图形来表示？

2. 汽车站牌在这个问题中起到了怎样的作用？

3. 你是如何确定问题中的柳树、杨树、槐树和电线杆的具体位置的？

设计意图： 利用情境和生活经验, 让学生通过小组讨论明确用一条直线来表示马路, 以汽车站牌为基准, 规定单位长度和方向, 画出柳树、杨树、槐树和电线杆的位置, 从中体会利用图形表示问题情境的合理性, 感受"基准点""方向"和"单位长度"在确定物体相对位置中的作用.

问题 2： 在直线上怎样用数简明地表示柳树、杨树、槐树、电线杆与汽车站牌的相对位置关系（方向、距离）？

师生活动： 学生画图后, 教师展示部分学生成果的同时进行提问.

（1）0 在直线上起什么作用？

（2）数的符号的实际意义是什么？

（3）如图 1-1-2 所示, 在一条直线上, A、B 的距离等于 B、C 的距离, 点 B 用 3 表示, 点 C 用 7.5 表示, 行吗？

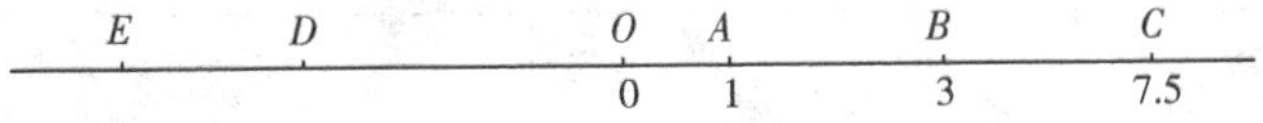

图 1 - 1 - 2

（4）明确做法并进一步提问：用这样的方法，我们就可以把这些树、电线杆与汽车站牌的相对位置关系表示出来了，例如，"-4.8"表示位于汽车站牌西侧4.8 m处的电线杆．你能再举个例子吗？

设计意图：使学生在"用数表示直线上的点"的过程中体会"基准点""方向"和"单位长度"在确定事物相对位置中的作用，并初步感受其中的数形结合思想，为定义数轴概念提供直观基础．

问题3：请你描述温度计由哪些数组成，它与问题2的结果相比有什么共同点和不同点？

师生活动：教师提供温度计实物和图形供学生观察与分析，然后引导学生从以下3个方面进行思考：

（1）它们由哪些数组成？

（2）温度计可以看作表示正数、0和负数的直线，这些数在温度计中有什么实际意义？其中0代表什么？

（3）它们与问题2的结果相比有什么共同点和不同点？

设计意图：借助生活中的温度计，引导学生分析用正数、0和负数表示温度的合理性，从而使学生明确0作为温度基准点的同时也是正数和负数的分界点，体会"用数表示直线上的点"和"用直线上的点表示数"的思想方法，进一步感受其中的数形结合思想，为定义数轴概念进一步提供的直观的基础．

（二）引出概念，辨析概念

问题4：通过以上方法的学习，你能否用一条直线上的点来表示数呢？

师生活动：在数学中，可以用一条直线上的点表示数，这条直线叫作数轴．师生在同步作图的过程中体会数轴"三要素"的意义，然后归纳出数轴的概念．

（1）画一条水平直线，并在直线上任取一点作为原点，用数字0表示．

（2）通常规定直线上从原点向右为正方向，从原点向左为负方向．

（3）选取适当的长度作为单位长度，直线上从原点向右，每隔一个单位长度取一点，依次表示为1，2，3，…；从原点向左每隔一个单位长度取一点，依次表示为 -1，-2，-3，…，如图1-1-3所示：

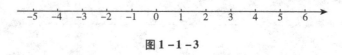

图 1 - 1 - 3

（4）像这样规定了原点、正方向和单位长度的直线叫作数轴. 原点、正方向和单位长度是数轴的"三要素".

（5）在上图中我们不难发现，不但整数可以用数轴上的点表示，分数和小数也可以用数轴上的点表示. 例如从原点向右 6.5 个单位长度的点表示小数 6.5，从原点向左 $\frac{5}{2}$ 个单位长度的点表示分数 $-\frac{5}{2}$，如图 1 - 1 - 4 所示：

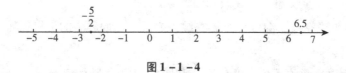

图 1 - 1 - 4

设计意图：设置问题 1~4 的目的是通过一系列的感知活动使学生抽象出"数轴"的概念，理解数轴"三要素"及其对确定"数轴上的点"的意义；体会 0 作为正数、负数的分界点，原点作为数轴"基准点"的特殊地位，体会"方向"与"正负数"、"单位长度"与 1 的对应关系及数形结合思想.

（三）尝试反馈，巩固概念

（1）图 1 - 1 - 5 中所画数轴对不对？如果不对，请指出错在哪里.

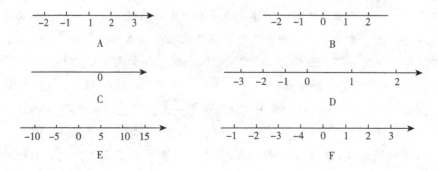

图 1 - 1 - 5

（2）如图 1 - 1 - 6 所示，写出数轴上点 A、B、C、D、E 表示的数.

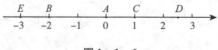

图 1 - 1 - 6

16

（3）画出数轴并表示下列有理数：

1.5，-2，2，-2.5，$\dfrac{9}{2}$，$-\dfrac{3}{4}$，0

（4）数轴上表示 3 的点在原点的哪一侧？与原点的距离是多少个单位长度？表示数 -2 的点在原点的哪一侧？与原点的距离是多少个单位长度？设 a 是一个正数，对表示 a 的点和表示 $-a$ 的点进行同样的讨论.

设计意图：检测学生对数轴的概念的掌握情况；通过对"用数轴上的点表示数"和"用数表示数轴上的点"的练习，进一步巩固学生数轴的概念和渗透数与形之间相互转化的数学思想；通过从特殊到一般的方法归纳出数轴上不同位置（原点左右）点的特点，培养学生的抽象概括（由具体的数到用字母表示的数）能力.

（四）归纳小结

师生共同回顾本节课所学的主要内容，教师提问，学生回答：

（1）本节课主要学习了哪些内容？

（2）数轴的"三要素"指什么？它们各起什么作用？

（3）你能举出引进数轴概念的一个好处吗？

归纳要点：

（1）数轴的概念、数轴的"三要素"、用数轴上的点表示数等.

（2）原点、正方向、单位长度：原点是数轴的"基准点"，表示 0，是正数和负数的分界点，正方向是确定正数的方向，单位长度是度量线段长度的标准.

（3）用数轴上的点表示数对数学的发展起了重要作用，以它为基础，可以直观地表示很多与数相关的问题. 数轴是一个重要概念，它的出现对数学的发展起了重要作用，它揭示了数和形之间的内在联系，为研究数学问题提供了新方法.

设计意图：通过小结，帮助学生进一步梳理本节课所学内容，掌握数轴的"三要素"，理解数轴的原点、方向和单位长度与 0、正负数和 1 的对应关系，感受通过数轴把数与形结合起来的思想.

（五）布置作业

（1）数轴上，如果表示数 a 的点在原点的左边，那么 a 是一个_____数；如果表示数 b 的点在原点的右边，那么 b 是一个_____数.

（2）在数轴上表示下列各数：

-5，$+3$，-3.5，0，$\dfrac{2}{3}$，$-\dfrac{3}{2}$，0.75

数学文化引新知　概念主线抓本质
——以"一元一次方程"单元起始课教学设计为例
王学先名师工作室　吴禹杰

一、数学文化背景材料

我国和西方方程的历史发展对比如图 1 - 1 - 7 所示.

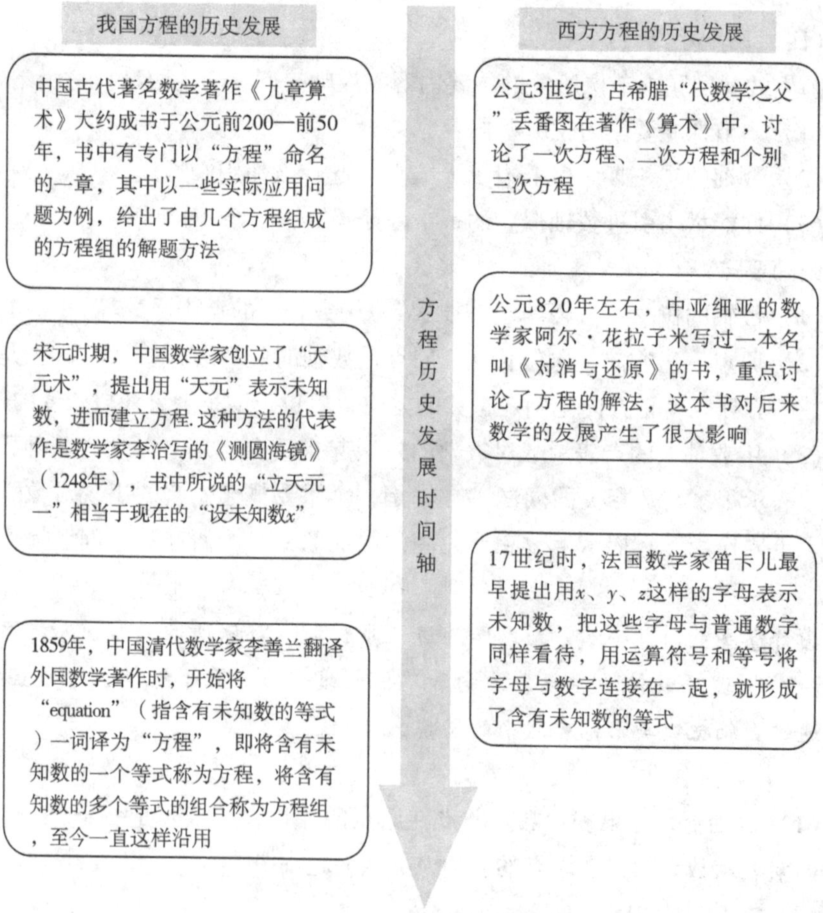

我国方程的历史发展

中国古代著名数学著作《九章算术》大约成书于公元前200—前50年，书中有专门以"方程"命名的一章，其中以一些实际应用问题为例，给出了由几个方程组成的方程组的解题方法

宋元时期，中国数学家创立了"天元术"，提出用"天元"表示未知数，进而建立方程.这种方法的代表作是数学家李治写的《测圆海镜》（1248年），书中所说的"立天元一"相当于现在的"设未知数x"

1859年，中国清代数学家李善兰翻译外国数学著作时，开始将"equation"（指含有未知数的等式）一词译为"方程"，即将含有未知数的一个等式称为方程，将含有知数的多个等式的组合称为方程组，至今一直这样沿用

方程历史发展时间轴

西方方程的历史发展

公元3世纪，古希腊"代数学之父"丢番图在著作《算术》中，讨论了一次方程、二次方程和个别三次方程

公元820年左右，中亚细亚的数学家阿尔·花拉子米写过一本名叫《对消与还原》的书，重点讨论了方程的解法，这本书对后来数学的发展产生了很大影响

17世纪时，法国数学家笛卡儿最早提出用x、y、z这样的字母表示未知数，把这些字母与普通数字同样看待，用运算符号和等号将字母与数字连接在一起，就形成了含有未知数的等式

图 1 - 1 - 7

二、内容和内容解析

（一）内容

方程与一元一次方程的概念；结合含有数学文化背景的实际问题，发现实际问题中的数量关系，设未知数并建立合理的数学模型．

（二）内容解析

方程的出现是人类文明发展中的一次重要飞跃，方程思想也是学习初中数学的一个重要数学思想．在此之前学生解决实际问题更多的是采用算术的方法，这样的方法从已知到未知，在建构数量关系上有一定的难度，而方程是通过等式将问题中的未知数和已知数建立起联系．

一元一次方程是进入初中阶段后最简单的代数方程，它是具有"含有一个未知数""未知数次数是1"两个特点的整式方程．其中概念中的"元"与"次"的内涵也是学生学习的重要部分，这也为后续方程家族中的二元一次方程、一元二次方程学习作了铺垫．

三、目标和目标解析

（一）目标

（1）学生结合有关数学史了解方程和一元一次方程的概念以及发展史．

（2）学生通过从算式到方程的学习，学会利用方程思想建立数学模型．

（3）学生经历根据实际问题列方程的过程，进而体会数学的方程思想．

（二）目标解析

达成目标（1）的标志是：学生结合小学所学的方程有关知识，知道方程是含有未知数的等式；结合数学文化对"天元术"的有关了解，深刻认识"元"的含义，并知道一元一次方程是含有一个未知数，且未知数的次数是一次的整式方程；能准确判断一个等式是否为方程和一元一次方程．

达成目标（2）的标志是：学生通过使用算式和方程两种方法来解决实际问题，从而认识相较于算式而言方程的优势；通过不同的实际背景，让学生分析数量关系，建立数学模型．

达成目标（3）的标志是：学生通过经历不同的实际背景的问题，建立数学模型，充分体现方程思想在解决实际问题中的重要性，形成从算式到方程的思维转变，进一步注重对方程这一内容的学习．

四、教学重难点

（1）教学重点：方程的概念及一元一次方程的概念.

（2）教学难点：学生发现实际问题中的数量关系，设未知数并建立合理的数学模型.

五、学生学情分析

本节课是学生从算术方法到方程的一个重要过渡，在认知层面上，学生会有一定的认知差，在理解了方程的概念后，用未知数表示有关的量，到依据问题列出相等关系是学生学习本节的重要环节.

六、教学问题诊断分析

在小学学生更多的是使用算术的方法来解决实际问题，虽然在小学高年级学生对方程有所接触，但不够熟悉，特别是在设未知数，建立数量关系上学生还存在一定的困难. 因此在本节课中通过问题引导探究法，层层递进，逐级分析，逐步引导学生用含未知数表示有关的量，再依据问题列出等量关系去解决实际问题.

七、教学过程设计

（一）课前预习展示，浸润数学文化

预习任务 1：我国最早出现的与"方程"有关的数学著作是什么？

预习任务 2：古希腊有"代数学之父"之称的数学家是谁？他对方程的发展有何研究？

预习任务 3：一元一次方程中"元"出自我国的哪一本著作？

预习任务 4：数学家花拉子米在《对消与还原》一书中重点讨论了方程的什么？

预习任务 5：国外的哪位数学家最早提出了用字母表示数？

预习任务 6：中国清代数学家李善兰翻译外国数学著作时，是如何定义方程的概念的？

设计意图：通过问题串的形式设置一系列与方程发展史有关的问题，作为预习任务，驱动学生主动去了解数学文化，从而引出方程的概念，为后续方程的学习奠定基础和数学文化储备.

（二）创设实际情境，自然概念生成

过渡引导语：在刚才大家收集的数学文化中我们已经知道了方程的概念：含有未知数的等式是方程．接下来你能判断出下列各式哪些是方程吗？

活动：判断下列各式哪些是方程？

(1)　$-1+5=4$　　(2)　$4x-24=0$　　(3)　$9m+3n$

(4)　$x>1$　　　　(5)　$a+b=8$　　(6)　$x^2-4x+4=0$

是方程的有_____（填序号）

设计意图：通过设计不含未知数的等式、含未知数的式子、含未知数的不等式以及所含未知数次数不同的等式，使学生来对方程的概念进行辨析，加强学生对方程的两个条件（①含有未知数；②等式）的深刻理解．

过渡引导语：在同学们对方程的概念有了一定的认识后，我们一起来看看，这个实际问题你能否解决？

问题1：一辆客车和一辆卡车同时从 A 地出发沿同一公路同方向行驶，快车的行驶速度是 70 km/h，慢车的行驶速度是 60 km/h，快车比慢车早 1h 经过 B 地，A、B 两地间的路程是多少？

（1）上面的问题中有哪些已知量和未知量？

（2）这些量可以建立怎样的等量关系？

（3）你可以分别用列算式和列方程两种方法来解决这个问题吗？

设计意图：这一问题是学生所熟悉的行程问题，通过对问题的分析，引导学生用字母来表示未知量，同时建立等量关系，通过解决以上三个问题，让学生体会列算式与列方程的方法在解决问题中的应用，学会从不同的角度思考问题．

问题2：比较列算式和列方程解决这个问题各有什么特点？

列算式：列出的算式表示解题的计算过程，只能用已知数．对于较复杂的问题，列算式解决比较困难．

列方程：方程是根据题中的等量关系列出的等式，既可以用已知数，又可以用未知数，解决问题比较方便．

设计意图：通过分析两种方法的优劣，进一步体现方程思想在数学应用中的重要地位，也让学生初步了解解方程的步骤．

问题3：根据下列问题，设未知数并列出方程：

（1）用一根长 24 cm 的铁丝围成一个正方形，正方形的边长是多少？（$4x=24$）

（2）一台计算机已经使用了 1700 h，预计之后每月再使用 150 h，经过多少月这台计算机的使用时间才能达到规定的检修时间 2450 h？（$150x+1700=$

2450）

（3）某校女生占全体学生数的 52%，比男生多 80 人，这个学校有多少学生？（$52\%x - 48\%x = 80$）

（4）某文具店一支铅笔的售价为 1.2 元，一支圆珠笔的售价为 2 元．该店在"六一"儿童节举行文具优惠售卖活动，铅笔按原价 8 折出售，圆珠笔按原价 9 折出售，结果两种笔共卖出 60 支，卖得金额 87 元．求卖出铅笔多少支．
$[1.2 \times 0.8x + 2 \times 0.9(60 - x) = 87]$

设计意图：通过解决以上 4 个问题，让学生熟悉设未知数、找相等关系、列出正确的方程的过程，为引入一元一次方程的概念作铺垫．

问题 4：观察问题 3 中的 4 个方程，它们有什么共同点？

（1）每个方程中，各含有几个未知数？

（2）说一说每个方程中未知数的次数．

（3）等号两边的式子有什么共同点？

归纳总结：

一元一次方程的概念：只含有一个未知数，未知数的次数都是 1，等号两边都是整式，这样的方程叫做一元一次方程．

设计意图：通过解决以上 3 个小题，归纳出一元一次方程的共性特点，由学生自主总结一元一次方程的概念，培养学生分析问题及总结归纳的能力．

（三）课堂练习反馈，强化知识运用

（1）"鸡兔同笼"问题："今有鸡兔同笼，上有三十五头，下有九十四足，问鸡兔各几何？"图 1－1－8 是小明的解题过程，需要补足横线上符号所代表的内容，下列判断不正确的是（　　　　）

```
解：设鸡有 x 只，那么兔有□只．
因为☆+兔的足数=94，所以列方程为○x+ △（35−x）=94，
解这个方程，得 x=23，
从而 35−23=12．
答：鸡有 23 只，兔有 12 只．
```

图 1－1－8

A. □代表（$35 - x$）　　　　B. ☆代表鸡的足数

C. ○代表 2　　　　D. △代表 2

（2）《算学启蒙》中有一道题，原文是：良马日行二百四十里，驽马日行一百五十里．驽马先行一十二日，问良马几何追及之？译文为：跑得快的马每

天走 240 里，跑得慢的马每天走 150 里．慢马先走 12 天，快马几天可以追上慢马？设快马 x 天可以追上慢马，可列方程（　　）

A. $240x = 150（x+12）$　　　　B. $240（x-12）= 150x$

C. $240（x+12）= 150x$　　　　D. $240x = 150（x-12）$

设计意图：通过两个问题让学生巩固列方程的基本步骤，学会灵活运用方程的概念，同时渗透数学文化并建立数学模型的思想方法．

（四）课后反思小结，深化概念理解

教师与学生一起回顾本节课所学的内容，思考并回答以下问题：

（1）本节课哪一部分与方程有关的数学史让你最为印象深刻？你还知道有关的数学文化吗？

（2）一元一次方程有哪些特征？你怎样判断一个式子是否是一元一次方程？

（3）如何依据一个具体的实际问题列出方程？寻求等量关系的关键是什么？

设计意图：通过三个问题设计，分别对方程的文化、方程的概念、如何列方程进行了小结与复习，加强学生对知识的深层次理解．

八、教学反思

本节课的内容是人教版数学七年级上册第三章的章节起始课．由于本章节难度不是很大，学生较容易理解，因此将方程的数学文化以时间轴的形式呈现，对学生来说是一个认识数字文化的很好的机会．

（一）预习查阅数学史，激发学生学习兴趣

数学史、数学思想等是初中数学教学中重要的文化素材．在教学中，通过引入数学文化，使原本抽象且枯燥的概念教学变得生动有趣，能激发学生深入了解数学文化的欲望，因此在本节内容教学的开始，通过查阅资料并介绍方程发展史的时间轴引出本节课的主题；在课堂进行过程中，通过对方程文化的记载，对相关知识进行提炼讲解；在最后的提升练习中，对《算学启蒙》中的数学问题进行解答，加深学生对概念的理解，让学生为我国有优秀的数学文化而感到骄傲．

（二）合理设置问题串，引发学生自主探究

在教学设计过程中，为了避免学生对抽象概念难以理解，在问题设计上尽可能地通过问题链的设定引导学生进行思考，问题的设置层层递进，可以让学生更容易理解概念，同时也使学生有更多的机会参与到课堂的探究中．本节课在课堂引入、问题解决以及概念凝练等几个环节中都设计了有梯度的问题链，引导学生一步步进行深入的学习探究．

（三）研究概念发展史，揭示数学概念本质

本节课中，通过让学生以预习的方式了解方程概念的发展史，使学生深刻地认识数学概念的形成过程，从而围绕方程学习的精髓进行深度的思考．这样的设计不仅有利于加深学生对数学文化的了解，还可以揭示概念更深层次的本质．

二次根式

王学先名师工作室　杨兴建

一、数学文化背景及分析

二次根式的由来与发展：根式源于开方运算，是人类最早发明的运算之一．古埃及的化圆为方、古巴比伦的方形对角线、古印度的根式运算、我国《九章算术》的开方术等，均是早期的二次根式运算．开方（即二次根式）符号的表示各不一样，古埃及用"「"符号表示平方根，古印度人在数前写"Ka……"表示开方，德国人用"·"表示平方根，用"··"表示 4 次方根，也有人采用拉丁文"radix"（根）第一个字母"大写 R"来表示开方运算，"Rq"表示开平方运算，"Rc"表示开立方运算．

在 17 世纪，法国数学家笛卡儿（1596—1650）在《几何学》的著作中第一个使用了现今的二次根号"$\sqrt{\ }$"形式．笛卡儿写道："如果想求 n 的平方根，就写作 $\pm\sqrt{n}$. 如果想求 n 的立方根，则写作 $\sqrt[3]{n}$."如果被开方数的项较多，笛卡儿就用一条横线把这几项连起来，避免混淆．

从开方运算与二次根式符号的发展来看，数学知识来源于生活且高于生活，数学语言、数学符号的采用都是经过漫长的筛选、淘汰才最终确立的，它们都具有简洁、实用、和谐、美观的特点，是人类集体智慧的结晶．

二次根式与西方理性精神追求．二次根式的出现引出了无理数的概念，引

起了第一次数学危机．当时的数学家为了追求真理，敢于质疑，主动发表自己的发现，不惧怕当时的毕达哥拉斯学派、教会等的谋害，他们敢于为真理牺牲的精神值得我们敬仰和学习．

二次根式与中国数学．我国古代《九章算术》第四章少广篇 12 ~ 16 题中，记载了开平方运算，并在第 16 题后给出了较为完整的开平方运算法则．

开方术曰：置积为实（被开方数）．借一算步之，超一等．议所得，以一乘（乘一次）所借一算为法，而以除（减）．除已，倍法为定法．其复除．折法而下．复置结算步之如初，以复议一乘之，所得副，以加定法，以除．以所得副从定法．复除折下如前．若开之不尽者为不可开，当以面命之．若实有分者，通内分子为定实，乃开之，讫，开其母报除．若母不可开者，又以母乘定实，乃开之，讫，令如母而一．

由上述可知《九章算术》中所采用的开平方法与当今教科书中的方法类似．当答案不是整数时，则用十进制小数无限地计算下去．"若开之不尽者为不可开，当以面命之"．因而就引出了无理数的概念，并冠名为"面"．

古代东西方人们都早已发现和应用开平方运算．由此可知，数学是人类文明进步的文化财富．不同地域、不同文化背景下的数学概念、数学方法、数学思想、数学创造都是数学文化的重要分支，即使是一种数学语言符号的发明和普遍采用也是几代人智慧的结晶．

二次根式中所蕴含的数学方法与数学思想．本节课的内容主要是让学生掌握开平方的思想．本节课学生不仅可以学习知识与技能，还能感悟到数学推动人类文明的发展与进步，人们追求真理而不惧权威的精神，同时也会感受到中国古代文明的先进与繁荣．

二、教学内容及内容解析

本堂课是第十六章二次根式的第 1 课时，属于章节的起始课．本节课是在学生学习了平方根、算术平方根、立方根的概念，会用根号表示数的平方根、立方根，知道开方与乘方互为逆运算的基础上，来学习二次根式的概念的．它不仅是对前面所学知识的综合应用，还是为后面学习二次根式的性质和四则运算作铺垫．教材先设置了三个实际问题，这些问题的结果都可以表示成二次根式的形式，它们都表示一些正数的算术平方根，由此引出二次根式的定义．再通过例 1 讨论二次根式中被开方数字母的取值范围的问题，加深学生对二次根式的定义的理解．

三、教学目标

（1）学生了解二次根式的概念，能判断一个式子是不是二次根式．

（2）学生掌握二次根式有意义的条件．

（3）学生掌握二次根式的基本性质：$\sqrt{a} \geq 0$（$a \geq 0$）和 $(\sqrt{a})^2 = a$（$a \geq 0$）．

四、教学重难点

（1）教学重点：使二次根式有意义的条件，二次根式的性质．

（2）教学难点：综合运用性质 $\sqrt{a} \geq 0$（$a \geq 0$）和 $(\sqrt{a})^2 = a$（$a \geq 0$）．

五、学情分析

八年级的学生，个性上表现为张扬与好动，心理上正处于叛逆期，思维上处于形象思维向抽象思维的过渡期．对严谨而缺乏生动的数学课堂、过分抽象的数学概念，学生思考却不得其解后，往往会产生厌倦乏味的情绪．可以在课堂上融入数学文化，从历史上和本质上重现数学概念的形成过程和应用过程，从书写上呈现二次根式的简洁美、和谐美．利用现代多媒体技术，为学生构建思维想象的平台，多媒体的形象、直观特点也更容易让学生体会和接受．二次根式建立在平方根、立方根的基础上，学生有一定的知识基础．数学教学过程中，锻炼学生的动手实践能力，培养学生自主探索与合作交流的意识，特别是要注重提升学生解决实际问题的能力．

六、教学策略分析

本节课分为六个部分完成，如图 1–1–9 所示：

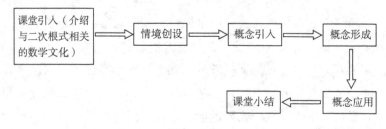

图 1–1–9

上述教学环节中，首先是课堂引入，寻求根式的由来，讲述相关的数学故事；其次是创设情境，引入二次根式的概念，回顾知识，建立起学生已学知识和未学知识之间的桥梁，以开平方为基础，讲述二次根式的特点及其性质，形成二次根式的定义；再次，学生通过练习学会二次根式的应用，体验二次根式所包含的数学思想方法，如整体思想、类比思想、转化思想等；最后，从文化、知识、技能、思想方法四个角度总结本节课内容.

设计意图： 本堂课是一堂章节起始课，应让学生对整章内容有一个大概的了解，故简要介绍二次根式的由来及历史发展是极其必要的. 数学文化作为一种显性的融入，以介绍为主，体验为辅，目的是让学生了解数学既来源于生活又服务于生活，体验数学在人类文明发展中的巨大作用.

七、教学过程

（一）课堂引入

展示与二次根式有关的数学文化情景：

（1）古埃及人的化圆为方运算史料.

（2）古巴比伦的方形对角线运算简短史料.

（3）古印度的根式运算史料.

（4）中国《九章算术》的开方术史料.

设计意图： 让学生了解根式及二次根式的历史由来与发展，加深学生对数学的认识，提高学生的积极性及学习兴趣，让学生明白数学来源于生活并能服务于生活.

（二）情境创设

复习回顾：

（1）什么是一个数的平方根？如何表示一个数的平方根？

（2）什么是一个数的算术平方根？如何表示一个数的算术平方根？

问题：

如果 $x^2 = 4$，那么 $x = \pm 2$；

如果 $x^2 = a$（$a > 0$），那么 $x = \pm \sqrt{a}$.

设计意图： 以学生以往的经验为基础，建立起学生已学知识和未学知识的链接，通过问题呈现思想方法.

（三）概念引入

分组讨论以下问题：

（1）面积为 3 的正方形的边长为_____，面积为 S 的正方形的边长为_____；

（2）一个长方形的围栏，长是宽的 2 倍，面积为 130 m^2，则它的宽为_____ m；

（3）一个物体从高处自由落下，落到地面所用的时间，（单位：s）与开始落下时离地面的高度（单位：m）满足关系 $h = 56\,t^2$，如果用含有 h 的式子表示 t，那么 t 为＿＿＿＿＿．

上面问题中，得到的结果分别是：$\sqrt{3}$，$\sqrt{S}$，$\sqrt{65}$，$\sqrt{\dfrac{h}{56}}$．

问题（1）：这些式子分别表示什么意义？

问题（2）：这些式子有什么共同特征？

设计意图：数学思想的融入与体验：类比思想、整体思想和转化思想．

（四）概念形成

定义：一般我们把形如 $\sqrt{a}$（$a \geq 0$）的式子，叫作二次根式，a 叫做被开方数，$\sqrt{}$ 叫作根号．

设计意图：锻炼学生观察、发现和归纳总结的能力．

（1）试一试：判断下列各式，哪些是二次根式？哪些不是？为什么？

$$\sqrt{3},\ -\sqrt{16},\ \sqrt[3]{4},\ \sqrt{-5},\ \frac{\sqrt{a}}{3}\ (a \geq 0),\ \sqrt{x^2+1}$$

（2）当 a 为正数时，$\sqrt{a}$ 指 a 的＿＿＿＿＿，而 0 的算术平方根是＿＿＿＿＿，负数＿＿＿＿＿，只有非负数 a 才有算术平方根．所以，在二次根式 $\sqrt{a}$ 中，字母 a 必须满足＿＿＿＿＿，$\sqrt{a}$ 才有意义．

（3）根据算术平方根意义计算：

①$(\sqrt{4})^2$　②$(\sqrt{3})^2$　③$(\sqrt{0.5})^2$　④$\left(\sqrt{\dfrac{1}{3}}\right)^2$

根据计算结果，你能得出结论：$(\sqrt{a})^2 = $＿＿＿＿＿，其中 $a \geq 0$．

（4）由公式 $(\sqrt{a})^2 = a$（$a \geq 0$），我们可以得到公式 $a = (\sqrt{a})^2$，利用此公式可以把任意一个非负数写成一个数的平方的形式．

设计意图：通过设计问题链，使学生产生认知冲突，感悟新知，建立二次根式的模型，引导学生观察、类比、参与问题讨论，使学生感性认识上升为理性认识，充分体现了教师主导和学生主体的作用，对实现教学目标起了重要的作用．

（五）概念应用（课堂训练）

练习1：

（1）把下列非负数写成一个数的平方的形式：6，0.35．

（2）在实数范围内因式分解：$x^2 - 7$，$4a^2 - 5$．

例：当 x 是怎样的实数时，才能使 $\sqrt{x-2}$ 在实数范围内有意义？

练习 2：

（1）当 x 的取值范围为何值时，才能使下列各二次根式有意义？

① $\sqrt{3x-4}$；　② $\sqrt{2+\dfrac{2}{3}x}$

（2）若 $\sqrt{a-3}-\sqrt{3-a}$ 有意义，则 a 的值为 _____.

若 $\sqrt{-x}$ 在实数范围内有意义，则 x 为（　　　）.

A. 正数　　　　B. 负数　　　　C. 非负数　　　　D. 非正数

（3）① 在式子 $\dfrac{\sqrt{1-2x}}{1+x}$ 中，x 的取值范围是 _____.

② 已知 $\sqrt{x^2-4}+\sqrt{2x+y}=0$，则 $x-y=$ _____.

③ 已知 $y=\sqrt{3-x}+\sqrt{x-3}-2$，则 $y^x=$ _____.

设计意图： 在例题教学中，引导学生阅读，与平方根进行类比，获得解决问题的方法后再配以精讲，并让学生进行分层练习，培养学生的阅读习惯和规范的解题格式，培养学生灵活运用知识的能力.

（六）课堂小结

本节课你收获了什么？

设计意图： 小结设计以开放的形式出现，给学生提供一个倾听和交流的机会，让学生对本节课学到的内容进行总结，实现自我反馈，从而构建起自己的知识经验，形成自己的知识体系.

正数和负数

——数学课堂上的爱国主义教育

王学先名师工作室　魏树娜

一、数学文化背景及分析

（一）负数在中国的起源

中国是最早认识和使用负数的国家. 在中国，负数起源的文字记载可追溯到春秋战国时期，李悝（约公元前455—前395年）在《法经》中说："今一夫挟五口，治田百亩，岁收亩一石半，为粟百五十石，除十一之税石，余百三十五石．食：人月一石半，五人终岁为粟九十石，余有四十五石．石三十，为钱千三百五十．除社闾尝新春秋之祠用钱三百，余千五十，衣：五人终岁用千五百，不足四百五十．"意思是说：5个人一年开支1500钱，入不敷出，差450钱．这里的"不足"就是负数的概念和记号．

到了汉代，从居延出土的汉简中发现了这样的例子："万岁侯长充，受管钱它课负四，勿自言堂煌者第一得七，相除它得三．"这里同时出现了"负"和"得"意义正好相反的两个动词．这个例子为负数的形成做了更加充足的准备．以上记载都不是出自专业的数学典籍，更专业的记载来自《九章算术》：今有上禾二秉，中禾三秉，下禾四秉，实皆不满斗．上取中，中取下，下取上各一秉而实满斗．问：上、中、下禾实一秉各几何？答曰：上禾一秉实二十五分斗之九，中禾一秉是二十五分斗之七，下禾一秉实二十五斗分之四．术曰：如方程．各置所需．以正负术入之．上面是《九章算术》的原文记载，翻译成现在的白话文：现有上等稻2捆，中等稻3捆，下等稻4捆．各自出谷都不足1斗．如果三种稻分别依次借取中等稻、下等稻、上等稻各一捆，那么都恰好出谷1斗，问三种稻每捆出谷各有多少？答：上等稻每捆出谷925斗，中等稻每捆出谷725斗，下等稻每捆出谷425斗．按方程法则求解：分别列出所借取之数，再按正负法则运算．在运用《九章算术》方程术中消元法解这个问题时，遇到了一个较小正数减去一个较大正数的情况，由此产生了一类新的数：负数．

公元三世纪，魏晋时期数学家刘徽对负数给出了很自然的解释：两算得失相反，要令正负以名之．并辩证地阐明："言负者未必少，言正者未必正与多"．

（二）负数在国外的起源

欧几里得的《几何原本》（公元前300年）虽然是几何方面的专著，但是第七卷到第十卷是有关数论和无理数的内容，很遗憾里面没有涉及负数，说明那时西方国家还没有涉足负数领域．

公元7世纪，印度学者婆罗摩笈多（598—665）在《婆罗摩历算书》里提出了正数、负数和零的概念，"正数""负数""零"分别被他称为"财产""债务"和"萨雅"．12世纪，印度数学家婆什迎罗（1114—1185）在《算法本源》中全面讨论了负数，把负数叫作"负债"或者"损失"．他承认方程$x^2 - 45x = 250$有两个根，是$x = 50$或$x = -5$，他接着说："第二个根并不用，因为它是不足的，人们并不支持负根．"

在西方，最早描述负数的是公元 3 世纪的希腊数学家丢番图，他在《数学》中称方程 $4x^2 + 20 = 4$ 是没有意义的．在解方程中，若遇到负根，他就放弃这个方程，认为是不可解的；但是在乘法运算中碰到负数时，他将其称为"消耗数"，并认识到"消耗数乘以消耗数得到增添数，消耗数乘以增添数得到消耗数"，即"减数乘以减数得加数，减数乘以加数得减数"，这是西方最早出现的对负数的模糊认识．

在近代西方，意大利的卡丹（1501—1576）在其《大术》中虽然承认方程的负根，但他把正数称为"真实的数"，而把负数称为"虚假的数"．法国的韦达（1540—1603）不承认负数，把负数叫作"不合理的数"，法国的帕斯卡（1623—1662）则认为从 0 减去 4 纯粹是胡说．

德国数学家米哈依尔·史提非（1486—1567）在他的论文《整数算术》中，把负数定义为"比零小的数"，这个概念被数学界广泛接受并沿用至今，他是西方第一个提出负数概念的人．

（三）中外负数概念起源实践对比

在中国，公元 263 年，数学家刘徽在给《九章算术》中"正负数"做注时，第一次给正数和负数下了定义："今两算得失相反，要令正、负以名之．正算赤，负算黑"．在西方第一次给负数下定义是在 16 世纪，德国数学家米哈依尔·史提非（1486—1567）在他的论文《整数算术》中，把负数定义为"比零小的数"．从文献记载来看，中国对负数的定义比西方国家早 1000 多年．

（四）负数定义角度的不同

中国对负数的定义"今两算得失相反，要令正、负以名之．正算赤，负算黑"，是从得失相面出发，当一方为正时，另一方为负，这个定义来源于生活实际，比如粮食的借与还、钱的进与出等，这种定义说明正数和负数是"相反意义的量"．

西方对负数定义"比零小的数"纯粹是从数的角度出发，是在对零有充分认识和实数序的深刻理解基础上下的定义，反映了人们对实数的认知过程，先有正数，接着是零，然后是负数，同时也定义了他们的大小关系．这种大小关系最直接的体现就是数轴．《现代汉语词典》对负数的解释采用的就是西方的定义方式．

（五）东西方对负数认知度差异性

纵观整个负数的发展历程，我们知道中国和印度认为正数和负数产生的根源是实际生活的需要，而西方国家则认为是算术运算封闭性的需要．

中国对负数的研究主要是为了解决实际或算术中的"出仓"或"不足"的问题，印度数学家受到我国古代数学的影响，在解决实际生活中的经济和数学问题时，对负数有丰富的认知．所以，中国和印度接受负数和应用负数都比较早．

西方国家认识负数的主要来源是古希腊的数学，而古希腊从事数学和哲学研究的人，更注重的是公理化的逻辑推理，很少有现实的经济实践活动，几乎没有对负数的实际应用．他们认为零是最小的数，比零还小的数就是不可思议的，这也导致了负数发展得非常缓慢．

中国注重实际生活，西方注重抽象理性思维和逻辑思维，东西方文化的差异导致了负数不同的发展历史，体现了两种文化独特的数学价值取向．

（六）正数和负数的表示以及与零的关系

公元 3 世纪，魏晋时期数学家刘徽第一次给出了区分正负数的方法．他说："正算赤，负算黑；否则以邪正为异"，即用红色的小棍表示正数，用黑色的小棍表示负数；有时用正放的小棍代表正数，用斜放的小棍代表负数．十三世纪，数学家李冶在《测圆海镜》中用斜画杠表示负数，在古代曾用过很多文字表示负数，如不足、出、卖、付、弱等．我国最早采用正号"＋"、负号"－"是从清末开始的．

公元 7 世纪，印度学者婆罗摩笈以在数字上画小点或小圈来表示负数．17 世纪，荷兰数学家吉拉尔第一个提出用减号"－"来表示负数，从此负数符号"－"逐渐被人们认识并沿用至今．

印度人最早认识到了"0"．公元前 2500 年左右，印度最古老的文献《吠陀》已有"0"这个符号的应用，当时的"0"在表示空的位置．印度人认识到"0"除了在各数之间起空位作用外，它还独立存在．"0"本身还是一个数，它表示"没有"．至此，数学中的"0"有四个功能：第一，"0"是一个概念，表示一无所有；第二，在位值计数法中，"0"表示一个空位，同时起到指示数所在位置的作用；第三，"0"是一个数，它可以和其他的数一起参与运算；第四，"0"是标准的起点或分界．

二、教学内容及内容分析

本节课是人教版七年级上册第一章第一节的内容．学生在小学阶段就学过负数的知识，对负数有一定的了解，会用负数表示日常生活中的一些量，但是对负数意义的了解很有限，比如"负增长"问题等，小学生解决起来可能就很困难．初中阶段《新课标》对负数的要求是：①学生体会引入负数的必要性；

②学生了解负数的意义，会用正数、负数表示具有相反意义的量．由此可以看出，初中阶段的"正数和负数"的教学是小学阶段的拓展与延伸．

三、教学目标

（1）表示实际生活中具有相反意义的量，使学生了解学习正负数的必要性．

（2）通过负数史的引入，让学生体会负数表示的发生发展过程．

（3）借助负数史，让学生体会引入负数的必要性，根据史料加强学生爱国主义思想教育．

四、教学重难点

（1）教学重点：借助负数史，让学生体会引入负数的必要性，会用正数、负数表示具有相反意义的量．

（2）教学难点：借助负数史，让学生体会负数的意义，重新认识零．

五、学情分析

庞加莱曾说："如果我们想要预测数学的未来，那么适当的途径是研究这门学科的历史和现状．"初中生的思维正处于活跃阶段，数学的学习不单单只学习课本知识，还应该深入了解数学发展史、数学概念定理的由来、数学发展到某一阶段对社会生产生活的推动作用，培养学生自身的数学鉴赏能力，培养学生的"数学抽象思维、逻辑推理、数学建模、数学运算、直观想象、数据分析"的六大数学核心素养，让数学学习回归到数学教育的本质上来．

六、教学策略分析

"立德树人"要以德为先．习近平指出："人无德不立，国无德不兴．"在具体的教学实践中，要以数学文化为素材，落实立德树人根本任务；在数学课程的学习中恰当地融入数学史，弘扬中国优秀传统文化，潜移默化地加强学生的爱国主义思想，激发学生学习数学的兴趣，增强学生学好数学的信心，有助于学生从数学发展整体的结构和脉络上认识数学本质，促进学生数学核心素养的提升和发展．

本文以"正数与负数"新授课一课为例，从新课引入、概念形成、概念深化、应用探究、归纳小结等环节来落实立德树人根本任务，进而实现数学课堂上的爱国主义教育．

七、教学过程

(一) 课前知识准备，浸润数学文化

预习任务：全班同学 5 人一组，利用图书馆、网络等渠道，搜集有关负数的知识、图片、故事等.

设计意图：在课前，由学生自主搜索负数史，包括中西方负数定义时间上的差别、中西方负数定义角度上的区别、负数记号的演变等. 目的是提高学生自主搜索、整理数学文化素材的能力.

(二) 情境创设，引入新知

活动 1：复习正数和 0

(课件展示问题)

问题 1：甲、乙两人在一次商品交易中分别赚了 100 元，亏了 100 元.

教师问：这两个"100"意思一样么？（复习小学对相反意义的量的学习）

问题 2：能用以前学过的知识解决下列问题吗？

(1) 狗蛋儿买文具花费 45 元，他给了老板 50 元，老板应找给他多少元？

(2) 狗蛋儿买文具花费 45 元，但是他手里只有 40 元，他能买到想要的文具吗？为什么？

依据上述两个问题要求列出算式.

第一个：$50 - 45 = 5$，第二个学生可能会列出 $40 - 45$. 这个时候教师要及时介绍负数的发展史.

活动 2：教师引导历史问题

数学家丢番图，在解有负根的方程时，认为方程的解不存在；法国的帕斯卡（1623—1662）则认为从 0 减去 4 纯粹是胡说. 显然我们今天和古人一样都碰到了同样的问题：不够减的问题.

活动 3：自主探索，展示过程

学生交流如何区分"赚与亏""$50 - 45$ 和 $40 - 45$".

活动 4：教师介绍古人负数的表示方法，得到演绎过程

古人在碰到不够减的问题时怎么办呢？数学家们也是绞尽脑汁. 我国数学家刘徽第一个给出了区分方法. 他说"正算赤，负算黑；否则以邪正为异"，翻译过来就是：用红色的小棍表示正数，用黑色的小棍表示负数；也可以用正放的小棍表示正数，用斜放的小棍表示负数. 在古代也曾用文字表示负数，比如不足、出、卖、弱等. 公元七世纪，印度学者婆罗摩笈多以在数字上画小点或小圈来表示负

数．十七世纪，荷兰有一位数学家第一个提出用减号"－"来表示负数．

活动5：负数的表示方法

教师：在这么多种表示负数的方法中，你觉得哪种表示方法更好？

生：肯定回答用加减号最好．

老师介绍古人负数的表示方法：增加了100，写作＋100，读作正100；减少了100，写作－100，读作负100；符号＋和－分别读作正号和负号．这时候，＋和－是性质负号，而小学时学的＋和－是运算符号（读作加和减），比如50－45可表示为＋5，40－45可表示为－5．

设计意图：以学生的经验为基础，建立起已学知识和未学知识之间的桥梁．从具体事例开始，逐渐到抽象概念，这个过程有效落实了数学抽象和逻辑推理素养的培养．

（三）概念形成

定义：像3、1.8%、3.5这样大于0的数叫做正数，像－3、－2.7%、－4.5这样在正数前面加上符号"－"（负）的数叫做负数．有时，为了明确表达意义，在正数前面也可以加上"＋"（正）号，例如，＋3、＋2…一个数前面的"＋""－"号叫作它的符号．

设计意图：锻炼学生观察、发现和归纳总结的能力．

（四）概念应用

活动1：玩游戏

让学生任意写几个正数和负数，和同学交换着读一读．

活动2：举例子

教师举几个现实生活中具有相反意义的量的例子．

活动3：例题讲解（课本例题）

（1）"负债100元"可以说成拥有＿＿＿＿＿＿元．

（2）如果－0.27米表示低于警戒线水位0.27米，那么＋0.42米表示＿＿＿＿＿＿．

设计意图：学以致用，让学生通过直观感知和类比推理，确定零上、零下和零的位置关系．

（五）归纳小结

负数的意义、具有相反意义的量、0的理解、"＋""－"符号的理解．

设计意图：使学生掌握负数的概念和应用；体验数学发展的曲折和艰难，从历史上感受数学、了解数学知识的由来；在生活中，深入理解和掌握数学及其应用.

（六）教学思考

数学知识的形成、发展及应用的人文性，数学知识自身的真理性和严谨性相互融合，教师不仅要教会学生数学知识，还要教授知识背后的故事. 课堂内外，让学生掌握学习的主动权，提升学生学习的积极性和能动性.

本节教学设计打破传统教学模式，教师重视概念的背景，不照本宣科，通过挖掘历史素材，引入数学概念；通过讲授数学发展历程，激发学习情感；通过呈现历史问题，促进理解概念；通过运用历史典例，阐释学习方法；通过利用历史教材，设计针对练习.

负数史的引入，拓宽了学生的视野，促进学生从历史和现实的角度来解读数学，学习数学，既增强了学生学习兴趣，又培养了学生创新思维；负数史的融入，使学生可以更好理解数学，更好地应用数学；培养学生良好的行为习惯和科学认知的精神，有助于学生树立正确的科学观、人生观和世界观.

以史为线认识数学内涵　以思维导图为工具构建知识框架

——以实数的有关概念及运算为例

王学先名师工作室　段　涛

一、数学文化背景材料

数学——自然科学之父，起源于原始人类用来数数、计数的记号，形成了自然数"数"的符号，是人类最伟大的发明. 人类先是产生了"数"的朦胧概念. 他们狩猎而归，猎物或有或无，于是有了"有"与"无"两个概念. 连续几天"无"兽可捕，就没有肉吃了，对"有"与"无"的理解便逐渐加深.

大约在1万年以前，冰河时代结束. 一些从事游牧的石器时代的狩猎者在中东的山区内，开始了一种新的生活方式——农耕生活. 他们遇到了怎样记录日期、季节，怎样计算收藏谷物数、种子数等. 特别是在尼罗河谷、底格里斯河与幼发拉底河流域发展起更复杂的农业社会时，他们还遇到了交纳租税的问题．这就要求数有名称，而且计数必须更准确些，只有"一""二""三""多"，已远远不够用了．

底格里斯河与幼发拉底河之间及两河周围的区域，叫作美索不达米亚，那里产生过一种文化，与埃及文化一样，也是世界上最古老的文化之一．美索不达米亚人和埃及人虽然相距很远，但却以同样的方式建立了最早的书写自然数的系统——在树木或者石头上刻痕划印来记录流逝的日子．尽管数的形状不同，但又有共同之处，他们都是用单划表示"一"．后来（特别是在村寨定居后），他们逐渐用符号代替刻痕，即用 1 个符号表示 1 件东西，2 个符号表示 2 件东西，以此类推，这种记数方法延续了很久．

大约在 5000 年以前，埃及人已在一种用芦苇制成的草纸上书写数的符号，而美索不达米亚人则是写在松软的泥板上．他们除了仍用单划表示"－"以外，还用其他符号表示"＋"或者更大的自然数；他们重复地使用这些单划和符号，以表示所需要的数字．

公元前 1500 年，南美洲秘鲁印加族（印第安人的一部分）习惯于"结绳记数"——他们每收进一捆庄稼，就在绳子上打个结，用结的多少来记录收成．"结"与痕有一样的作用，也是用来表示自然数的．根据我国古书《易经》的记载，上古时期的中国人也是"结绳而治"，就是用在绳上打结的办法来记事表数．后来又改为"书契"，即用刀在竹片或木头上刻痕记数，用一划代表"一"．直到今天，我们中国人还常用"正"字来记数，每一划代表"一"．

数的发现亦标志着现实与审美的原始进展，我们每个人从幼年就开始熟悉数的概念，不同的东西在计数的意义下可以有相同的量，而这个抽象出来的量我们称之为数．我相信数的概念也许是人类抽象思维的起始，是一个我们现在习以为常但却是伟大的发现．相同个数的不同物质彰显出一种共性、一个不与物体的形状大小或是材质相关的性质，为了表达它我们必须摒弃所有表面物体，代之以一个更加普适更加一般的内蕴量，我们称之为数．

把两批物体放在一起，我们发现他们在计数意义上有了改变，而改变的量与两批物体各自原本的量有关，据此我们定义出加法．类似的，取出物体的观察告诉我们减法．把物体分成许多批，每批有相同的数量，把这些批放在一起计数之时我们发现了乘法，而逆向的操作则定义了除法．由此我们发现了正整数以及其相关的四则运算，它直接根植于现实世界的观察，它的存在在我看来本身就是这个宇宙的奇迹．

小学教师教给我们的仅仅是实数可以写成小数点的形式，并且可以组成一条直线以及进行四则运算. 反复的练习可以让我们并不费劲地掌握实数的基本性质,并进行基本的运算. 学校的练习可以轻易让受过教育的人相信实数的存在并熟练地使用它,就像呼吸一样自然,但任何人只要稍加深入地思考实数本身,就会发现它的意义的模糊.

一个与芝诺悖论类似的问题是"0.99999…是否等于1". 问题的本质在于"0.99999…"究竟意味着什么,换句话说实数究竟有什么样的含义,无穷小数的表达究竟是什么含义. 要回答这些问题并不简单,事实上它困扰了人类近千年之久,我们现在通常称之为第二次数学危机. 在解释实数的含义前,我们先来讨论实数是如何被发现的.

$\sqrt{2}$的发现引发了第一次数学危机. 有理数的发现可以说直接来自现实观察,与之伴随的四则运算为我们提供了一系列运算法则,例如平方、立方. 一个自然的问题是是否所有数都是某个数的平方,这很容易得出答案是否定的,没有有理数的平方能够等于2,所以$\sqrt{2}$是没有意义的. 然而勾股定理的发现告诉我们$\sqrt{2}$是两直角边长度均为1的直角三角形的斜边长度,所以$\sqrt{2}$是有意义的,这构成了一个矛盾,后来被称为第一次数学危机. 第一次数学危机的解决可以看作是代数的一个重大进步,我们承认$\sqrt{2}$以及其他类似的数是数,并且它们组成了一个更大的数系,使得我们同样也可以进行四则运算.

二、内容和内容解析

(一)内容

实数的有关概念及其运算.

(二)内容解析

算术是研究数与数集上的运算的数学分支学科,它的主要内容包括数的概念、计算方法、计算工具、各种数的运算、数集的公理结构、数的性质及解答有关简单的应用题.

本节课属于人教版《全日制义务教育数学课程标准》中的"数与代数"领域,从小学学的自然数到有理数再到实数,本节课是对数的范围的一次重要扩充,这个扩充过程既体现了概念、运算的一致性,又体现了它们的发展变化,并指出数的范围从有理数扩充到实数后,数轴上的点与实数是一一对应的,让学生初步认识到了"数形结合"思想方法的作用,通过对实数的绝对值、相反数的认识以及对实数计算方法的研究,让学生体会有理数范围内的一些概念,可以扩充到实数，有理数的运算以及运算律、运算性质在实数范围内仍然成立，并且可以进行新的运算，对学生今后的数学学习有着重要意义，在中学阶段，大量数学问题是在实数范围内研究的．另外它又是后面学习二次根式和用直接开平方法、公式法解一元二次方程的重要基础．

本节课的主要包括算术平方根、平方根、立方根，以及实数的有关概念、运算和实数在数轴上的表示等内容．

三、教学目标

（1）学生了解算术平方根、平方根、立方根的概念和特征，会用符号表示．

（2）学生理解乘方与开方的互逆运算关系并会灵活进行开方运算．

（3）学生了解无理数和实数的定义，会进行实数的分类，理解实数与数轴上点的一一对应关系，能准确地进行实数的有关运算．

（4）学生能用有理数估计一个无理数的大致范围．

（5）培养学生观察、分析、探究、归纳能力，使其学会类比的学习方法．

（6）学生感悟"数形结合"的数学思想，培养学生数学抽象、数学计算．

四、教学重难点

（1）教学重点：算术平方根、平方根的概念和求法，实数的分类及其相关概念．

（2）教学难点：平方根和实数的概念．原因：①学生对于平方根和算术平方根的概念和符号容易混淆，经常会出现 $\sqrt{4} = \pm 2$ 和若 $x^2 = 9$ 则 $x = 3$ 的错误，另外学生对负数为什么没有平方根和负数为什么有立方根不能理解．②学生对无理数没有正确认识，在理解无理数的时候经常无法理解，经常弄不清楚有理数和无理数之间的区别．

五、学情分析

从知识储备看，学生学过平方、立方、乘方运算，数的认识已扩充到有理数范围，并且知道有理数能用数轴上的点表示．

从能力而言，七年级学生思维正处于从以具体形象思维为主向以逻辑思维成分为主的转折期，教材内容的呈现必须注意具体性、形象性，同时还要有适当的抽象概括要求，从而既能符合学生这一时期的能力发展水平，又能促进他们的思维向更高维度发展．

在学习认知态度上，由于各种原因，学生畏惧数学的难度，对数学不感兴趣,相当多的学生将完成作业和参加考试看作为学习数学的方法和目的,忽视自己内在思维能力的成长.独立思考、自主探究、合作交流这些学习数学的基本过程没有形成学习常态.

六、教学策略分析

本节课采用自学·议论·引导教学法,以数学史为主线,通过查询相关资料、小组合作讨论构建知识框架的方式,让学生在数学文化的熏陶中认识数学的内涵,在了解史料中践行数学育人的功能,同时借助丰富的文化使数学教学更加的丰富多彩.

在知识巩固环节,学生会准确辨析有理数和无理数,能说出实数的分类,能在数轴上找到表示 $\sqrt{2}$、π 这样的无理数的点,知道一个实数与数轴上的点一一对应,会用求有理数的绝对值、相反数、比较大小的方法求出实数的绝对值、相反数、比较实数的大小,能用有理数的运算法则、运算律等进行实数的运算.通过观察算术平方根、平方根、立方根的符号特征归纳出它们之间的区别和联系,体会立方根类比平方根的方法.通过在数轴上找到表示 $\sqrt{2}$、π 这样的无理数的点,让学生感悟"数形结合"思想的存在和作用,通过实数的计算提高学生的计算能力,增强学生的数感和符号意识.

七、教学过程

(一) 观历史引课题

问题1:数的产生和发展离不开生活和生产的需要.大家知道这些数是怎么产生的吗?又是怎么用符号表示的?

(1) 由记数、排序,产生数 1,2,3,…

(2) 由分物、测量,产生分数 $\frac{1}{2}$,$\frac{2}{3}$,… (数系的第一次扩充)

(3) 由表示"没有""空位",产生数 0. (数系的第二次扩充)

(4) 实际生活中要表示"具有相反意义的量"出现了负数,如零下 3 摄氏度,减少 2.7%,支出 4.5 元,亏空 1.2 元等. (数系的第三次扩充)

(5) 无理数的产生:公元前 6 世纪古希腊的毕达哥拉斯学派有一个观点,即"万物皆数",一切量都是可以用整数或者整数的比表示——有理数.后来,这一学派中的希帕索斯(Hippasua)发现边长为 1 的正方形的对角线的长度不能用整数或者整数的比表示,由此产生了第一次数学危机.当时只是用几何的实际问题来说明无理数的存在，至于严格的实数理论，直到 19 世纪 70 年代才建立起来．引进无理数，形成实数系，这是对数的概念的第四次扩充．

总结：

（1）数系的扩充过程．

自然数集 $\xrightarrow{\text{添}0}$ 扩大的自然数集 $\xrightarrow{\text{添正分数}}$ 算术数集 $\xrightarrow{\text{添负有理数}}$ 有理数集 $\xrightarrow{\text{添无理数}}$ 实数集

（2）实数的分类．

设计意图：在小学、初中阶段关于数系的扩充，采用添加元素并强调运算的方法来进行．数系的每一次扩充，都解决了一定的矛盾，从而扩大了数的应用范围．学生体会数学史料的同时能认识到数学中数的产生其实是生产生活的需要和解决数学自身的矛盾．

（二）建构知识框架

问题 2：

（1）把下列各数填入相应的集合：

$$-\frac{11}{12}, \quad -\sqrt{2}, \quad 3.14\cdots, \quad -\sqrt{4}, \quad \frac{\pi}{4}, \quad 0.2\dot{3}, \quad 3.14, \quad \sqrt{27}, \quad \sqrt[3]{-64}$$

无理数集合：_____ 有理数集合：_____

实数集合：_____ 负实数集合：_____

（2）用数轴上的点表示下列实数，并用"<"连接，见图 1-1-10.

$$3, \quad -2.5, \quad -\pi, \quad \sqrt{2}$$

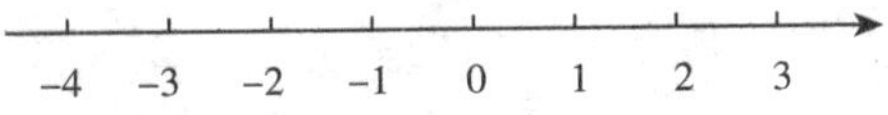

图 1-1-10

师生活动：

（1）题由学生填写在学案上，教师利用投屏互动展示学生答案，学生容易出错的是 $\sqrt{27}$ 误被认为是有理数，$-\sqrt{4}$ 和 $\sqrt[3]{-64}$ 误被认为是无理数，教师更正学生错误并给出正确答案．

追问 1：本题考查什么知识？

追问 2：如何将实数分类？按什么标准进行分类？然后让学生到前面的白板上进行拖拽操作完成实数的分类．

（2）教师准备好活动的点，让学生到前面白板上进行拖拽描点．

追问 1：同学的描点准确吗？

追问 2：$-\pi$ 和 $\sqrt{2}$ 的是什么数？能否在数轴上准确描出表示无理数 $-\pi$ 和 $\sqrt{2}$ 的点？学生回答的同时，教师借助几何画板展示准确表示出无理数 $\sqrt{2}$ 和 $-\pi$ 的动态效果．

追问 3：通过刚才的描点你能得出什么结论？

设计意图：让学生进一步理解实数的定义和分类，进一步理解数轴上的点和实数是一一对应的关系，渗透数形结合的思想．

问题 3：边长为 1 的正方形的对角线的长度是多少？

追问 1：面积为 2 的正方形的边长的长度是多少？

（设边长为 x，列出式子 $x^2 = 2$）

追问 2：若一个数的平方是 2，则这个数是多少？

问题 4：类比平方根的概念，定义三次方根、n 次方根．

设计意图：复习算术平方根、平方根的概念．

（三）知识再巩固

例 1：

（1）求值：① $\pm\sqrt{0.81}$ ② $\sqrt{(-8)^2}$ ③ $-\sqrt{\dfrac{9}{25}}$ ④ $\sqrt[3]{-8}$

（2）求下列式子中 x 的值：① $x^2 - 81 = 0$ ② $(x-1)^3 = -64$

师生活动：

学生口答（1）题，教师追问每一个小题的符号含义、四道题的区别和联系，追问平方根和立方根的特点，学生书写完成（2）题，学生会出现 $x = 9$ 的错误答案，教师要及时引导学生明确做题的根据是平方根的定义，所以正确答案应当是 $x = \pm9$，同时引导学生理解乘方与开方的互逆运算关系．

设计意图：让学生进一步巩固理解平方根和立方根的定义、特点，体会开方与乘方的互逆关系和类比的思想．

例 2：

（1）比较大小：① $-\sqrt{5}$ 和 $-\sqrt{7}$ ② $\sqrt{5}-3$ 和 $\dfrac{\sqrt{5}-2}{2}$

（2）计算：① $|\sqrt{3}-\sqrt{5}| - 2\sqrt{5}$ ② $\sqrt{0.04} + \sqrt[3]{-8} - \sqrt{\dfrac{1}{4}}$ ③ $2\sqrt{3} - \dfrac{\pi}{2}$（保留到 0.01）

师生活动：学生口答完成（1）比较大小，其中②$\sqrt{5}-3$ 和 $\frac{\sqrt{5}-2}{2}$ 学生感觉无从下手，教师可以提醒学生：你知道$\sqrt{5}$在哪两个整数之间吗？（2）题学生书写在学案上，学生会在③$2\sqrt{3}-\frac{\pi}{2}$（保留到0.01）的近似计算上出问题，教师启发学生自行更正，并追问：结果保留到0.01，过程中应保留到哪一位？为什么？

设计意图：让学生能够理解有理数的比较大小的方法适用于实数，有理数的绝对值、相反数等概念也适用于实数，有理数的运算法则、运算律及近似计算对于实数同样适用．通过本题让学生理解实数的计算和有理数的计算具有一致性和相通性，且都具有发展性．

（四）拓展提高

（1）已知实数 a、b、c 满足 $\sqrt{a+2}+|b-4|+(c-1)^2=0$，求 $\sqrt[3]{abc}$ 的值．

（2）已知 $2a-1$ 的平方根是 ±3，$5a+2b-2$ 的算术平方根是4，求 $3a-4b$ 的平方根．

（3）若 $\sqrt{35}$ 的整数部分为 a，小数部分为 b，求 a、b 的值．

师生活动：

第1题由学生口答完成，教师追问学生本题考查什么知识点．

第2题学生书写在学案上，教师运用投屏互动展示学生答案，追问学生本题考查什么知识点．第3题书写在学案上，给一会儿时间让学生进行组内交流，追问学生本题考查了什么知识点．这3个题是提高题，不要求所有学生都能在课堂上理解完成，课上不能理解的学生可以利用课余时间思考完成．

设计意图：让学生理解算术平方根是非负数，把非负数和立方根综合在一起，培养学生综合分析和解决问题的能力，使其进一步理解乘方与开方的互逆运算关系，还要学生会用有理数估算无理数的大小，并能灵活应用它解决数学问题．

八、课堂小结

（1）知识框架展示：学生代表到前面利用实物投影进行成果展示，教师、学生给予评价和补充修正．

（2）你通过复习实数这一章有哪些新的收获？

设计意图：让学生感受知识的整体性和知识间的互相联系，体会数的扩充的必要性，培养学生的归纳总结能力，整节课运用典例提出问题、分析和解决问题，让学生从数的分类、大小比较、数的运算等方面体会实数和有理数的相通性和发展性，体会一般化的思想.

九、布置作业

必做题：教科书 61 页复习题 6 第 1、2、3、8、14 题.

选做题：数系扩充到实数系之后还有第五次扩充吗？又是因为什么进行扩充的？

探究题：有理数都有加减乘除、乘方、开方运算，那无理数间又如何进行运算呢？

巧用数学史，认识和运用平方差公式

——认识平方差公式和应用

王学先名师工作室　何　璇

一、数学文化背景材料

普罗克拉斯曾经说过，过去有人通过周长来推断城市的大小。而在他自己所生活的公元前 5 世纪，古希腊著名历史学家修昔底得曾通过绕岛一周所需时间来估算西西里岛的大小. 公元 1 世纪，古罗马著名博物学家普林尼竟根据周长来估算地球上不同地区的面积. 据此，我们将发生的欺骗性土地分配事件改编为阿凡提与巴依老爷的故事，由此突出掌握平方差公式的必要性，激发学生的学习兴趣.

二、内容解析及文化背景分析

平方差公式是人教版初中数学八年级上册第十四章整式的乘法与因式分解第二节第一课时的内容. 平方差公式是初中阶段学生学习"乘法公式"中的一个非常重要的公式，它在"乘法公式"中具有核心的地位. 平方差公式有着丰富的几何背景，因此在教学中不仅要让学生从特殊的运算中发现规律并归纳出一般的公式，还要适当地向学生介绍公式的几何背景，提供知识的架构和结合点. 学好平方差公式给整式的乘法带来极大的方便，同时为以后继续学习因式分解，分式的化简，二次根式中的分母有理化，解一元二次方程、函数等内容奠定了一个良好的基础. 教材中用几何的方法来帮助学生理解平方差公式的合理性，渗透数形结合的基本思想和研究方法.

三、教学目标设置

（1）学生理解平方差公式的意义.

（2）学生掌握平方差公式的结构特征.

（3）学生会用几何图形说明公式的意义，并能正确运用平方差公式.

四、教学重难点

（1）教学重点：平方差公式的推导和应用.

（2）教学难点：理解平方差公式的结构特征，灵活应用平方差公式.

五、学情分析

在学习平方差公式之前，学生已掌握多项式乘法运算，从多项式乘法到乘法公式，是从一般到特殊的认识过程. 对平方差公式的学习和研究，是在某些特殊情况下对多项式乘法的简化，拓宽了学生的视野. 大多数学生能较熟练地掌握多项式乘法，但仍有不少学生还不能熟练掌握，这些学生对于平方差公式的学习将有一定困难，教师在教学中要加以关注，引导学生认真分析和切实掌握公式特点，加大练习力度. 习题设计要偏向基础和适当的灵活性，及时检查并纠正错误，保证新内容的扎实掌握和过关.

六、教学策略分析

本节课分为以下六个环节：

环节一：创设情境，建立模型

环节二：由特殊到一般，验证公式

环节三：举例归纳，验证模型

环节四：现学现用，应用模型

环节五：挑战思维，拓展模型

环节六：小结收获，反思学习

设计意图：本节课以"阿凡提与巴依老爷"的趣味故事引入，引起学生的学习兴趣；接着介绍"割补法"出现的背景，根据由特殊到一般的思想，引导学生利用"割补法"验证公式；然后举例归纳，验证模型，用数学语言表述，利于学生掌握公式的结构特征；接着利用例题现学现用，让学生应用模型，体会公式在计算中的优越性以及运用公式时应注意的地方；然后挑战思维，拓展模型，通过变式训练，让学生学会逆向思维和发散思维，从而加深其对公式结构特征的理解；最后小结收获，反思学习，引导学生学会反思，归纳所学知识.

七、教学过程

（一）创设情境，建立模型

从前，有一个狡猾的地主名叫巴依老爷，他想把一块边长为 a（$a>3$）的正方形土地租给阿凡提. 次年，地主对阿凡提说："我把这块地的一边减少 3 米，相邻的一边增加 3 米，继续租与你，租金不变，你也没吃亏，怎么样？"如果你是阿凡提，你会答应巴依老爷吗？

生 1：这块地的周长没有变，阿凡提也没有吃亏.

生 2：这块地的周长虽然没有变，但是面积改变了.

师：这块地的大小是根据周长来判断还是根据面积来判断？

生：面积. 原来的面积是 a^2，后来的面积是（$a+3$）（$a-3$）.

生：（$a+3$）（$a-3$）$=a^2-3a+3a-9$，和原来的面积 a^2 相比较，是减少了. 所以如果我是阿凡提，我不会答应巴依老爷.

（二）由特殊到一般，验证公式

图形的割补方法最早是由我国三国时代的数学家赵爽想出来的. 老师给同学们讲一讲赵爽的故事：赵爽的生平事迹人们知道的很少，在《周髀算经》注的前言里，赵爽说自己"负薪余日，聊观周髀"，意思是自己在打柴的空余时间里，钻研古代天文著作《周髀算经》. 他迫于生计，辛苦工作，却不忘钻研学问，古代人的勤恳研学，感人至深.

问题 1：如果用剪刀从这个边长为 a 的正方形纸板上，剪下一个边长为 b 的小正方形（图 1－1－11），那么剩下纸板的面积是多少呢？

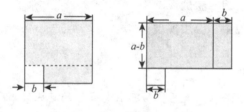

图 1－1－11

（1）正方形纸板的面积 = _____ .

（2）剩余部分纸板的面积 = _____ .

问题2：你们还有其他的方法可以算出剩余部分纸板的面积吗？同学们可以在小组内进行交流讨论．

拼一拼：教师引导学生得出求剩余部分纸板的面积的三种算法：

算法1：剩余纸板的面积 = 大纸板的面积 – 剪去部分纸板的面积

即剩余纸板的面积 = $a^2 - b^2$.

算法2：把剩余部分分成两个小的长方形，然后分别计算它们的面积，两个小的长方形的面积分别为：$a(a-b)$ 和 $b(a-b)$.

所以剩余部分纸板的面积 = $a(a-b) + b(a-b) = (a+b)(a-b)$.

算法3：把剩余部分纸板分割成两个小的长方形，然后根据它们边长的关系，重新拼成一个大的长方形，该长方形的长为 $(a+b)$，宽为 $(a-b)$.

所以剩余部分纸板的面积 = 长 × 宽 = $(a+b)(a-b)$.

问题3：求剩余部分纸板面积的过程中，你能得出哪些结论？

由面积法和整体法可得：剩余部分的面积（面积保持不变）= 正方形的面积 – 剪去部分的面积，即 $(a+b)(a-b) = a^2 - b^2$.

这个 $(a+b)(a-b) = a^2 - b^2$ 就是今天学习的主要内容——平方差公式．（板书课题：平方差公式）

师：这就体现了数学思想中的一种重要思想——数形结合思想．

设计意图：注重成长性策略运用，创设有趣的问题情境，同时根据数学活动原则，让学生经历分组讨论的活动，进行数学活动，获得第一手活动经验；让学生分组讨论，可以促进学生自主思考，充分开发蕴涵在学生之中的生长性资源．

（三）举例归纳，验证模型

问题4：观察公式，你能发现平方差公式在结构上有什么特征吗？（你能用具体的数字或式子进行验算吗？）

得出公式的结构特征：

① $(\square + \triangle)(\square - \triangle) = \square^2 - \triangle^2$.

② 公式第一项相同，第二项是相反数，即 a 的系数相同，b 的系数相反．

字母 a、b 可以表示任意数、单项式或多项式．

设计意图：注重学习策略的运用，让学生相互交流，运用字母 a、b 表示公式中的各项，归纳出结论，用多种语言表述，有利于学生掌握公式的结构特征，将公式中的字母想象成抽象的框架有助于学生对公式进行理解和记忆，初步实现知识与技能目标.

想一想：下列三个多项式相乘，哪个能运用平方差公式来进行计算？（   ）

A. $(x+a)(x+b)$ B. $(t^2+1)(t^2-1)$

C. $(-m+n)(m-n)$

设计意图：让学生通过思考、讨论、交流，进一步熟悉公式的本质特征，掌握运用平方差公式须具备的条件，进一步体会字母 a、b 既可以代表数，也可以代表式，加深学生对字母含义广泛性的理解.

（四）现学现用，应用模型

例题讲解：

例 1：运用平方差公式计算 $(3x+2)(3x-2)$.

师生共同分析：把 $3x$ 看成公式中的 a，把 2 看成公式中的 b，即可运用平方差公式进行计算.

解：$(3x+2)(3x-2) = (3x)^2 - 2^2$

$(a+b)(a-b) = a^2 - b^2$

变式 1：运用平方差公式计算 $(2y+3x)(3x-2y)$.

分析：本题与例题不同的是 2 变成了 $2y$，并把 $2y$ 与 $3x$ 交换位置，让学生学会运用加法交换律将变式 1 转化成符合标准形式的公式，然后运用公式进行计算.

变式 2：运用平方差公式计算 $(-3x+2y)(-3x-2y)$.

分析：在 $3x$ 前面加一个"$-$"号，让学生学会找出符号相同的项和相反的项. 把 $-3x$ 当成公式中的 a，把 $2y$ 当成公式中的 b，就可以运用公式进行计算，使学生对公式的形式有了更深刻的认识.

问题 5：你还有其他的计算方法吗？

引导学生明确也可以通过提取负号来进行计算，过程如下：

$(-x+2y)(-x-2y) = -(x+2y)(2y-x) = -(4y^2-x^2) = x^2-4y^2$

设计意图：教师在讲解时注意让学生找多项式相乘各项与公式中的 a、b 之间的对应关系，并在黑板上标出对应关系，让学生熟悉公式，加深学生对公式结构特征的理解，让学生体会公式在计算中的优越性以及运用公式时应注意的地方. 在变式 2 中，让学生找出不同的解法，培养学生的发散思维能力.

例 2：计算 102×98.

分析：这道题直接把两个数相乘就能得到结果，教师要适当引导学生用平方差公式进行计算，把 102 看成是（$100+2$），把 98 看成是（$100-2$），这样就可以运用平方差公式进行计算了.

解：$102 \times 98 =（100+2）\times（100-2）= 100^2 - 2^2 = 10000 - 4 = 9996$.

变式 3：计算 $20102 - 2009 \times 2011$.

分析：此题旨在让学生学会运用例 2 的方法将 2009 当成（$2010-1$），将 2011 当成（$2010+1$），从而运用公式简化计算. 此外，教师要注意学生的符号是否正确，注意要把后面相乘的部分看成一个整体.

设计意图：通过例 2，把不是公式标准形式的两个数的乘法运算转化成符合平方差公式的乘法运算，让学生体会到转化的思想，考查学生对知识的应用迁移能力. 同时，注重运用生长性策略，变式 3 容易暴露学生符号的运算错误，教师要及时检查学生的学习情况.

（五）挑战思维，拓展模型

师生互动过程：通过变式练习，让学生主动获取运用公式的方法，归纳总结解题思路和方法，学生基本能运用平方差公式进行简化运算.

填一填：

（1）（$-m+$ _____）（$n+$ _____）$= n^2 - m^2$；

（2）写出与（$-a+b$）相乘能利用平方差公式进行计算的因式_____；

（3）看谁算得快：$0.75^2 - 0.25^2 =$ _____.

设计意图：通过变式训练，让学生学会逆向思维和发散思维，从而加深其对公式结构特征的理解，提高学生应用公式的能力，使所学的知识融会贯通，帮助学生成长.

判一判：下列的计算对不对？如果不对，应该怎样修改？

（1）（$x+2$）（$x-2$）$= x^2 - 2$

（2）（$-3a-2$）（$3a-2$）$= 9a^2 - 4$

设计意图：分析易错点，加深学生对公式的理解，使学生进一步掌握平方差公式的本质特征，为学生高效学习提供有效的支点.

（六）小结收获，反思学习

谈一谈：这节课你得到了哪些收获？

知识上的收获：平方差公式及其本质结构特征.

技能上的收获：运用平方差公式进行计算.

思想上的收获：数形结合、特殊到一般、符号化、转化.

设计意图：引导学生学会反思，归纳所学知识，总结学习方法；师生互动，检查学生的学习情况，便于形成新的教学策略，培养学生良好的学习习惯.

（七）布置作业

基础题：习题 14.2 第 1 题.

提高题：习题 14.2 第 3 题（1）（2）.

练习册相应题目.

设计意图：作业由基础题和提高题组成，以体现分层教学，让不同层次的学生在学习上得到不同的发展，尊重学生的个性差异，满足不同学习层次学生的学习需求. 整个教学的覆盖面较广，有利于促进学生个性发展，激励学生自主学习，扫清认知盲点，使学生体验到学习的乐趣.

整式的乘法

王学先名师工作室　杨周荣麟

一、数学文化背景材料

整式的乘法应用中，有一个经典的数学模型——杨辉三角. 北宋人贾宪约于 1050 年首先使用"贾宪三角"进行高次开方运算.

杨辉，字谦光，南宋时期杭州人. 他在 1261 年所著的《详解九章算法》一书中，辑录了三角形数表，称为"开方作法本源"图，并说明此表引自 11 世纪中叶（约 1050 年）贾宪的《释锁算术》，并画出了"古法七乘方图". 故此，杨辉三角又被称为"贾宪三角". 杨辉三角，是二项式系数在三角形中的一种几何排列，是中国古代数学的杰出研究成果之一；它把二项式系数图形化，把组合数内在的一些代数性质直观地从图形中体现出来，是一种离散型的数与形的结合. 与杨辉三角联系最紧密的是二项式乘方展开式的系数规律，即二项式定理. 例如在杨辉三角中，第 3 行的三个数恰好对应着两数和的平方的展开式的每一项的系数，第 4 行的四个数恰好依次对应两数和的立方的展开式的每一项的系数. 以此类推，杨辉三角中的三角形数表，是自然界和谐统一的体现. 杨辉三角是二项式系数在三角形中的一种几何排列，其中蕴含着二项式系数的几个相关性质，包括二项式系数的对称性、增减性与最大值、各二项式系数的和等.

元朝数学家朱世杰在《四元玉鉴》（1303 年）将"贾宪三角"扩充为"古法七乘方图".

意大利人称之为"塔塔利亚三角形"（Triangolo di Tartaglia）以纪念在 16 世纪发现一元三次方程解的塔塔利亚.

直到 1623 年以后，法国数学家帕斯卡在 31 岁时发现了"帕斯卡三角".

布莱士·帕斯卡的著作 *Traité du triangle arithmétique* 在欧洲（1655 年）介绍了这个三角形. 帕斯卡搜集了几个关于它的结果，并借此解决一些概率论上的问题. 其影响面广泛，Pierre Raymond de Montmort（1708 年）和亚伯拉罕·棣·美弗（1730 年）都用帕斯卡来称呼这个三角形.

21 世纪以来国外也逐渐承认这项成果属于中国，所以有些书上称这是"中国三角形"（Chinese triangle）.

现在，杨辉三角在编程中较为容易实现. 最常见的算法便是用上一行递推计算；也有运用和组合的对应关系而使用阶乘计算的，然而后者运算速度较慢且阶乘容易溢出.

杨辉三角每行首尾数字都是 1，中间的每个数刚好是该数两肩上的数字之和. 这种层层递推的数链结构，表现在文学中就是连环章. 如经典的诗文有《桃话冷落》："桃花冷落被风飘，飘落残花过小桥. 桥下金鱼双戏水，水边小鸟理新毛. 毛衣未湿黄梅雨，雨滴江梨分外娇……敲门借问天台路，路过小桥有断桥，桥边种碧桃." 全诗一气呵成，从"桃"字开始，首尾相连，每句的首字都是上一句的最后一个字，顶真回环. 句与句之间的关系和杨辉三角行与行之间层层递推的关系有着异曲同工之妙；全诗首尾同字，也和杨辉三角每行首尾都是 1 的结构相同.

杨辉三角虽然是数学问题，可是只要用心观察，便会发现它在很多方面都有着神奇的魅力.

二、教学内容及内容解析及数学文化背景分析

（一）教学内容

本章为八年级上册第十四章——整式的乘法与因式分解，主要内容包括整式的乘法、乘法公式以及因式分解等知识，主要学习整式的乘法，包括幂的运算、整式的（单项式乘单项式、单项式乘多项式、多项式乘多项式）乘法与除法. 本节课是整式的乘法的第二课时，即对单项式乘多项式的学习.

（二）内容解析

整式的乘除法是整式四则运算的重要组成部分，是在学生掌握了有理数运算、整式加减运算等知识的基础上进行学习的．幂的运算性质是整式乘法的基础，学生掌握了幂的运算性质后，作为它们的一个直接应用，学习整式的乘法．本节课是其第二课时，是对单项式乘多项式的学习．学生已经进行了单项式乘单项式的基础学习，整式乘法运算的教学从简到繁、由易到难、层层递进．

（三）数学文化背景分析

本节整式的乘法第 2 课时主要学习的是单项式乘多项式的方法，是整式乘法的基础课程．杨辉三角模型指整式乘法结果中，各项对应的系数值分布，与整式的乘法相呼应．探究杨辉三角的模型魅力，可以让学生明确学会基础计算方法的必要性，增强学生对学习内容的求知欲；同时，也能使学生了解数学文化的魅力，感知数学学科的基础价值．

三、教学目标设置

（一）目标

（1）学生掌握单项式乘多项式的运算法则．

（2）学生会运用法则进行计算．

（3）学生感受数学类比思想、数形结合思想、转化思想．

（二）目标解析

达成目标（1）的标志是：类比数的乘法分配律，从具体到一般，利用字母表示数，引导学生自己归纳出单项式乘多项式的运算法则．通过整堂课程的层次习题、互相纠错、错因分析、自主出题，使学生会进行计算并能有意识地提醒自己提高计算的正确率．

达成目标（2）的标志是：教学活动中学生会通过模型构建同类型计算题，并能注意自主归纳出错因分析，提醒自己提高计算正确率．

达成目标（3）的标志是：学生在每一个学习活动体会一种数学思想，并能在课堂总结时分享自己对于三种思想的感悟．

四、教学重难点

（1）教学重点：学生会单项式乘多项式的运算．

（2）教学难点：单项式乘多项式计算过程中符号问题的处理．

五、学情分析

（一）从知识起点上看

学生已经掌握了有理数运算、整式的加减运算、幂的运算性质与单项式乘单项式的运算法则，为单项式乘多项式运算的学习作好了铺垫．

（二）从能力上看

通过教师的有效引导，师生、生生间的互动展示，学生能够自我建构一些知识．通过动手实践、游戏合作、辨析抽象模型分析，学生能够对相关熟悉的知识进行类比学习、分析及归纳总结．

（三）从情感上看

初二年级的学生具有一定的求知欲和好奇心，但青春期害怕出错，在意他人评价，教师需贴心进行引导，激发学生主动获取知识的动力，使之获得学习数学的参与感与成就感．

六、教学策略分析

本节课将通过一个整式运算的实际应用（教师挑战赛游戏），类比有理数运算的乘法分配律、字母代表数进行类比的整式单项式乘多项式运算学习．通过不断地问题引入、教师引导、类比构建、教科书阅读学习、游戏合作、错因归纳得出知识，实现学生对技能的掌握．结合课堂练习巩固知识并通过实际模型运用总结知识，进而让学生认识到数学的应用价值及意义．弗莱登塔尔曾经说过："数学是源于现实，富于现实，用于现实的．"本节课将采用"问题——探究"的教学模式，通过类比、观察、验证呈现基本事实，秉承皮亚杰认识发展论、建构主义理论、罗杰斯人本主义理论、布鲁纳的发现学习理论．通过一个教师挑战赛，类比有理数的乘法分配律运算，并在此基础上提出问题，用字母表示数，体现数学知识间具体与抽象的内在联系，激发学生主动获取单项式乘多项式的运算法则与运算性质的动力；结合自主问题探究、例题示范、游戏合作学习、实践训练和课堂引导学生自主总结反思，让学生自己建构单项式乘多项式运算的方法、步骤及规避错因相关的注意事项；并根据桑代克的练习律设计层次性课堂练习，结合班上同学实际情况引导学生自主设计知识本源计算题；由此达到强化课程重点、突破难点的教学目标，学习过程中引导学生利用类比、数形结合、转化、建模思想构建知识与技能，实现本节课学习目标，使学生体会数学学习的成就感，实现教师为主导、学生为主体的教学．

设计意图： 本节课学生需要的知识储备来自七年级上册第一章、第二章的内容．其中，单项式、多项式的概念学生应该会比较生疏，需要带领学生进行复习回顾．另外，学习单项式乘多项式的运算，需要有理数的乘法、幂的运算、单项式乘单项式等运算知识技能作为铺垫，若在课堂中发现学生基础不扎实，需要引导学生再次复习巩固，强化计算细节．

七、教学过程

（一）感受学习单项式乘多项式的必要性

问题1： 展示与整式乘法相关的数学文化情境．

（1）杨辉三角模型的由来、性质和应用．

（2）杨辉三角模型与整式乘法的紧密联系．

（3）现代文学、科技中杨辉三角模型的应用情况简介．

问题2： 请同学任意说出一个未知数 x 的值，教师为该同学快速作答整个代数式 $3x(2x-1)+3(x-2x^2)$ 的值．

师生活动： 学生提问，教师回答．

追问1： 有哪位同学知道老师快速作答的秘诀？没关系，学完今天的内容，由你来告诉我快速作答的秘诀．

设计意图： 激发学生学习探究的欲望，活跃课堂氛围，拉近与学生的距离．

（二）类比探究并推导单项式乘多项式运算法则

问题3： 计算 $3×(1+2)$，类比计算 $a(1+b)$，类比数的乘法分配律得到单项式乘多项式的运算法则．

师生活动： 教师引导，学生作答．教师带领学生复习单项式、多项式的概念．

追问1： $3×(1+2)$ 有两种计算方法，$a(1+b)$ 有几种计算方法？为什么？你是怎么想到计算的方法的？

追问2： 类比乘法分配律运算性质，你认为 $a(1+b)$ 应该如何计算？为什么？这样考虑问题并处理的依据是什么？

设计意图： 由于整式中的字母表示数，因此数的运算律和运算性质在整式的运算中仍然成立．渗透类比方法，由数的运算引出式的运算规律，体现数学知识间具体与抽象的内在联系和数学的内在统一性．

追问3： 观察，以上单项式与多项式相乘 $p(a+b)=pa+pb$、$p(a+b+c)=pa+pb+pc$、$p(a+b+c+d)=pa+pb+pc+pd$ 的运算，结果得到何种整

式？得到的整式在项数上有何特点？

追问 4：类比老师给出的数的乘法分配律运算法则，有哪位同学可以类比进行单项式与多项式运算法则的描述？此过程体现了什么数学思想的运用？

师生活动：带领学生记笔记，填写学案，阅读教科书第 99 页内容．

追问 5：请一位同学为大家分享，从教科书第 99 页的这个内容阅读中，学习到了哪些知识？得到了什么启示？体现了哪种数学思想方法？

设计意图：教会学生阅读数学知识．会恰当学习并使用教科书上的内容，是学生必须要掌握的一种技能，能进一步强化教材的地位．同时，也引导学生考虑单项式乘多项式运算法则中体现的几何意义．几何具有直观性，可以引导学生有意识地借助几何图形对运算法则及公式作直观解释，体现数形结合的思想渗透，为后续乘法公式的学习作好思想方法上的铺垫．

（三）突破运算难点，关注符号问题

问题 4：计算 $(-a)(1-b)$．

师生活动：请一名学生在黑板上解答此题，其他学生在学案上完成；教师放手请学生先进行尝试，并对学生不同处理符号的方式方法进行点评讲解．

追问 1：哪种处理方法更为严谨？我认为，我们应该回归本质——多项式的概念．如果要求几个单项式的和，那么如何用符号表示"和"？故各位同学认为应该如何处理符号问题？

设计意图：知其然，亦应知其所以然．有过探究过程、讨论、思辨过程并知道其计算符号问题处理的知识点本质，学生对于符号问题的处理会更清晰并印象深刻，这也是突破本节课难点的一个教学活动．

（四）例题示范，强化运算法则与运算细节

问题 5：（例题）计算 $(-4x^2)(3x+1)$．

师生活动：例题示范，边做边讲．例题完成后，教师带领学生再次重温例题，明确细节．

追问 1：观察，我们进行单项式乘多项式的计算，实则根据运算法则，就可以把问题转化为什么？

追问 2：要解决新的问题，可以先通过某种方式，将其转化为利用已知能解决的问题，体现了数学中的什么思想？

设计意图：渗透转化思想．同时，再次让学生体会初中数学知识的学习方式方法．学习如上台阶，基础要一步一步打牢才行．

（五）合作学习，落实新知

问题6：（合作学习）计算.

（1）$3a$（$5a-2b$）

（2）（$x-3y$）（$-6x$）

师生活动： 教师组织学生参加活动，让学生以同桌为单位，在两题计算中分配好，各自用黑笔完成一题，完成后交换习题，用红笔检查并批改同桌的答案. 要求做题时，每一个步骤都要写出来，不允许省略步骤. 请一组同桌直接上黑板完成.

追问1： 有哪些小组是两人均是全对的，请举手，把掌声送给自己. 请没有做对的成员，来分享一下错因，请你给同学们一些计算上的建议，可以规避哪些错因？

设计意图： 合作学习是学生应该具备的一种能力，而同学间的相互成长有时作用是非常大且对孩子是具有很大影响力的. 同时，教师要注重活动设计的细节，具有实效性可检验即可.

（六）独立完成，课堂实测

问题7： 独立完成两题的计算.

$\left(\dfrac{2}{3}ab^2-2ab\right)\cdot\dfrac{1}{2}ab$；$x$（$x-1$）$+2x$（$x+1$）$-3x$（$2x-5$）

师生活动： 学生独立完成，教师批改. 教师批改班级前5名做完的同学的学案. 两个题目完成后，请学生投影自己的错因.

追问1： 请你向同学们说明一下做错的点在哪，给所有同学一些建议来合理规避计算错误.

师生活动： 对下列4个运算进行判断，是否正确. 用希沃白板游戏或PPT示例进行判断. 请同学们自己归纳总结计算的注意事项，填写学案.

设计意图： 学生自己犯错、改正，总结出计算错因及计算中需要注意的事项，这样孩子们才能记住并真正落实在平日的计算中，强化重点，突破难点.

（七）首尾呼应，揭秘时刻！

问题8： 请同学们通过计算$3x$（$2x-1$）$+3$（$x-2x^2$），找到老师快速计算代数式值的方法.

设计意图： 让学生体会数学一方面的生活应用性.

（八）思考提升，模型构建

问题9： 单项式×多项式，形如"p（$a+b+c$）$=pa+pb+pc$"的模型，难

度系数你来定!

师生活动:教师引导学生构建模型,让学生体会数学模型的思维联系.

设计意图:初步感受数学建模的思想,并再次带领学生回归知识点本质,教会学生计算的训练方法与纠错思路,引导学生以题会类的解法训练思路.

(九)**学习目标自测,课堂反思、总结**

问题10:学习目标自测、目标检测作业的布置.

师生活动:学习目标依次落实,学生自测后教师进行提问,请学生进行分享总结回顾.

设计意图:再一次强化重点、突破难点;同时,体现学生为主体、教师为主导的课堂学习.

基于"洋葱数学"进行的二次函数 $y = ax^2$ 的图像与性质教学设计

王学先名师工作室　陈尔彬

一、数学文化背景及分析

"洋葱学院"是具有游戏化特点的电子平台.其前身为"洋葱数学",创建于2013年底,由毕业于哈佛大学计算机科学专业的杨临风,毕业于杜克大学生物科学、教育学和心理学专业的朱若辰和前创新工场"点心OS"技术高管李诺联合创办的.洋葱学院有App版和PC版,目前已推出数学和物理课程,包括小学、初中和高中三个阶段,涵盖国内12个版本的教材.每一节课程均是通过5~8分钟的动画视频和智能练习进行呈现的.能让中小学生轻松进行个性化学习.结合"洋葱学院"的特点和功能,以初中数学的一节课为例进行案例研究,在课前、课中和课后的使用视频中穿插练习题,确保学生在理解一个概念之后再继续下一环节.教学设计中让教师融合电子平台进行数学课堂教学.

二、教材内容及内容解析

本节学生在学习了二次函数的概念之后,对其图像及性质逐步进行探究.

在此之前学生已经对正比例函数、一次函数和反比例函数的概念及图像与性质进行了学习，因此在本节课的学习方法上学生已经有了一定的经验．二次函数是进一步学习函数知识，体现函数知识螺旋发展的一个重要环节．在此节后，我们还将循序渐进，在此基础上由简到繁逐步展开对二次函数的研究．二次函数的图像是抛物线，是人们最为熟悉的曲线之一，同时抛物线形状在建筑上也有着广泛的应用，如抛物线型拱桥、抛物线型隧道等．可以说这节课既起到了承上启下的作用，又能让学生体会到数学的实用及美感，其地位及作用不可小看．

（一）函数及其图像在初中数学中占有很重要的位置

突破这个既重要又抽象的内容的实质就是将抽象的符号语言与直观的图像语言有机结合起来，通过具有一定思考价值的问题，激发学生的求知欲望——持久的好奇心．我们知道，函数的表示法有以下三种：列表法、图像法、解析法．初二时的函数的学习大多只关注到图像的作用，这其实只是借助了图像的直观性，只是从一个角度看函数，具有一定的片面性．本节课，力图让初三学生从不同的角度去研究函数，对函数有一个全方位的研究，并通过对比总结得到研究的方法，让学生体会这种研究方法，以便学生能将其迁移到对其他函数的研究中去．

（二）结合新课程实施的教学理念，在本课的教学中加以实践

（1）在课堂活动中通过合作、自主探究尝试培养学生积极主动、勇于探索的意识．

（2）在教学过程中努力做到师生的互动，并且在对话之后重视体会、总结、反思，力图在培养和发展学生数学素养的同时，让学生掌握一些学习、研究数学的方法．

（3）通过课堂教学活动向学生渗透数学思想方法．

三、教学目标

（1）知识技能：让学生经历探索二次函数 $y = x^2$ 的图像的作法和性质的探究过程，获得利用图像研究函数性质的经验．直接给学生函数解析式 $y = x^2$，让学生作图并观察图像，分析、归纳 $y = x^2$ 的性质，这样，学生能通过运用过去的知识经验发现新知识，解决新问题，从而实现由掌握到迁移运用的过程．

（2）数学思考：学生能够利用描点法作出 $y = x^2$ 的图像，并能根据图像认识和理解二次函数 $y = x^2$ 的性质．学生通过画图、观察、分析，得出有关结论，培养学生观察、比较、概括的逻辑思维能力.

（3）解决问题：学生能够作出二次函数 $y = -x^2$ 的图像，并能够比较其与 $y = x^2$ 的图像的异同，初步建立二次函数表达式与图像之间的联系. 提高学生的观察、交流、概括、总结及表达的能力，更进一步让学生体会到数形相互转化的思想.

（4）数学体验：让学生通过自己画图、观察、比较得出有关结论，可以使学生体会到获得成功的喜悦，提高学生的学习积极性；通过画图使学生体会到数形可以互相转化，激发学生探究新知的欲望.

四、教学重难点

（1）教学重点：学生会画 $y = ax^2$ 的图像，通过观察图像理解其性质.

（2）教学难点：学生用描点法画 $y = ax^2$ 的图像，体会数与形的相互联系.

五、学情分析

学生在八年级上学期已经学习了函数及一次函数等内容，对函数已经有了初步的认识. 学生通过从特殊到一般的数学研究方法，先学习 $y = ax^2$ 这一最简单的二次函数图像与性质，再进一步研究 $y = ax^2 + bx + c$（$a \neq 0$）的图像与性质，可以进一步领悟函数的概念并积累研究函数性质的方法. 由于学生在认知方式、动手能力、语言表达和思维方式等方面存在差异. 教师要及时发现了解并尊重学生的个体差异，教学中要多鼓励学生，对学习有困难的学生要及时给予帮助和指导，让他们敢于发表自己的见解，丰富他们教学活动的经验，提高他们的数学能力.

六、教学策略分析

学习二次函数的关键是学习其性质（开口方向、顶点坐标、对称轴、单调区间等），而用描点法画函数图像是我们发现函数图像的特征和了解其性质的一个重要途径. 因此，在教学过程中应让学生画出函数图像，引导学生观察图像的特点，进而概括出函数的性质. 在此过程中，可以用"特殊到一般，具体到抽象"的方法来学习二次函数的图像和性质，给学生足够的探索和交流的时间，让学生在自己动手体验中得出结果.

七、教学过程

（一）复习旧知，引入新课

课前以"洋葱数学"同步概念课为基础，让学生自主学习"二次函数的图像"微课视频，时间约 8 分钟.

（1）提问：请同学们根据自学二次函数的概念完成"洋葱数学"同步的 5 道微课视频检测题. 教师在学生回答时，收集学生存在的问题，并提醒同学注意事项.

（2）提问：下列函数中哪些是二次函数？

$$y = 3x - 1 \qquad\qquad y = 3x^2 \qquad\qquad y = 3x^2 + 2x^2$$
$$y = x^2 - x\ (1 - x) \qquad y = 3x^3 - 2x^2 \qquad y = 2x^2 - 2x + 1$$

（3）一次函数的图像、正比例函数的图像、反比例函数的图像各是怎么样的呢？它们各有什么特点，又有哪些性质呢？让学生反馈复习所得知识.

上节课我们学习了二次函数的概念，掌握了二次函数的一般形式，这节课我们先来探究二次函数中最简单的 $y = ax^2$ 的图像和性质.

设计意图：利用前面学过的函数的图像启发学生思考二次函数的图像，将本节课的内容与已有知识联系起来，便于学生类比学习. 同时通过设问，让学生了解本节课所要探索的问题，激发学生的探索兴趣.

（二）探究活动：二次函数的图像与性质

1. 二次函数 $y = x^2$ 的图像作图

做一做：

请你画出二次函数 $y = x^2$ 的图像.

（1）观察 $y = x^2$ 的表达式，选择适当的 x 值，并计算相应的 y 值，得到表 1−1−4：

表 1−1−4

x	…	−3	−2	−1	0	1	2	3	…
y	…	9	4	1	0	1	4	9	…

（2）在直角坐标系中描点（图 1-1-12）：

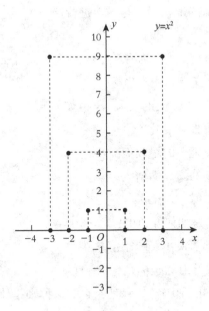

图 1-1-12

（3）用光滑的曲线连接各点，得到函数 $y = x^2$ 的图像（图 1-1-13）．

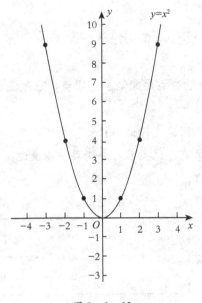

图 1-1-13

议一议：二次函数 $y = x^2$ 的图像.

（1）你能描述图像的形状吗？与同伴进行交流.

生：抛物线.

（2）图像与 x 轴有交点吗？如果有，交点坐标是什么？

生：图像与 x 轴有交点，交点坐标是 $(0，0)$.

（3）当 $x < 0$ 时，随着 x 值的增大，y 值如何变化？

当 $x > 0$ 时呢，y 值如何变化？

生：当 $x < 0$ 时，y 随 x 的增大而减小；

当 $x > 0$ 时，y 随 x 的增大而增大.

（4）当 x 取什么值时，y 值最小？

最小值是什么？你是如何知道的？

生：当 $x = 0$ 时，y 值最小，最小值是 0.

因为抛物线上的最低点的坐标是 $(0，0)$.

（5）图像是轴对称图形吗？如果是，它的对称轴是什么？

你能找出几对对称点？并与同学进行交流.

生：图像是轴对称图形，它的对称轴是 y 轴.

对称点：$(-3，9)$ 与 $(3，9)$ 关于 y 轴对称，$(-2，4)$ 与 $(2，4)$ 关于 y 轴对称……

师生共同总结：函数 $y = x^2$ 的图像是一条抛物线，它的开口向上，且关于 y 轴对称.

2. 对称轴与抛物线的交点是抛物线的顶点，它是图像的最低点

做一做：

二次函数 $y = -x^2$ 的图像是什么形状的？先想一想，然后作出它的图像，它与二次函数 $y = x^2$ 的图像有什么关系？与同伴进行交流.

（1）列表（表1-1-5）：

表1-1-5

x	…	-3	-2	-1	0	1	2	3	…
y	…	-9	-4	-1	0	-1	-4	-9	…

（2）在直角坐标系中描点（图 1 - 1 - 14）.

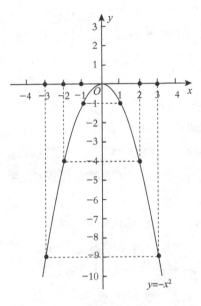

$y=-x^2$

图 1 - 1 - 14

（3）用光滑的曲线连接各点，得到函数 $y = -x^2$ 的图像.

议一议：说说二次函数 $y = -x^2$ 的图像有哪些性质，与同伴交流.

（1）图像与 x 轴交于原点（0，0）.

（2）$y \leqslant 0$.

（3）当 $x < 0$ 时，y 随 x 的增大而增大；当 $x > 0$ 时，y 随 x 的增大而减小.

（4）当 $x = 0$ 时，y 最大值是 0.

（5）图像关于 y 轴对称.

（在此过程中，教师不能作裁判，应及时表扬学生，同时把评判权交给学生，注意培养学生语言的规范化、条理化.然后按课本的问题加以总结和整理，做到有放有收.）

3. 指导学生学习"洋葱数学"的"参数 a 与函数图像"

让学生在同一坐标系中分析 $y = x^2$ 与 $y = -x^2$ 函数的图像，概括出它们的共同点和不同点.通过比较发现：

1 和 2 中两个函数图像关于 x 轴对称，开口方向相反；两个函数图像的对称轴都是 y 轴，顶点都是原点.

（提示学生从图像开口方向、顶点坐标、对称轴几方面分析函数图像的共同点和不同点.）

63

肯定学生的表现，总结：函数 $y = ax^2$ 的图像是一条抛物线，它关于 y 轴对称，它的顶点坐标是（0，0）．

提问：在同一坐标系中画出 $y = 2x^2$ 的图像，试比较其与 $y = x^2$ 反应了什么性质．你能通过解析式说明吗？学生互相交流、讨论，尝试归纳总结．

肯定学生的表现，指出 $y = x^2$ 与 $y = 2x^2$ 的图像特点．

当 $a > 0$ 时，抛物线 $y = ax^2$ 开口向上，在对称轴的左边，曲线自左向右下降；在对称轴的右边，曲线自左向右上升，顶点是抛物线上位置最低的点．

当 $a > 0$ 时，二次函数 $y = ax^2$ 的性质如下：当 $x < 0$ 时，函数值 y 随 x 的增大而减小；当 $x > 0$ 时，函数值 y 随 x 的增大而增大；当 $x = 0$ 时，函数取最小值 $y = 0$.

（引导学生从两个方面分别总结函数图像的性质．在学生总结的过程中，可以提示学生从函数单调性和顶点方面考虑，从而让学生能够顺利地发现函数图像的性质，同时让学生对解析式特征进行浅析．）

让学习观察函数 $y = -x^2$ 与 $y = -2x^2$ 的图像，思考：

当 $a < 0$ 时，抛物线 $y = ax^2$ 有哪些特点？当 $a < 0$ 时，函数 $y = ax^2$ 具有哪些性质？（学生互相交流、讨论，然后举手回答．）当 $a < 0$ 时，抛物线 $y = ax^2$ 开口向下，在对称轴的左边，曲线自左向右上升；在对称轴的右边，曲线自左向右下降．顶点是抛物线上位置最高的点．当 $a < 0$ 时，二次函数 $y = ax^2$ 具有的性质如下：当 $x < 0$ 时，函数值 y 随 x 的增大而增大；当 $x > 0$ 时，函数值 y 随 x 的增大而减小；当 $x = 0$ 时，函数取最小值 $y = 0$.

（让学生对比前面的总结，归纳概括出当 $a < 0$ 时函数图像的性质，这样既让学生掌握了知识，又提高了学生归纳、总结的能力．）

设计意图：主要以小组讨论完成，将四种形式的函数图像放在一个坐标系内，并发表自己的意见，从而加强学生的完善性思维．

（三）巩固练习

（1）利用"洋葱数学"的"参数 a 与函数图像"同步的 3 道微课视频进行检测．

注：在概念问题上，为了规范化，教师要给以学生纠正（如开口方向、开口大小等语言）．指出二次函数 $y = ax^2$ 中系数 a 的变化，引出图像一些性质的变化．

（2）抛物线 $y = \dfrac{1}{2}x^2$ 的图像的对称轴是（　　　），顶点坐标是（　　　），当 x

（　　）时，y 随 x 的增大而（　　），当 x（　　）时，y 随 x 的增大而（　　）．

（3）抛物线 $y = -5x^2$ 的图像的开口向（　　），图像的对称轴是（　　），除了它的顶点，抛物线上的点都在（　　）的（　　）方，它的顶点是图像的最（　　）点；当 x（　　）时，y 随 x 的增大而（　　），当 x（　　）时，y 随 x 的增大而（　　）．

（四）课堂总结，布置作业

（1）学生谈一谈收获．

我们通过观察总结得出二次函数 $y = ax^2$ 的图像的性质如下：

① 图像："抛物线"是轴对称图形．

② 与 x、y 轴的交点（0，0）即原点．

③ a 的绝对值越大抛物线开口越大，$a > 0$，开口向上，当 $x < 0$ 时（对称轴左侧），y 随 x 的增大而减小（y 随 x 的减小而增大）；当 $x > 0$ 时（对称轴右侧），y 随 x 的增大而增大（y 随 x 的减小而减小）．$a < 0$，开口向下，当 $x < 0$ 时（对称轴左侧），y 随 x 的增大而增大（y 随 x 的减小而减小）；当 $x > 0$ 时（对称轴右侧），y 随 x 的增大而减小（y 随 x 的减小而增大）．

（2）今天我们通过观察收获不小，其实只要我们在日常生活中勤观察，勤思考，你会发现知识无处不在，美无处不在．

（3）作业：课后练习 3、4 题．

二次函数的应用（拱桥问题）复习课教学设计

王学先名师工作室　赵　婉

一、数学文化背景材料

石拱桥是中国传统的桥梁四大基本型式之一．几千年来，石拱桥遍布祖国山河大地，随着经济文化的日益发达而得到长足发展．它是我国古代灿烂文化中的一个组成部分，曾在世界上为祖国赢得荣誉．迄今保存完好的大量古桥，可视为历代桥工巨匠精湛技术的历史见证，显示出了中国古代劳动人民的智慧和力量．例如，我国赵州桥已历时 1400 年，对赵州桥的浅基础、短桥台，不少现代工程师表示惊叹．赵州桥经过多次地震洪水依旧屹立无恙，这决不是偶然的．唐朝张嘉贞的《石桥铭序》中所云："制造奇特，人不知其所以为．"这一评价，几乎和20世纪工程界学者异口同声，其技术高超，于此可见．卢沟桥雄踞在湍流奔突的永定河上，也经历了近七百年．它们都称得上雄伟坚固，迄今仍保持着初创风貌，可以通行重车，在中外石桥中是罕见的．可见古人在建造石桥时综合利用了数学、物理及化学，这才能使石桥如此长寿、稳固、雄伟．

二、教学内容解析及教学文化背景分析

九年级上册第二十二章《二次函数的实际应用之拱桥问题》和第二十四章《圆的基本性质》中共讲授了两种拱桥问题的解决方法，一种是抛物线型的拱桥应采用建系后借助二次函数的性质解决，第二种是圆弧型的拱桥利用圆的性质和垂径定理构造直角三角形进行求解．本节课在复习相关知识点的基础上，让学生感受两种题型的区别并分别掌握解决问题的方法．

课程最后将石拱桥设计时的知识点进行渗透，让学生体会古人建造石桥时的伟大成就及体会知识学习的重要性．

三、教学目标

（1）通过对九年级第二十二章《二次函数的实际应用之拱桥问题》和第二十四章《圆的基本性质》中拱桥问题的梳理，让学生掌握解决拱桥问题的方法．

（2）通过复习让学生体会古代造桥技术的博大精深，感受数学知识在生活实际中的运用．

四、教学重难点

（1）教学重点：通过复习总结让学生掌握解决拱桥问题的方法．
（2）教学难点：培养学生分析问题的能力．

五、学情分析

九年级上册新授课讲解完成后，学生对于拱桥问题的解决有了一定的概念，但对于两种不同类型的解决方法掌握得不是很熟练，无法完善总结不同的解决方法，故此设计本课的目的是让学生掌握不同的解决问题的方法．

六、教学策略分析

教学中利用四道不同类型的问题,让学生体会并掌握解决两种类型拱桥问题的一般步骤.

七、教学过程

背景引入

下面我们利用学过的数学知识解决古代拱桥的实际问题.

知识点 1:二次函数的实际应用(人教版九年级上册第二十二章)

例 1: 如图 1 - 1 - 15 所示,赵州桥的桥拱用抛物线的部分表示,其函数的关系式为 $y = -\dfrac{1}{25}x^2$,当水面宽度 AB 为 20 m 时,水面与桥拱顶的高度 DO 是( )

A. 2 m   B. 4 m   C. 10 m   D. 16 m

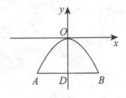

图 1 - 1 - 15

解:根据题意得 B 的横坐标为 10,

把 $x = 10$ 代入 $y = -\dfrac{1}{25}x^2$,

得 $y = -4$,

∴ $OD = 4\text{m}$,

故选 B.

设计意图: 本题考查了点的坐标的求法及二次函数的实际应用. 此题为数学建模题,借助二次函数解决实际问题,让学生体会抛物线型的拱桥问题的建模及解决方法.

例 2: 如图 1 - 1 - 16 所示的抛物线形构件为某工业园区的新厂房骨架,为了牢固起见,构件需要每隔 0.4 m 加设一根不锈钢的支柱,构件的最高点距底部 0.5 m,则该抛物线形构件所需不锈钢支柱的总长度为( )

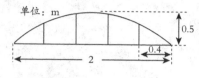

图 1 – 1 – 16

A. 0. 8 m   B. 1. 6 m   C. 2 m   D. 2. 2 m

解：如图 1 – 1 – 17，由题意得 B (0, 0.5)、C (1, 0).

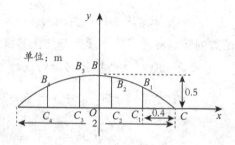

图 1 – 1 – 17

设抛物线的解析式为 $y = ax^2 + c$，

代入 B，C 点坐标得 $a = -\dfrac{1}{2}$，$c = \dfrac{1}{2}$，

$\therefore$ 抛物线的解析式为 $y = -\dfrac{1}{2}x^2 + \dfrac{1}{2}$.

当 $x = 0.2$ 时，$y = 0.48$；

当 $x = 0.6$ 时，$y = 0.32$.

$\therefore B_1C_1 + B_2C_2 + B_3C_3 + B_4C_4 = 2 \times$ （0.48 + 0.32） = 1.6 （m）.

故选 B.

设计意图：本题考查了二次函数的拱桥问题，关键是要根据题意作出平面直角坐标系，并根据所建立的平面直角坐标系求出函数解析式. 本题是在上题的基础上教会学生如何正确建立平面直角坐标系，从而使学生掌握建模的思想.

总结：通过两道题让学生体会解决抛物线型的拱桥问题的一般步骤：

（1）建系建模.

（2）解出函数解析式.

（3）根据实际情况求解答案.

知识点 2：圆的基本性质

例 3：赵州桥是我国建筑史上的一大创举，距今有 1400 多年的历史，它历经多次洪水和地震却安然无恙．如图 $1-1-18$，若桥跨度 AB 约为 40 米，主拱高 CD 约 10 米，则桥 $\overset{\frown}{AB}$ 所在圆的直径为＿＿＿＿＿米．

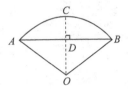

图 $1-1-18$

解：根据垂径定理，得 $AD=\dfrac{1}{2}AB=20$ 米．设圆的半径是 R，根据勾股定理，得 $R^2=20^2+(R-10)^2$，

解得 $R=25$ 米．

设计意图：本题是圆弧形拱桥的问题，解决的关键在于借助垂径定理构建直角三角形，此题寻找圆心是关键．

例 4：寿春路桥横跨合肥市母亲河——南淝河，它位于合肥市东西交通主干道寿春路上，建成于 1987 年年底，为中承式钢筋砼（tong）拱桥，桥的上部结构为 2 个钢筋混凝土半月形拱肋，如图 $1-1-19$ 是桥拱肋的简化示意图，其中拱宽（弦 AB）约 100 米．

（1）在图 $1-1-19$ 中，请你用尺规作图的方法首先找出弧 AB 所在圆的圆心 O，然后确定弧 AB、弦 AB 的中点 C、D．（不要求写作法，保留作图痕迹）

（2）若 $\angle AOB=100°$，求该拱桥高 CD 约为多少米．（结果精确到 0.1 米，参考数据：$\sin 50°\approx 0.77$，$\cos 50°\approx 0.6$，$\tan 50°\approx 1.19$）

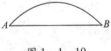

图 $1-1-19$

解：如图 $1-1-20$ 所示，连接 OA，OB．

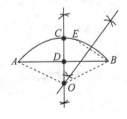

图 $1-1-20$

由垂径定理知：OC 垂直平分 AB 且平分 $\angle AOB$；

在 $\text{Rt}\triangle AOD$ 中，$AD = 50$，$\angle AOD = 50°$，

$\tan 50° = \dfrac{AD}{OD} = \dfrac{50}{OD}$，解得 $OD \approx 42.0$；

$\sin 50° = \dfrac{AD}{OA} = \dfrac{50}{OA}$，

$\therefore OA \approx 64.9$，即 $OC \approx 64.9$；

$\therefore CD = OC - OD = 22.9$ 米.

设计意图： 本题主要考查尺规作图及与圆有关的计算，涉及垂径定理、锐角三角函数等知识点，解题的关键是熟练掌握圆的性质和锐角三角函数的计算.

总结： 圆弧形拱桥问题的解决方法.

（1）借助作图工具寻找圆心.

（2）利用垂径定理构建直角三角形.

（3）通过解直角三角形的方法解决问题.

小结：

（1）拱桥问题分为以下两种类型：

抛物线型拱桥：考查二次函数的实际应用，需要建立平面直角坐标系，通过函数解析式解决实际问题.

圆弧型拱桥：利用垂径定理构造直角三角形解决实际问题.

（2）拱桥图片欣赏.（图略）

（3）进行拱桥建造方法与其他学科知识的渗透.

① 砌筑拱圈前，应根据拱圈跨径、矢高、厚度及拱架的情况，设计拱圈砌筑程序. 砌筑时，须设置变形观测缝，注意随时观测拱架的变形情况，必要时对砌筑程序进行调整，控制拱圈的变形.

② 跨径小于或等于 10 米的拱圈，当用满布式拱架砌筑时，可从两端拱脚起顺序向拱顶方向对称、均衡地砌筑，最后砌拱顶石. 当用拱式拱架砌筑时，宜分段、对称地先砌筑拱脚和拱顶段，后砌 1/4 跨径段.

③ 跨径 10 米~20 米的拱圈，不论用何种拱架，每半跨均应分成三段砌筑，先砌拱脚段和拱顶段，后砌 1/4 跨径段，两半跨应同时对称地进行. 分段砌筑的拱段，其倾斜角大于砌块与模板间的摩擦角时，应在拱段下侧临时设置支撑，避免拱段滑移.

④ 跨径大于或等于 20 米的拱圈，一般采用分段砌筑或分环分段相结合的

方法砌筑，必要时应对拱架预加一定的压力．分环砌筑时，应待下环砌筑合拢、砌缝砂浆强度达到设计强度的 75% 以上后，再砌筑上环．

⑤ 多孔连续拱桥拱圈的砌筑，应考虑连拱的影响，制定相应的砌筑程序．

锐角三角函数

王学先名师工作室　霍明霞

一、数学文化背景材料

公元前 3 世纪，古希腊著名的天文学家、数学家阿利斯塔克有一个重大发现．如图 1-1-21，当月亮是半圆时，日 A、地 B、月 C 三者的圆心，刚好是直角三角形的三个顶点，且 $\angle ABC = 85°$，他算出地球与月亮的距离大约是地球与太阳的距离的 $\frac{1}{19}$．天体问题是三角函数要解决的问题之一，这个天体问题被抽象为三角函数．正弦 $\sin A$ 是线段之间的一个比值，表示的是直角三角形中锐角 $\angle A$ 的对边和斜边的比．那么正弦的符号"sin"是怎么产生的呢？

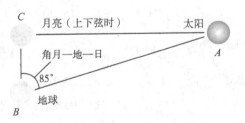

图 1-1-21

要创造这一个数学符号并不简单，它伴随着漫长的三角（直角三角形的三个角）学与三角函数发展史，下面我们就来回顾一下吧．"sine"一词始于阿拉伯人雷基奥蒙坦，他是十五世纪西欧数学界的领军人物．他于 1464 年完成著作《论各种三角形》，1533 年开始发行，这是一本纯三角学的书，使三角学脱离了天文学，成为一门独立的数学分科．到了明朝的时候，我国著名科学家、政治家徐光启毕生致力于数学、天文、历法、水利等方面的研究，他把 sine 翻译为正弦．16 世纪时，法国数学家韦达在《应用于三角形的数学定律》中对三角学做出了系统论述，使用了包括"正弦"在内的共 6 种比值，还编制了相对应的三角函数表. 18 世纪后，瑞士数学家欧拉首次指出了正弦函数的概念，使得三角学不再局限于研究三角形的解法，还引入了函数线和单位圆，三角函数的内容我们在高中将会学到.

三角函数的生命力在于它得到了广泛应用. 三角函数作为数学工具被用来解决了许多极其困难的问题.

二、教学内容解析及数学文化背景分析

（一）内容

正弦的概念.

（二）内容解析

本章在前面已经研究了直角三角形中三边之间的关系、两个锐角之间的关系的基础上，通过引进锐角三角函数建立了直角三角形中边与角之间的关系，使学生全面掌握直角三角形的组成要素（边、角）之间的关系，并让学生综合运用锐角三角函数、勾股定理等知识解决与直角三角形有关的度量问题. 锐角的正弦反映了直角三角形中锐角与其对边、斜边之间的关系. 从什么角度研究直角三角形中边与角之间的关系，以及建立边与角之间的何种关系，是引入锐角三角函数时的首要问题，也是关键环节.

"在直角三角形中，30°角所对的边是斜边的一半"，其等价形式为"在直角三角形中，30°角所对的边与斜边的比总是常数 $\frac{1}{2}$"，后者反映了直角三角形中 30°锐角和该角的对边与斜边的比之间的对应关系. 由此获得启示，建立直角三角形中边与角之间的关系. 可以通过研究锐角和它的对边与斜边的比之间的关系，从而引出研究直角三角形中边角关系的具体内容和方式；继而利用等腰直角三角形的性质和勾股定理，探究等腰直角三角形中，45°角所对的边与斜边长度之比的不变性；再利用相似三角形的性质，研究一般直角三角形中锐角所对的边与斜边长度之比的不变性，最后给出锐角的正弦概念. 引入锐角的正弦概念的过程，体现了从特殊到一般的思想方法. 先讨论直角三角形中锐角的对边与斜边的比的不变性，进而给出锐角的正弦概念，这种定义锐角的正弦的方式为后续研究其他锐角三角函数提供了范例.

三、教学目标设置

（一）目标

（1）构建探求锐角的正弦的定义方法，初步理解锐角的正弦概念．

（2）会求锐角的正弦值．

（二）目标解析

达成目标（1）的标志是：学生利用相似三角形的性质研究直角三角形中，对于一个锐角而言，无论直角三角形的大小如何，这个角所对的边与斜边长度的比值为定值，体会研究对边与斜边的比为定值对理解锐角的正弦定义的必要性，掌握锐角的正弦表达式的结构．

达成目标（2）的标志是：已知直角三角形的边长，学生能求出锐角的正弦值．

四、教学重难点

（1）教学重点：直角三角形中边角关系的提出过程、锐角正弦的定义过程、正弦的概念．

（2）教学难点：①研究内容的提出过程；②探究锐角的正弦定义前，先研究直角三角形中锐角所对的边与斜边长度的比为定值的必要性．

五、学情分析

了解研究锐角的正弦的必要性和合理性，对学生来说比较困难；利用相似三角形的性质"两个直角三角形的对应边的比相等"探索并认识锐角的正弦时，首先要得出结论"直角三角形的形状相同，大小改变，但边与边的长度的比值不变"，然后需要联系函数的概念，把直角三角形的"边与边长度的比值"与"锐角"对应起来，进而得到"比值随锐角的确定而唯一确定，随锐角的改变而改变"，涉及的知识较多，看问题的角度和观点灵活多变，并且要用完全陌生的符号 $\sin A$ 表示锐角 A 的正弦，对学生具有很大的挑战性．

六、教学策略分析

本节课使用的媒体资源主要是希沃白板5、几何画板．教师应用多媒体课件创设情境，演示"运动—变化"的过程，帮助学生思考，为学生的观察猜想创造条件，使之成为学生认知的工具．

七、教学过程设计

本节课分为以下几个环节，如图 1 – 1 – 22 所示.

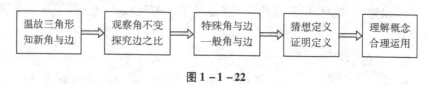

图 1 – 1 – 22

（一）温故三角形　知新角与边

问题 1： 对直角三角形的边角关系，我们已经研究了什么？

追问： 还可以研究什么？

我们已经研究了直角三角形边与边的关系、角与角的关系，那么边与角之间有什么关系呢？本节课我们一起来学习"锐角的正弦".

设计意图： 从数学内部的需要自然引入课题，激发学生的求知欲.

数学文化衔接点： 从"直角三角形边与边的关系、角与角的关系"到"边与角之间的关系"，这其中体现的是数学的类比思想.

类比思想在数学发展史中由来已久，在古今中外科学发展的进程中起着重要的作用. 无论是一个苹果引发的"万有引力"，还是达尔文提出的"进化论"，他们都是得益于类比思想而获得了重大进步，推动了科学的进步. 没有类比的数学缺少生机和动力，类比促进数学发现，推动数学发展. 数学教学是螺旋式上升的，前面学习的知识是今后将要学习的知识的基础和铺垫，教师应该善于挖掘知识点之间的联系，并善于运用类比思想来进行教学，这样不但能带领学生温习旧知，揭示知识体系之间的联系，而且能够让学生体会到数学的逻辑性，引导学生梳理学习过程，在梳理过程中发散思维，探索新的解题思路，提高学生的探究创新意识. 此外，类比旧知识点，能够增进学生对新知识的认识，降低学生对接受新知识的恐惧感，使学生更容易接受新知识的教学，有利于课堂教学效率的提升.

（二）观察角不变　探究边之比

问题 2： 当锐角大小不变时，直角三角形三边可以变化，这个锐角所对的边和斜边长度的比值的变化规律是什么？

师生活动： 在网格纸上作出几个含特殊角的直角三角形，再作出含 37°和 53°角的直角三角形后计算所对的边与斜边长度的比值.

设计意图： 由特殊角出发，引出研究直角三角形中边角关系的具体内容和方式——研究锐角和它所对的边与斜边长度之比之间的关系，为下一环节的学习奠定基础.

（三）特殊角与边　一般角与边

在直角三角形中，如果锐角的大小发生了改变，其所对的边与斜边长度的比值也发生了改变，并且当锐角 A 的度数一定时，无论这个直角三角形大小如何，$\angle A$ 的对边与斜边的比都是一个固定值.

设计意图：强化学生对"对边与斜边的比"的认识，对"角度固定，比值也固定"作进一步说明.

师生活动：教师引导学生思考、交流并用准确的语言进行归纳猜想.

设计意图：让学生体验合理的猜想是数学学习中研究问题的方法之一.同时为学生提供自主探究的空间，增强学生的数学语言表达能力.

（四）猜想定义　证明定义

问题 3：通过观察探究，在直角三角形中，要如何证明刚才的结论？

师生活动：在几何画板软件制作平台中演示、验证猜想的特殊情形，让学生直观感受验证猜想的过程.

师生活动：利用相似证明猜想.

设计意图：培养学生的推理论证意识，使学生进一步熟悉发现几何结论的基本套路，为引出锐角的正弦概念奠定基础.

数学文化衔接点：用系统的思维，从不同角度发现和提出与其他学科或实际有关的问题，通过建立数学模型分析和解决问题.

（五）理解概念　合理运用

教师讲解：在直角三角形中，当锐角 A 的度数一定时，无论这个直角三角形的大小如何，它所对的边与斜边长度的比都是一个固定值.这个固定值随锐角 A 的度数的变化而变化，由此我们给这个"固定值"以专门名称.

师生活动：学生作答，教师给出 $\sin 30° = \dfrac{1}{2}$，$\sin 45° = \dfrac{\sqrt{2}}{2}$，同时强调正弦的三种表示方式.

设计意图：让学生在解决一系列问题的过程中，经历从特殊到一般，用系统的思维建立数学概念的过程，感受定义的方式：先研究合理性，再下定义.

数学文化衔接点：用系统的思维组织锐角三角函数概念的教学活动.每一个学科都是一个系统的整体，理解和掌握学科知识需要具有系统思维；系统思维就是把认识对象作为系统，从系统与要素、要素与要素、系统与环境的相互联系及相互作用中，综合地考察认识对象的一种思维方法；系统思维能极大地简化人们对事物的认知，系统思维给我们带来整体观、全局观，具备系统思维是逻辑抽象能力强的集中表现．

例1：在 Rt△ABC 中，$\angle B = 90°$，$AC = 13$，$BC = 5$，求 $\sin A$ 和 $\sin C$ 的值．

（1）求 $\sin A$ 实际上要确定什么？依据是什么？求 $\sin C$ 呢？没有图怎么办？

（2）角的对边和斜边都已知吗？未知的怎么办呢？

（3）能口述解题过程吗？

学生思考作答，教师在学生代表口述解题过程时引导学生规范步骤并同步板书．

设计意图：巩固学生对锐角的正弦概念，规范学生的解题步骤．

例2：如图 $1-1-23$ 所示，Rt△ABC 中，$\angle C = 90°$，求 $\angle A$ 及 $\angle B$ 的正弦值．

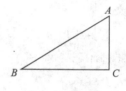

图 $1-1-23$

数学文化衔接点："以不变应万变"是数学类比思想的核心，通过设置分层难度的变式训练让学生进一步巩固思想，熟悉解题过程，领悟解题思想，感受到同类型数学题目之间的微妙联系，得到数学"举一反三"的效果．要培养学生数学思维，能够抓住问题的关键，而不是陷入"题海战术"的怪圈，引导学生透过问题的表面来分析问题的实质．

（六）课堂练习，提升能力

练习：如图 $1-1-24$ 所示（填空）．

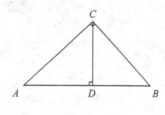

图 $1-1-24$

$\sin A = $ _____，$\sin \angle BCD = $ _____．

$\sin B = $ _____，$\sin \angle ACD = $ _____．

（七）限时测评改（8分钟）

设 Rt△ABC 中，$\angle C = 90°$，$\angle A$、$\angle B$、$\angle C$ 的对边分别为 a、b、c，若 $b = $

6，$c = 10$，求 $\sin A$.

（八）类比拓展　内化知识

问题 4：在直角三角形中，锐角的度数固定，对边与斜边长度的比也固定，那么邻边与斜边长度的比也固定吗？对边与邻边的比也固定吗？

设计意图：引导学生类比探究余弦定理，再次体会概念学习的过程与方法.

（九）归纳总结　内化提升

请同学们根据以下问题回顾本节课的内容：

（1）什么是锐角的正弦？

（2）定义锐角正弦的过程、方式是什么？

师生活动：引导学生回顾、思考、组织语言回答.

设计意图：引导学生梳理学习内容，提炼学习过程中用到的数学思想方法.

（十）衍生发展　思维提升

课外探究：在直角三角形中，锐角 A 的邻边与斜边长度的比是否也是一个固定值？

勾股定理的逆定理

云南财经大学附属中学　王学先

一、数学文化背景材料

（一）发展历史

毕达哥拉斯树是一个基本的几何定理，传统上认为是由古希腊的毕达哥拉斯所证明的. 据说毕达哥拉斯证明了这个定理后，斩了百头牛进行庆祝（百牛大祭），因此毕达哥拉斯树又称"百牛定理". 在中国，《周髀算经》记载了勾股定理的公式与证明，相传其是在商代由商高发现，故又称之为商高定理；三国时代的赵爽对《周髀算经》内的勾股定理作出了详细注释，又给出了另外一个证明. 法国和比利时称其为驴桥定理，埃及称其为埃及三角形. 中国古代把直角三角形中较短的直角边叫作勾，较长的直角边叫作股，斜边叫作弦.

勾股定理的逆定理是判断三角形是不是直角三角形的一个简单的方法. 在 $\triangle ABC$ 中，c 为最长边，如果 $a^2 + b^2 = c^2$，则 $\triangle ABC$ 是直角三角形；如果 $a^2 +$

$b^2 > c^2$，则 $\triangle ABC$ 是锐角三角形；如果 $a^2 + b^2 < c^2$，则 $\triangle ABC$ 是钝角三角形．

（二）勾股定理逆定理的证明

这个定理有许多证明的方法，其证明的方法可能是数学众多定理中最多的．路明思（Elisha Scott Loomis）在 *Pythagorean Proposition*（《毕达哥拉斯命题》）一书中总共提到 367 种证明方式．有人尝试用三角恒等式（例如正弦和余弦函数的泰勒级数）来证明勾股定理，但是，因为所有的基本三角恒等式都是基于勾股定理得来的，所以不能作为勾股定理的证明（参见循环论证）．主流证明方法是反证明法、同一法、余弦定理法、相似三角形证明法、梅文鼎证明法和欧几里得证明法等．下面举出一种巧妙的证明方法：

设三条边分别为 a、b、c，其所对的角分别为 $\angle A$、$\angle B$、$\angle C$，若 $c^2 = a^2 + b^2$，求证：$\triangle ABC$ 是直角三角形．

证明：过 C 点作 c 边的垂线，即三角形的高，垂足为 D，设此高长度为 h，

则三角形的面积 $S = \dfrac{hc}{2}$，因为 $BD = \sqrt{a^2 - h^2}$，$AD = \sqrt{b^2 - h^2}$，

所以 $AB = BD + AD = \sqrt{a^2 - h^2} + \sqrt{b^2 - h^2}$，因为 $AB = c$，所以 $c = \sqrt{a^2 - h^2} + \sqrt{b^2 - h^2}$，

两边平方得：$c^2 = a^2 - h^2 + b^2 - h^2 + 2\sqrt{a^2 b^2 - h^2(a^2 + b^2) + h^4}$，

因为 $c^2 = a^2 + b^2$，代入上式得：$2\sqrt{a^2 b^2 - h^2(a^2 + b^2) + h^4} = 2h^2$，

即 $\sqrt{a^2 b^2 - h^2(a^2 + b^2) + h^4} = h^2$，

两边平方得：$a^2 b^2 - h^2(a^2 + b^2) + h^4 = h^4$，又 $c^2 = a^2 + b^2$，

代入整理得 $a^2 b^2 = h^2 c^2$，

两边开方得：$ab = hc$，

所以三角形面积 $S = \dfrac{hc}{2} = \dfrac{ab}{2}$，

因为 a、b 为三角形的两条边，

所以只有直角三角形才有可能满足这个要求，即从 $c^2 = a^2 + b^2$ 推出 $\triangle ABC$ 是直角三角形．

二、教学内容解析及数学文化背景分析

（一）内容

勾股定理的逆定理的证明及简单应用，原命题、逆命题的概念及相互关系．

（二）内容解析

勾股定理的逆定理：如果一个三角形的三边长 a、b、c 满足 $a^2 + b^2 = c^2$，那么这个三角形是直角三角形．它是利用三角形的边长关系来判定三角形是直角三角形的一种方法．

（三）数学文化背景分析

如果三角形的三边长 a、b、c 满足 $a^2 + b^2 = c^2$，那么这个三角形是直角三角形，其中 c 为斜边．

（1）勾股定理的逆定理是判定一个三角形是不是直角三角形的一种重要方法，它通过"数转化为形"来确定三角形可能的形状，在运用这一定理时，可以将两条较短边的平方和与较长边的平方作比较，当它们相等时，以 a、b、c 为三边的三角形是直角三角形；当 $a^2 + b^2 < c^2$ 时，以 a、b、c 为三边的三角形是钝角三角形；当 $a^2 + b^2 > c^2$ 时，以 a，b，c 为三边的三角形是锐角三角形．

（2）定理中的 a、b、c 只是一种表现形式，不可认为是唯一的，如三角形三边长 a、b、c 满足 $a^2 + c^2 = b^2$，那么以 a、b、c 为三边的三角形是直角三角形，但是 b 为斜边．

（3）在描述勾股定理的逆定理时，不能说成当斜边的平方等于两条直角边的平方之和时，这个三角形是直角三角形．

勾股定理的逆定理能帮助我们通过三角形三边之间的数量关系判断一个三角形是否为直角三角形．在具体的推算过程中，应用较短两边的平方和与最长边的平方进行比较，切不可不加思考地用两边的平方和与第三边的平方比较而得到错误的结论．

三、教学目标和目标解析

（一）教学目标

（1）理解勾股定理的逆定理，经历"实验—猜想—论证"的探究过程，体会"构造法"证明数学命题的基本思想方法．

（2）理解原命题、逆命题、逆定理的概念及关系．

（二）目标解析

目标（1）要求学生经历勾股定理的逆定理的探究及证明过程，理解通过构造一个直角三角形，证明此三角形和原三角形全等，从而证明三角形为直角三角形的方法．要求学生能应用勾股定理的逆定理来判断一个三角形是不是直角三角形．

目标（2）要求学生能根据原命题写出它的逆命题，并了解原命题为真命题时逆命题不一定为真命题；理解判断逆命题为假命题只需举出反例即可，但要说明逆命题为真命题，必须通过证明.

四、教学重难点

（1）教学重点：学生证明勾股定理的逆定理，用勾股定理的逆定理解决具体的问题.

（2）教学难点：学生用"构造法"证明勾股定理的逆定理（"同一法"）.

五、学情分析

学习本节课之前，学生已经熟练掌握了勾股定理的内容和应用，也具备了一定的几何学习、探究、推理论证的能力. 八年级学生认知结构、心理特征趋于逐渐成熟，是学生由试验几何向推理几何过渡的重要阶段. 这个时期的学生对所学知识有一种急于尝试、运用的冲动，教师要充分调动学生的积极性，引导学生探究几何推理论证的方法.

证明勾股定理的逆定理的实质，是通过 $a^2 + b^2 = c^2$ 证明三角形中有一个角为 90°. 勾股定理的证明方法很多，教材也提供了多种证法，而勾股定理的逆定理的证明，教材的编写却相当"简洁"，即先用"构造法"构造一个直角三角形，再利用三角形全等进行证明. 这个定理的证明方法学生不太容易想到.

六、教学策略分析

本节课分为以下六个环节，如图 1 - 1 - 25 所示：

图 1 - 1 - 25

这是一节证明勾股定理的逆定理的探究课，教师要关注学生的认知基础，让学生动手操作，使学生感受多角度思考问题的重要性，引导学生关注几何证明的本质，培养学生在逻辑推理这一方面的核心素养. 本节课根据教学环节设计了问题串，将启发式和互动式的教学方法相融合，从学生熟悉的情境出发，以问题解决为主线，步步紧跟，环环相扣，让学生经历发现问题、提出问题、分析问题、解决问题的过程，从而使学生积累数学基本学习经验，发展学生的数学思维，提高学生的创新意识．在教学过程中，要以学生为主体，让学生积极思考，勇于探索，主动获取知识．本节课适当地融入了数学文化，以生活中的一些例子为中心，让学生亲自尝试，接受问题的挑战，充分展示自己的观点和见解，给学生创设一个轻松愉快的学习氛围，让学生体验学习的乐趣，促进学生数学思维的发展．同时，教师要注意加强对学生的启发和引导，鼓励培养学生大胆猜想、小心求证的科学研究的思想．

七、教学设计过程

（一）引入情境，提出问题

古埃及人把一根绳子打上等距离的 13 个结，然后以 3 个间距、4 个结间距、5 个结间距的长度为边长，用木桩钉成一个三角形，其中一个角便是直角（图 1-1-26）.

问题 1：按照这种做法真能得到一个直角三角形吗？

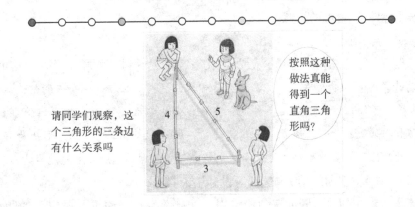

请同学们观察，这个三角形的三条边有什么关系吗

按照这种做法真能得到一个直角三角形吗？

图 1-1-26

设计意图：学生结合前面所学的勾股定理知识，联想到用三边的关系是否可以判断一个三角形为直角三角形，提高学生发现问题、思考问题的能力，引导学生自然、合理地提出问题．

（二）动手操作，观察发现

画线段 $BC = 3$ cm，以 C 为圆心、4 cm 长为半径画弧，以 B 为圆心、5 cm 长为半径画弧，两弧相交于点 A，连接 AB、AC，得到 $\triangle ABC$（图 1-1-27）.

问题 2：通过测量，$\angle ACB$ 是直角吗？

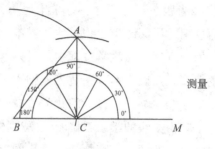

测量

图 1－1－27

设计意图：引导学生通过计算、画、测量、归纳和猜想的方法探究几何问题，这些方法是今后几何学习的通法，让学生在这个过程中体会几何研究的一般思路．

（三）自主探究，大胆猜想

下面的三组数分别是一个三角形的三边长 a、b、c：

①6，8，10　　　②2.5，6，6.5　　　③5，12，13

（1）画：利用圆规和直尺选一组数作为边长（单位：cm），画出三角形．

（2）量：用量角器测量三角形的最大角的度数．

（3）想：三角形的形状．

（4）猜：用命题的形式说出你的观点．

问题3：能从三角形三边"数"的关系，猜想得到三角形"形"的结论吗？

设计意图：再次动手实践，教师引导学生回忆利用 SSS 证明全等的知识，并指导学生根据已知三边画出满足条件的三角形，分小组画图．让学生由特殊到一般，归纳得出"如果三角形三边 a、b、c 满足 $a^2 + b^2 = c^2$，那么这个三角形就为直角三角形"的结论，培养学生动手操作和寻求解决数学问题的一般方法的能力．

问题4：你能说出勾股定理的题设和结论吗？

师生活动：师生共同回忆勾股定理，并让学生正确说出勾股定理的题设和结论，教师揭示勾股定理，从形的特殊性得出边之间的数量关系．

问题5：请写出勾股定理的逆命题．

练习：说出下列命题的逆命题并判断这些命题的逆命题是否成立．

（1）两条直线平行，内错角相等．

（2）如果两个实数相等，那么它们的平方相等．

（3）全等三角形的对应角相等．

设计意图：通过几个简单的例子，进一步让学生理解命题与逆命题的概念．

勾股定理逆命题：

如果三角形的三边长 a、b、c，满足 $a^2 + b^2 = c^2$，那么这个三角形是直角三角形．

追问：由 $a^2 + b^2 = c^2$ 能否确定这是一个直角三角形？

设计意图：通过对前面所学知识的归纳总结，使学生联想到用三边的关系是否可以判断一个三角形为直角三角形，提高学生发现及思考问题的能力．猜想勾股定理的逆命题是真命题并给出证明，同时，我们也进一步明白了古埃及人那样做的道理．

追问：古埃及人用这种方法得到的确实是直角三角形，你知道这是为什么吗？

设计意图：探究的问题与学生的生活经验相关联，并且渗透了数学史知识，因此唤起了学生的探究兴趣，引起了学生的认知冲突，使学生进行多元思考．

（四）概念理解，知识内化

问题6：请用自己的话解释原命题和逆命题的关系，并举例说明．

设计意图：教师通过布卢姆提问法，了解学生对原命题和逆命题知识的掌握情况．

（五）学以致用，新知巩固

例1：下列命题中，其逆命题不是真命题的是（　　　）

A. 直角三角形的两个锐角互余

B. 同位角相等，两直线平行

C. 到一个角两边距离相等的点在这个角的平分线上

D. 对顶角相等

感悟：原命题成立时，其逆命题有时成立，有时不成立．

练习1：下列命题的逆命题正确的是（　　　）

A. 若两个实数相等，则它们的绝对值相等

B. 等边三角形的三个角都是锐角

C. 全等三角形的对应角相等

D. 两条直线平行，内错角相等

感悟：定理一定有逆命题，但其逆命题不一定是真命题．

设计意图：通过例1和练习1，进一步促使学生理解原命题、逆命题的关系，以及逆命题和逆定理的联系．

师生活动：当学生发现所证定理和前面的勾股定理是互逆关系时，也就理解了原定理、逆定理、原命题和逆命题等数学概念．这时教师继续追问：如果

一个原命题成立，那么它的逆命题成立吗？让学生举例说明．最后学生得出结论：一个原命题成立，它的逆命题不一定成立．事实上，对于原定理、逆定理、原命题、逆命题等数学概念，学生还是比较容易理解的．在得出勾股定理的逆定理后，让学生将其作为"副产品"来进行探究，既体现了本节课的重点，又节约了时间，提高了教学效率．

（六）深入理解，知识内化

问题7：请用画图和列式的方式解释勾股定理．（图 1 – 1 – 28）

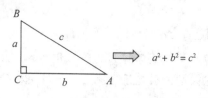

图 1 – 1 – 28

问题8：请用画图和列式的方式解释勾股定理的逆定理．（图 1 – 1 – 29）

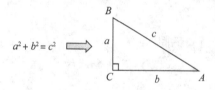

图 1 – 1 – 29

设计意图：教师了解学生对勾股定理、勾股定理的逆定理知识的掌握情况．

问题9：请写出这个命题的题设和结论．

追问：你能根据以上题设和结论画图并写出已知和求证吗？

已知：如图 1 – 1 – 29 所示，$\triangle ABC$ 的三边长 a、b、c 满足 $a^2 + b^2 = c^2$．

求证：$\triangle ABC$ 是直角三角形．

问题10：你能证明这个命题是真命题吗？

追问：要证明 $\triangle ABC$ 是直角三角形，只需要证 $\angle C = 90°$，根据已知条件能直接证明吗？若不能直接证明，应该怎么办呢？

设计意图：利用"大上坡，小下降"的方式设计问题，通过问题串来提升学生的数学思维水平．

（七）思考问题，探究证法

问题11：以长分别为 6 cm、8 cm、10 cm 的三边组成的三角形与以 6 cm、8 cm 为直角边的直角三角形是什么关系？为什么？（图 1 – 1 – 30）

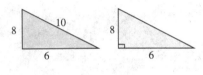

图 1 – 1 – 30

追问：第一个三角形是直角三角形吗？为什么？

设计意图： 利用"小下降"的方式设计该问题，通过一个例题引出，使学生形成直观感受，为推广到一般的情况进行证明做好准备.

（八）自主构建，知识内化

问题 12： 将上面的特殊情形一般化，你会证明了吗？（图 1 – 1 – 31）

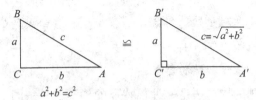

证明勾股定理的逆定理

图 1 – 1 – 31

证明过程：

已知：在 $\triangle ABC$ 中，三边长分别为 a、b、c，且 $a^2 + b^2 = c^2$.（图 1 – 1 – 32）

求证：$\triangle ABC$ 是直角三角形.

证明：

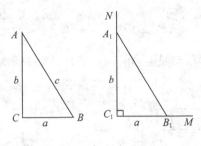

图 1 – 1 – 32

作一个直角 $\angle MC_1N$，

在 C_1M 上截取 $C_1B_1 = a = CB$，

在 C_1N 上截取 $C_1A_1 = b = CA$，

连接 A_1B_1.

在 $Rt\triangle A_1C_1B_1$ 中，由勾股定理得

$A_1B_1{}^2 = a^2 + b^2 = AB^2$，

$\therefore A_1B_1 = AB$，

$\therefore \triangle ABC \cong \triangle A_1B_1C_1$，（SSS）

$\therefore \angle C = \angle C_1 = 90°$.

$\therefore \triangle ABC$ 是直角三角形.

设计意图：前面我们已学习过勾股定理，而此问题中的已知条件 $a^2 + b^2 = c^2$ 类似于勾股定理中的结论. 如果要想应用已有知识，首先想到的是应用勾股定理，而要应用勾股定理就必须得到直角三角形这个条件，所以要构造一个直角三角形和这个三角形全等，再应用全等性质得到直角. 用构造的方法或同一法来证明数学问题是一个富有思考性的问题，如何构造出一个直角三角形？为什么这样构造？你是怎样想到的？这对培养学生的数学思维能力极为有益. 但如果教师仅仅简单地构造了直角三角形，只是让学生计算一下，来说明两个三角形是否全等，就降低了教学的要求.

师生活动：本题的构造法是一种很特殊的构造法——同一法. 我们通过猜想得到勾股定理的逆定理（板书），它是判定直角三角形的又一种方法. 勾股定理的逆定理的证明方法不止这一种，方法多样，有兴趣的同学可以在课下继续进行研究.

学生自己经过探索发现的命题，无论从思想感情上，还是在学习兴趣上，都要比直接给出命题再让学生加以证明更富有吸引力. 数学创造往往开始于不严格的发散思维，而继以严格的逻辑分析思维，即收敛思维，有了猜想的结果，猜想正确的证明就变成了学生自发的需要. "先猜，后证"，这是大多数科学的发现之道，从而也突破了本节的难点.

问题 13：勾股定理和勾股定理的逆定理是什么关系？（图 1 – 1 – 33）

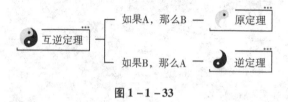

图 1 – 1 – 33

问题 14：请举例说出另外一对互逆定理.

问题 15：勾股定理和它的逆定理，对于我们研究直角三角形的价值是什么？（图 1 – 1 – 34）

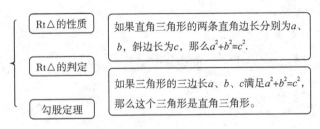

图 1 – 1 – 34

勾股定理的逆定理：如果三角形的三边长 a、b、c 满足 $a^2 + b^2 = c^2$，那么这个三角形是直角三角形.

（九）思考问题，知识整合

知识汇总如图 1 – 1 – 35 所示.

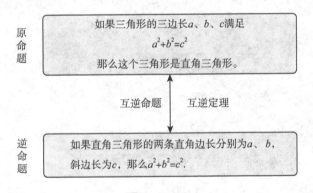

图 1 – 1 – 35

设计意图：当学生探究得到了勾股定理的逆定理时，如果教师马上转向例题，讲定理的应用，势必会造成学生对数学定理的肤浅理解，失去了一次培养学生反思意识的良好机会. 于是，设计了问题13、问题14、问题15，继续提出问题让学生思考.

（十）规范格式，巩固提高

例2：判断由 a、b、c 组成的三角形是不是直角三角形.

（1）$a = 15$，$b = 8$，$c = 17$.

（2）$a = 13$，$b = 14$，$c = 15$.

分析：根据勾股定理的逆定理，判断三角形是不是直角三角形，只要看两条较小边的平方和是否等于最大边的平方.

解：（1）$\because a^2 + b^2 = 15^2 + 8^2 = 225 + 64 = 289$，

$c^2 = 17^2 = 289$，

$\therefore a^2 + b^2 = c^2$,

$\therefore$ 这个三角形是直角三角形.

（2）$\because a^2 + b^2 = 13^2 + 14^2 = 169 + 196 = 365$,

$c^2 = 15^2 = 225$,

$\therefore a^2 + b^2 \neq c^2$,

$\therefore$ 这个三角形不是直角三角形.

设计意图： 这是利用勾股定理的逆定理进行判断的练习，通过练习，把陈述性的定理转化为认知操作，使学生学会使用勾股定理及其逆定理判断一个三角形是否为直角三角形.

例3： 如图 $1-1-36$ 所示，四边形 $ABCD$ 中，$AB \perp AD$，已知 $AD = 3$ cm，$AB = 4$ cm，$CD = 12$ cm，$BC = 13$ cm，求四边形 $ABCD$ 的面积.

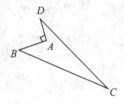

图 $1-1-36$

解： 连接 BD.（图 $1-1-37$）

$\because AB \perp AD$,

$\therefore BD^2 = AB^2 + AD^2 = 16 + 9 = 25$.

$\because BD > 0$,

$\therefore BD = 5$,

$\because BD^2 + DC^2 = 5^2 + 12^2 = 169$，$BC^2 = 13^2 = 169$,

$\therefore BD^2 + DC^2 = BC^2$,

$\therefore \angle BDC = 90°$.

$\therefore$ 四边形 $ABCD$ 的面积 $= S_{\triangle BDC} - S_{\triangle ABD} = 30 - 6 = 24$（cm^2）.

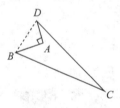

图 $1-1-37$

感悟：计算面积常用割补法.

设计意图： 本题是勾股定理与勾股定理的逆定理相结合的综合运用，意在提醒学生将新旧知识进行融会贯通，并提醒学生面积的计算常用到割补的方法.

（十一）课堂小结，分享收获

通过本节课的学习，你们有哪些收获？

（1）这节课你获得了哪些知识？

（2）这节课你获得了哪些解决问题的方法？

（3）这节课你学习到了哪些数学思想？

设计意图： 引导学生回顾和理解勾股定理的逆定理，明确定理的基本应用，体会同一法证明命题的基本思路.

（十二）作业设计，目标检测

（1）三角形三边长 a、b、c 满足条件 $(a+b)^2 - c^2 = 2ab$，则此三角形是（　　　）

A. 锐角三角形　　　　　　　B. 直角三角形

C. 钝角三角形　　　　　　　D. 等边三角形

（2）已知 $\triangle ABC$ 的三边长为 a、b、c 且 $a = m^2 - n^2$，$b = 2mn$，$c = m^2 + n^2$，$m > n$，m、n 是正整数，则此三角形是直角三角形吗？说明理由.

设计意图： 题目考查学生能否应用勾股定理的逆定理判定一个三角形是否是直角三角形.

（3）已知，如图 $1-1-38$ 所示的四边形 $ABCD$ 中，$\angle B = 90°$，$AB = 3$，$BC = 4$，$CD = 12$，$AD = 13$，求四边形 $ABCD$ 的面积.

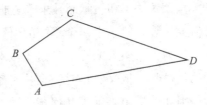

图 $1-1-38$

设计意图： 本题考查学生综合应用勾股定理及其逆定理解决问题的能力，本题也是例 3 的变式，同时也用来检测学生是否真正掌握了勾股定理及其逆定理.

八、课后反思

（一）"问题—探究"教学的一些思考

本节课的核心是"问题—探究"．探究的本质是对"未知"不懈的"追问",通过对问题的不断解决和"追问",探究出未知的数学世界,这既符合数学知识本身发展的规律,也符合学生个体心理发展的规律.探究学习可能是有趣的,也可能是机械的,探究式学习有时也被人们称为"问题导向式"学习,因此"数学问题"往往被视为探究式学习的核心.没有问题的思考,不是真正的思考;没有思考的探究,不是真正的探究.

(二)渗透数学文化

本节课渗透了数学文化——古埃及人确定直角的方法.在课堂教学中融入数学文化有助于学生深刻理解数学知识,掌握数学思想方法,树立正确的数学观,也能激发学生对数学的学习兴趣,提高学生的数学应用意识、探究意识和创新意识.因此,教师要选择适当的方式将数学文化知识融入课堂教学,使数学文化在课堂教学中发挥积极的作用.

平面直角坐标系

王学先名师工作室　石晶晶

一、数学文化背景及分析

坐标系是数学史上的伟大发明,笛卡儿(Descartes,1596—1650,法国哲学家、数学家、物理学家)因这一不朽贡献而被永载史册.

在笛卡儿之前,几何与代数是数学中两个不同的研究领域.笛卡儿站在方法论的自然哲学的高度,认为古希腊人的几何学过于依赖图形,束缚了人的想象力.而对于当时流行的代数学,他又觉得它完全从属于法则和公式,不能成为一门提高智力的科学.因此他提出必须把几何与代数的优点结合起来,建立一种"真正的数学".

笛卡儿的思想核心是把几何学的问题转换成代数形式的问题,用代数学的方法进行计算证明,从而达到最终解决几何问题的目的.这也是我们现在非常重要的数形结合的数学思想.依照这种思想,他创立了"解析几何学".

1637年,笛卡儿发表了《几何学》,创立了平面直角坐标系,他用平面上的一点到两条固定直线的距离来确定点的位置,用坐标来描述空间上的点.

传说笛卡儿是在蜘蛛织网的启示下创建了直角坐标系,这让这一伟大发明又增加了趣味性．本节课通过课堂活动，对学生进行数学文化熏陶，培养学生敢于探索、勇攀科学高峰的优良品质．

二、教学内容及内容解析

本堂课是人教版数学教科书七年级下册第七章第一节第二课时的内容．本节课是学生学习了数轴和有序数对后的一节概念教学课．数轴的发展，使点与坐标的对应关系顺利实现了从一维到二维的过渡，而平面直角坐标系的建立使有序数对与平面内的点产生了一一对应的关系，提供了用代数方法研究几何问题的重要数学工具，形成了数与形之间的桥梁，是今后学习函数、解析几何的基础．

上一节课学生在具体情境中学习了用有序数对表示物体的位置，本节课先介绍数轴上的一一对应，然后在此基础上说明建立平面直角坐标系的必要性以及合理性，同时引入相关的概念．一般地，建立平面直角坐标系后，对于坐标系中的点，我们可以确定它的坐标．反过来，对于任何一个坐标，都可以在坐标平面内确定它所表示的点，从而实现坐标平面内的点与坐标的一一对应，体现数形结合的思想．

三、教学目标

（1）学生理解平面直角坐标系中两条数轴一般具备的特征：互相垂直、原点重合、取向右、向上为正方向，能在平面直角坐标系中理解 x 轴（横轴）、y 轴（纵轴）、原点、坐标、象限等相关概念．

（2）学生理解建立平面直角坐标系的必要性，体会到平面内点与有序数对的"一一对应"；学生会由点的位置写出坐标，由点的坐标确定点的位置．

（3）学生能通过观察、分析总结出坐标轴上点的坐标特点．

（4）培养学生敢于实践，能有条理地思考、分析，发展学生的形象思维能力和数形结合意识．

（5）把数学文化融入课堂，激发学生的求知欲，提高学生的学习兴趣．

四、教学重难点

（1）教学重点：平面直角坐标系及相关概念．

（2）教学难点：学生理解建立平面直角坐标系的必要性，体会平面直角坐标系中点与坐标的一一对应关系．

五、学情分析

七年级的学生对新知识往往充满好奇，加上平时培养了学生小组合作探究的能力，通过数学文化知识的引入和趣味的数学活动，其学习积极性很容易被调动起来，不过他们的认知水平有限，平面内点与坐标的对应关系虽然与数轴与坐标的对应关系类似，但学生毕竟在认识上第一次从一维空间过渡到二维空间，因此理解建立平面直角坐标系的必要性，体会其中蕴含的点与坐标一一对应的关系对其来说比较困难．前一节课的内容学生是在具体的情境中认识物体的位置与有序数对的对应，学生易于理解，但由具体情境抽象出的平面直角坐标系中的点与坐标一一对应，需要学生有较强的思维能力，通过多媒体让学生能有更直观的感受，能帮助他们体会和接受．

六、教学策略分析

本节课分为七个部分完成，如图 1 - 1 - 39 所示：

情境引入 → 探索发现 → 探究说理 → 感悟深化 → 测评反馈 → 总结点评 → 实践延伸

图 1 - 1 - 39

这是一节定理教学课，定理的推证过程蕴含着重要的解题方法和数学思想，因此，不仅要让学生了解定理，会用定理解决问题，还要让学生经历定理探索、验证的过程，从中得到思维的发展．根据新课标的要求，学习活动应体现学生身心发展特点，应有利于引导学生主动探索和发现，本节课采用探索发现式教学方法，整个学习过程充满交流和互动并融入数学文化，让学生在学习的过程中通过动手实验、观察思考、抽象概括从而获得知识的学习方法，培养他们利用旧知识获取新知识的能力，结合小组合作探究，有利于培养学生的合作意识和多元化思维，激发学生的学习兴趣，提高其学习效率．

七、教学过程

（一）情境引入

活动1：文字密码游戏

如图 1 - 1 - 40 所示"家"的位置用有序数对记作（6，5），请你破解密码：（2，4），（4，6），（8，4），（6，8），（5，1）．

密码：我是最棒的.

9	爱	几	天	有	问	轴	文	同	圆
8	象	结	笛	建	研	棒	横	光	原
7	点	为	平	祖	数	方	花	垂	昆
6	美	限	乐	是	标	努	心	面	对
5	代	意	空	好	卡	家	何	微	五
4	荣	我	判	朵	统	系	星	最	应
3	国	直	设	程	你	题	学	中	究
2	定	尔	园	笑	角	习	论	纵	快
1	坐	明	计	趣	的	亮	力	开	月
0	1	2	3	4	5	6	7	8	9

图 1 - 1 - 40

设计意图：让学生复习有序数对表示物体的位置，初步建立数与形之间的联系.

问题 1：如何确定直线上点的位置？

数轴上每个点都对应一个实数，这个实数叫作这个点在数轴上的坐标.

点 A 在数轴上的坐标为 -4，点 B 在数轴上的坐标为 2（图 1 - 1 - 41）.

反之，知道数轴上一个点的坐标，就确定了这个的点在数轴上的位置.

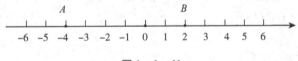

图 1 - 1 - 41

设计意图：从学生熟悉的数轴出发，给出数轴上点的坐标的定义，建立点与坐标一一对应的关系.

（二）探索发现

问题 2：如何确定平面上点的位置？（图 1 - 1 - 42）

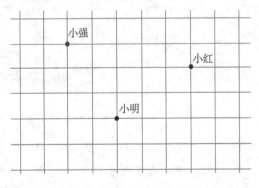

图 1 - 1 - 42

设计意图：提出问题，让学生在思考并解决问题的过程中，感受到建立平面直角坐标系的必要性.

活动2：数学小剧场

1619年的一天，笛卡儿生病卧床，但他头脑却没有休息，他反复思考一个问题：几何图形是直观的，而代数方程则比较抽象，能不能用几何图形来表示方程呢？解决这个问题关键是如何把组成几何的图形的"点"和满足方程的每一组"数"挂上钩. 于是他就认真思考，突然，他看见屋顶角上的一只蜘蛛，拉着丝垂了下来，一会儿，蜘蛛又顺着丝爬了上去，在上边左右拉丝. 蜘蛛的"表演"，使笛卡儿的思路豁然开朗. 他想，可以把蜘蛛看作一个点，那能不能把蜘蛛的每个位置用一组数确定下来呢？他又想，屋子里相邻的两面墙与地面交出了三条线，如果把地面上的墙角作为起点，把交出来的三条线作为三根数轴，用一个点表示空间的蜘蛛，测量出这个点到三个平面的距离，这样蜘蛛在空中的位置就可以准确记录出来了. 他从床上爬起来，开始记录……于是在蜘蛛织网的启示下，笛卡儿创建了直角坐标系，得到了建立解析几何的线索. 后来由这样两两互相垂直的直线所组成的坐标系，就被人们称为笛卡儿坐标系，其中运用最广泛的就是我们今天要学习的平面直角坐标系. （图1-1-43）

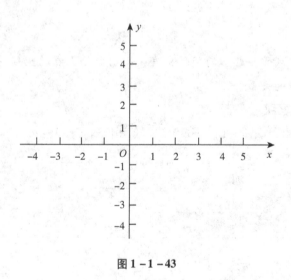

图1-1-43

解决问题二：在平面内建立平面直角坐标系，就可以确定平面上点的位置.

设计意图：通过笛卡儿创建平面直角坐标系的故事，对学生进行数学文化熏陶，激励学生敢于探索、勇攀科学高峰，让学生以充满求知欲的状态进入课堂学习，给学生展示自我的机会，培养学生的表达能力．类比数轴的知识，结合笛卡儿故事的启发，学生自然而然地建立起平面直角坐标系．

问题 3：根据平面直角坐标系相关概念引出问题．

（1）平面直角坐标系的两条数轴具备什么特征？

互相垂直、原点重合．

（2）什么是横轴？什么是纵轴？什么是坐标原点？

水平的数轴被称为 x 轴或横轴，竖直的数轴被称为 y 轴或纵轴，通常取向、上为正方向，两坐标轴的交点为平面直角坐标系的原点．

（3）坐标平面被两条坐标轴分为几个部分？

被分为四个部分，每个部分被称为象限．（图 1-1-44）

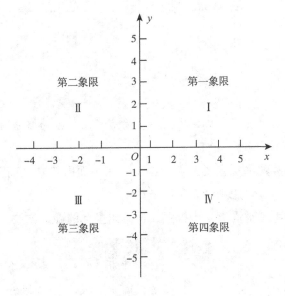

图 1-1-44

选用"洋葱学堂"上的视频动画资源，生动地讲解平面直角坐标系相关概念．（象限知识仅作简单介绍，象限中点的符号特征下节课再进行深入探究）

设计意图：让学生观察并描述平面直角坐标系的两条数轴具备的特征，并理解相关概念．适当插入视频动画，对比教师直接照本宣科地讲授，学生会更有兴趣，注意力更加集中．

练习：下面四个图形中，是平面直角坐标系的是（　　　）

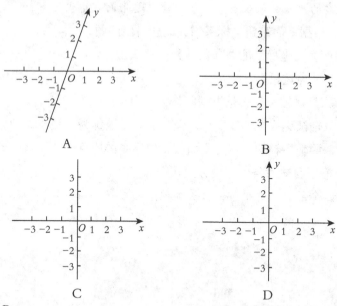

答案：D

设计意图：及时复习，巩固学生对平面直角坐标系的概念.

活动3：看点写坐标

类似于利用数轴确定直线上点的位置，在平面内建立平面直角坐标系就可以把平面内的点的位置用坐标表示出来.

先让学生动手画平面直角坐标系，再给出坐标的确定方法.（图1-1-45）

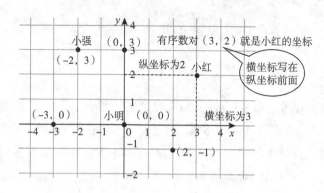

图1-1-45

设计意图：让学生动手画平面直角坐标系，及时反馈学生画图时的易错点并进行强调.利用学生学过的有序数对、数轴，以确定平面内点的位置为目的，让学生在解决具体问题的过程中体会坐标的定义：过这个点作 x 轴的垂线，垂

足在 x 轴上的坐标叫做这个点的横坐标.类似的可以定义这个点的纵坐标,之后再追加几个点锻炼学生由已知点的位置确定点的坐标的能力.

活动4：描点画图

在图1-1-46中的平面直角坐标系中描出下列各点,并用线段将这些点首尾顺次相连：$(0,6)$、$(-4,3)$、$(-2,3)$、$(-2,0)$、$(-2,-3)$、$(0,-3)$、$(2,-3)$、$(2,0)$、$(2,3)$、$(4,3)$.

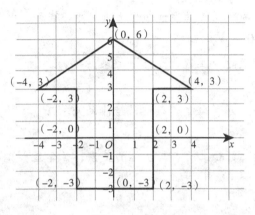

图1-1-46

这里采用小组合作竞赛的方式,让学生互助探究,且通过竞赛的方式能充分调动学生的学习热情.

设计意图：再反过来,已知点的坐标,让学生在平面直角坐标系内找对应点的位置,感受点与坐标一一对应的关系,体会数形结合的思想.

（三）探究说理

活动5：分类发现

将上题中的点按象限进行分类（图1-1-47）：

点的位置	坐标
第一象限	(4,3)、(2,3)
第二象限	(-4,3)、(-2,3)
第三象限	(-2,-3)
第四象限	(2,-3)
其余	(2,0)、(-2,0)、(0,6)、(0,-3)

这些点在哪?

图1-1-47

分类后发现还有一些点不在象限内：$(0,6)$、$(-2,0)$、$(0,-3)$、$(2,$

0）．教师组织学生讨论它们的位置，发现它们在坐标轴上，可以得出结论：坐标轴上的点不属于任何象限．

观察这四个点的坐标，学生讨论后发现结论：

x 轴上点的纵坐标为 0，表示为 $(x, 0)$；y 轴上点的横坐标为 0，表示为 $(0, y)$．

设计意图：在上一个活动的基础上，学生对找到的点进行位置探究，既巩固了象限的概念，又探究了坐标轴上的点的坐标特征．

（四）感悟深化

数轴上的点与坐标（实数）是什么关系？

——对应．

平面上的点与坐标（有序数对）又是什么关系？

还是——对应．

设计意图：类比数轴上的点与坐标的关系，让学生归纳出平面上的点与坐标之间的关系．

（五）测评反馈

例1：如图 1-1-48，下列说法中正确的是（   ）

A．点 A 的横坐标是 3　　　　B．点 A 的横坐标是 -3

C．点 A 的坐标是 $(3, -2)$　　D．点 A 的坐标是 $(-2, 3)$

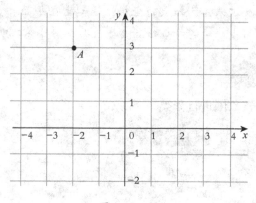

图 1-1-48

答案：D

例2：过点 B $(-3, -1)$ 作 x 轴的垂线，垂足对应的数是_____，过点 B $(-3, -1)$ 作 y 轴的垂线，垂足对应的数是_____．

答案：-3，-1．

例 3：若点 A（3，a）在 x 轴上，点 B（b，4）在 y 轴上，则 a = _____，b = _____．

答案：0，0．

例 4：如图 1 - 1 - 49 所示的四边形 $ABCD$，它各个顶点的坐标及其所在象限分别为：

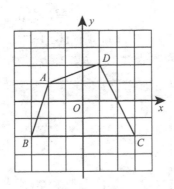

图 1 - 1 - 49

A（_____，_____），在第_____象限；

B（_____，_____），在第_____象限；

C（_____，_____），在第_____象限；

D（_____，_____），在第_____象限．

答案：A（-2，1），二；B（-3，-2），三；C（3，-2），四；D（1，2），一．

设计意图：限时小测，及时对课堂效果进行评价反馈，以便课后及时跟进．三个测试题考查的内容如下：①学生能否根据平面直角坐标系中已知点的位置确定坐标；②学生对平面直角坐标系中点的坐标确定方法的掌握；③学生对坐标轴上点的坐标的特征的掌握；④学生对平面内点与坐标一一对应关系和象限概念的理解．磨蹭是很多七年级学生的通病，为了提高学生的解题效率，在测评反馈环节通过倒计时，要让他们有一定的紧迫感，提高他们的解题效率，培养他们良好的学习习惯．为了方便测试后对答案进行反馈，可以将题型设置为选择题和填空题．

（六）总结点评

教师总结本节课所学知识，点评学习情况．

平面直角坐标系中两条数轴一般具备以下特征：互相垂直，原点重合，取向右、向上的方向为正方向．

坐标轴上的点的坐标特征：x 轴上的点纵坐标为 0，y 轴上的点横坐标为 0.

（七）布置作业

A 组：教材 P68 练习.

B 组：教材 P68 - 70 的 2 ~ 7 题.

C 组：如图 1 - 1 - 50 所示，是一个围棋盘的平面示意图.（每个小正方形边长为 1 个单位长度）

（1）已知白棋②的坐标为（ - 1，1），写出白棋④的坐标和黑棋的坐标.

（2）若白棋②的坐标为（3，1），则白棋④的坐标和黑棋的坐标是否会发生改变？若改变，请写出坐标；若不改变，请说明理由.

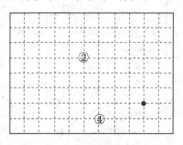

图 1 - 1 - 50

设计意图：分层作业，给学生提供巩固习题，激发学生的学习兴趣，给学生以发展空间.

（八）反思评价

（1）学习活动中，你得到快乐了吗？

A. 得到   B. 很少得到

C. 得到一些   D. 没有得到

（2）在探究问题时，你积极帮助别人或接受别人的帮助了吗？

A. 帮助过别人，也接受过别人的帮助

B. 帮助过别人

C. 接受过别人的帮助

D. 没有

（3）在完成作业时，遇到困难了吗？

A. 没有遇到   B. 遇到

C. 遇到一些   D. 没怎么遇到

设计意图：让学生进行反思评价目的是为了培养学生形成自我评价、及时反思的能力，也方便教师更好地了解学生对这一节课的兴趣及课堂参与情况，以及学生对内容知识的掌握情况.

三角形内角和定理

——从历史到课堂

王学先名师工作室 · 周维巧

一、数学文化背景和分析

三角形内角和定理是平面几何学中最重要的三个定理之一，有着悠久的历史．三角形内角和定理的发展历史为今天的教学提供了丰富的素材，运用不同的历史材料，我们可以作出不同的重构式教学设计．

（一）泰勒斯是通过拼图方法发现三角形内角和定理的

毕达哥拉斯学派已经知道，只有三种正多边形（正三角形、正方形和正六边形）能镶嵌整个平面．可以推测，他们的前辈泰勒斯已经利用正三角形拼图进行了数学探究，泰勒斯已经知道等腰三角形的底角相等，也知道等边三角形三个内角相等．他先是发现，将六个同样的正三角形顶点置于同一点，恰好填满该点周围区域，因而六个内角之和等于四直角，三个内角之和等于二直角，如图 1 - 1 - 51 的（1）所示．接下来，将六个同样的等腰三角形的不同顶点置于同一点，其中的每一个顶点出现两次，结果恰好填满该点周围区域，没有缝隙．因而六个内角之和等于四直角，三个内角之和等于二直角，如图 1 - 1 - 51 的（2）所示．最后，用三个同样的不等边三角形来拼图，发现同样的结论，如图 1 - 1 - 51 的（3）所示．

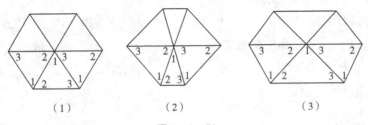

（1）　　　　　　　　（2）　　　　　　　　（3）

图 1 - 1 - 51

美国数学史家和数学教育家史密斯（D. E. Smith，1860—1944）认为，从等边三角形到等腰三角形，再到不等边三角形，这是三角形内角和定理的自然发现顺序．美国数学史家和数学教育家 M·克莱因（M. Kline，1908—1992）曾经指出：数学史是数学教学的指南，之前的历史顺序为我们今天的教学提供了重要借鉴．

（二）毕达哥拉斯学派证明方法

毕达哥拉斯学派在泰勒斯的基础上发现了更多的几何定理，如："两直线平行，内错角相等"及其逆定理．知道了平行线的上述性质，因此证明三角形内角和就是比较容易的事情了．

如图 1 - 1 - 52 所示，过三角形 ABC 的顶点 A 作 BC 的平行线，再利用"两直线平行，内错角相等"，得出 $\angle BAC + \angle B + \angle C = \angle BAC + \angle 1 + \angle 2 = 180°$．

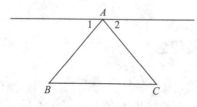

图 1 - 1 - 52

（三）欧几里德证明方法

公元前 3 世纪，欧几里德在《几何原本》中用图 1 - 1 - 53 所示的方法证明了三角形内角和定理：过点 C 作 AB 的平行线 CE，则 $\angle ACE = \angle A$，$\angle ECD = \angle B$，故得到 $\angle A + \angle B + \angle ACB = 180°$．

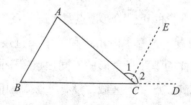

图 1 - 1 - 53

（四）普罗克拉斯证明方法

如图 1 - 1 - 54 所示，设 AD 和 BE 是 AB 的两条垂线，让 AD 和 BE 分别绕点 A 和 B 旋转，使得端点 D 和 E 重合于点 C，即和 AB 构成三角形．原来的两个直角 A 和 B 所减小的部分相加，恰为顶角 C 的大小．因此，三角形 ABC 的三个内角之和为两个直角的和．

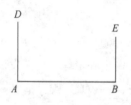 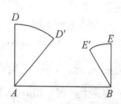 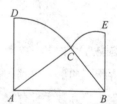

图 1 - 1 - 54

（五）克莱罗证明方法

如图 1 – 1 – 55 所示，设三角形 ABC 的顶点 C 沿 AC 运动到 $C'\cdots C^n$. 在这个过程中，$\angle A$ 保持不变，而 $\angle C$ 越来越小，$\angle B$ 越来越大. 猜想：$\angle C$ 减小部分与 $\angle B$ 增大部分相等，也就是说 $\angle C$ 和 $\angle B$ 之和保持不变. 由此可以猜测：任何一个三角形的三个内角之和是恒定不变的. 当 C 运动到无限远处，则 BC 与 AC 平行，三角形 ABC 三个内角变成了两个同旁内角，其和为 180 度.

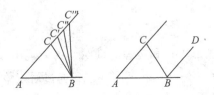

图 1 – 1 – 55

（六）帕斯卡证明方法

法国数学家帕斯卡（B. Pascal，1623—1662）12 岁时，独立发现了三角形内角和定理，他所用的方法即是今天课本上所给出的折纸法.

由于很多证明方法都需要从拼图中抽象出几何图形，作出辅助线（高线或平行线）来进行证明，根据三角形内角和证明的历史过程，在本节课的教学中要让学生感受三角形内角和定理的证明方法，需要使学生经历三角形内角和定理发展的过程.

二、教学内容及内容解析

"三角形的内角"是人教版八年级上册第十一章第二节第一课时的内容，这是一节定理证明教学课，主要学习三角形内角和定理及其证明，以及利用定理解决简单的角度计算问题. "三角形的内角和等于 180°"是三角形的一个重要性质，它揭示了组成三角形的三个角的数量关系，学好它有助于理解三角形内角之间的关系，也是进一步学习"多边形内角和"及其他几何知识的基础. 此外，"三角形的内角和等于 180°"学生在前两个阶段已经知道了，但这个结论在当时是通过实验得出的，本节要用平行线的性质来证明它，在教学中引入了辅助线，这些都为后续学习奠定了基础.

教材中本节课的内容地位举足轻重，在知识的学习中起到了承上启下的作用. 在这之前学生已经学过平行线的性质、平角定义，为学习这节课中三角形内角和定理的证明起了铺垫的作用，而这节课也为后面学习的多边形内角和及三角形全等的推理证明起了一定的奠基作用.

本节课定理的证明过程渗透了转化思想，为培养学生的推理能力提供了一个平台，其论证过程总体体现为化归思想. 本课的基本定位在于使学生通过三角形内角和定理证明的教学实践，感受几何证明的思想，体会辅助线在解决几何问题中的桥梁作用. 最后，进一步让学生体会辅助线添加方法的多样性，渗透"最优化"思想.

三、教学目标

（1）学生掌握三角形内角和定理的证明，并能运用三角形内角和定理解决简单的与三角形中有关角的计算和证明问题；通过对三角形内角和定理的证明，初步体会几何定理学习的方法.

（2）学生能独立思考，体会转化思想、最优化思想；通过自主探究，寻求辅助线的作法及证明方法的多样性，培养自身创新思维；在与他人的合作与交流过程中，能较好地理解他人的思考方法. 进一步培养自身推理能力.

（3）经历三角形内角和定理不同方法的推理证明过程，培养学生的创造力，提升其个性发展，使学生体验解决问题的成就感，体会数学证明的严谨性和推理意义，培养学生学习数学的兴趣，使其感悟到逻辑推理的数学价值.

四、教学重难点

（1）教学重点：①学生探索并证明三角形的内角和定理，体会证明的必要性；②学生运用三角形的内角和定理解决简单的问题.

（2）教学难点：学生添加辅助线证明三角形的内角和定理.

五、学情分析

"三角形的内角和等于180°"是三角形的一个重要性质，它揭示了组成三角形的三个角的数量关系，同时也是学生初中阶段遇到的第一个定理证明. 学生在小学阶段已经知道了三角形的内角和是180°，这一结论在人教版教科书四年级下册第五单元第5小节进行了学习，学生通过动手操作已经得出. 在之前的课程中，学生已经学习了直角、平角、平行线、三角形的有关概念，并且在平行线那章也渗透了三角形的内角和是180°的证明，它的证明借助了平角的定义及平行线的性质，使学生初步感受了几何推理的结构，并且在平行线一章初步体会到了引辅助线可以帮助我们解决问题. 但是从直观观察到会用严格的语言证明是一个难点，利用网络画板直观展示出这个过程，可以加深学生的理解，也更容易使学生抽象出对应的几何图形，作出辅助线解决问题.

六、教学策略分析

由于三角内角和定理的证明是初中阶段第一个出现的几何证明，学生如何获得证明思路，如何合理添加辅助线解决问题是本节课教学中的难点. 所以教学中让学生动手实践，使学生从剪和拼的过程中，在黑板上抽象出对应的几何图形，从而得到证明的思路.

七、教学过程

(一) 情境引入

问题 1：如图 $1-1-56$ 所示，小明在做作业的时候，不小心打翻墨水将一个三角形的一角遮盖住了，你能知道这个角的度数吗？为什么呢？

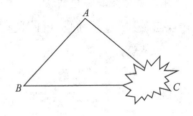

图 $1-1-56$

问题 2：在小学我们知道了三角形的内角和是 $180°$，你还记得是怎样得到这个结论的吗？

问题 3：除了度量以外，你还有什么办法可以验证三角形的内角和为 $180°$？

组织学生小组动手拼图，然后让学生展示结果，将拼好的图粘在黑板上（选一种即可），其他的情况用动画展示.（选出预设的三种容易使学生形成证明思路的拼图方法进行展示）

做一做后进行猜想并证明：

（1）在准备的三角形 ABC 纸片上标出三个内角的编码.

（2）如图 $1-1-57$ （2），动手把一个三角形的两个角剪下拼在第三个角的顶点处，用量角器量出 $\angle BCD$ 的度数，可以得到 $\angle A + \angle B + \angle ACB =$ _____°.

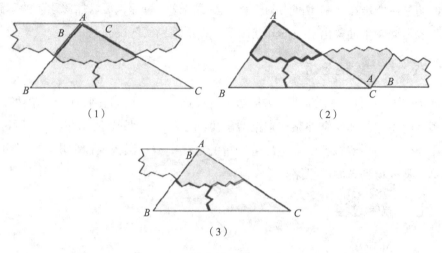

（1）　　　　　　　　　　（2）

（3）

图 1 –1 –57

归纳总结：三角形内角和定理：三角形三个内角的和 = _____°.

设计意图：鼓励学生用不同的方法验证猜想，培养学生思维的灵活度与广度.

由于形状不同的三角形有无数个，我们不可能通过上面的办法一一验证. 再加上其验证过程中可能存在误差，不能保证其有效性. 所以我们需要一种能说明任意一个三角形的内角和等于180°的方法，这个方法就是——证明.

一个命题是否正确，需要经过使人信服的推理论证才能得出结论，而证明是由命题的题设（已知）出发，经过严密的推理，最后推出结论（求证）正确的过程.

（二）合作探究

问题4：那我们怎样证明呢？从刚才的展示过程中，你能想到证明的思路吗？

活动：

（1）教师组织学生思考，进行小组讨论，将拼好的图粘贴在黑板上，并且在旁边抽象出几何图形，引导学生从拼图中得到作辅助线的方法，然后让学生动手书写证明过程.

设计意图：让学生观察、思考、交流操作过程，体会添加辅助线的方法，获得证明思路，感悟辅助线在几何证明中的重要作用.

（2）展示各小组学生的讨论结果或证明书写过程.

带领学生来分析第一种拼图，从中得到证明思路.（板书）

已知△ABC，求证：∠A + ∠B + ∠C = 180°.

证明：过 A 作 $EF/\!/BC$，（图 $1-1-58$）

∴ $\angle B = \angle 2$，（两直线平行，内错角相等）

$\angle C = \angle 1$，（两直线平行，内错角相等）

∵ $\angle 2 + \angle 1 + \angle BAC = 180°$，（平角的定义）

∴ $\angle B + \angle C + \angle BAC = 180°$．（等量代换）

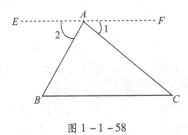

图 $1-1-58$

教师指出：过点 A 作 $EF/\!/BC$，保证了 $\angle EAF$ 是平角，并且把 $\angle B$ 和 $\angle C$ 分别等量代换到 $\angle 1$ 和 $\angle 2$ 的位置，一举两得，从而证明了三角形的内角和等于 $180°$．这个结论被称为三角形的内角和定理．

追问：同学们还有其他的证明方法吗？

学生展示，汇报不同的作辅助线的方法和不同的证明思路，并且用课件展示证明过程．（图 $1-1-59$）

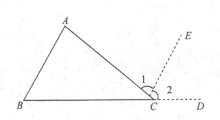
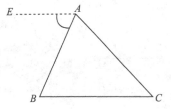

图 $1-1-59$

设计意图：让学生通过严格的推理证明任意一个三角形的内角和等于 $180°$，感悟几何证明的意义，体会几何证明的规范性．鼓励学生从不同的角度思考问题，进一步掌握作辅助线的方法，丰富学生的解题经验．

思考：用多种方法证明三角形内角和等于 $180°$ 的关键是什么？

核心：为了证明三角形的内角和为 $180°$，利用平行线的角的关系将三个内角转化为一个平角或互补的同旁内角，这种转化思想是数学学习中常用的方法（图 $1-1-60$）．

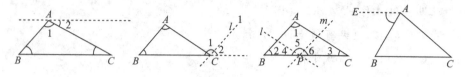

图 1 - 1 - 60

设计意图：让学生归纳证明三角形内角和等于 180° 的核心要点，体会转化的思想．

（三）例题

例1：练习：说出各图中 x 的值，学生回答．（图 1 - 1 - 61 ~ 图 1 - 1 - 63）

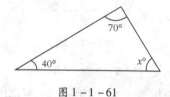

图 1 - 1 - 61

$x =$ _____ ．

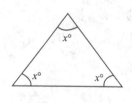

图 1 - 1 - 62

$x =$ _____ ．

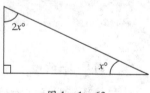

图 1 - 1 - 63

$x =$ _____ ．

教师指出：在任意一个三角形中，已知两个内角的度数，利用三角形内角和定理可以求出第三个角的度数．

设计意图：通过简单的计算，使学生进一步理解和熟悉三角形的内角和定理．

例2：在 $\triangle ABC$ 中，$\angle A$ 的度数是 $\angle B$ 的度数的 3 倍，$\angle C$ 比 $\angle B$ 大 15°，求 $\angle A$、$\angle B$、$\angle C$ 的度数．

解：设 $\angle B$ 为 $x°$，则 $\angle A$ 为 $3x°$，$\angle C$ 为 $(x + 15)°$，

在△ABC中，∠A+∠B+∠C=180°.

所以 $3x+x+(x+15)=180$.

解得 $x=33$.

所以 $3x=99$，$x+15=48$.

答：∠A、∠B、∠C的度数分别为99°、33°、48°.

教师指出：借助方程来解决几何问题，这是一个重要的数学思想.

练习：在△ABC中，求∠A、∠B、∠C的度数.

(1) ∠A：∠B：∠C=1：2：3　　(2) ∠A−∠C=25°，∠B−∠A=10°.

设计意图：先带领学生分析如何设未知数，再让学生独立完成证明，教师在黑板上进行演示，进一步使学生灵活应用三角形内角和定理.

思考：①一个三角形中最多有_____个直角或最多有_____个钝角，至少有_____个锐角.

②任意一个三角形中，最大的一个角的度数至少为_____°.

（在②中举例子解释最大的一个角的度数至少为多少度的意思，举例说明，如果最大的角为59度行不行，引发学生思考.）

设计意图：提出问题，拓展学生的思维.

例3：如图1−1−64所示，△ABC中，D在BC的延长线上，过D作DE⊥AB于E，交AC于F，已知∠A=30°，∠FCD=80°，求∠D.

分析：(1) 题目中知道些什么信息，在图中标出来.

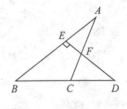

图1−1−64

(2) ∠D在哪些三角形中，即它是哪些三角形的内角？

解：∵DE⊥AB，∴∠FEA=90°.

∵在△AEF中，∠FEA=90°，∠A=30°，

∴∠AFE=180°−∠FEA−∠A=60°.

又∵∠CFD=∠AFE，

∴∠CFD=60°.

∴在△CDF中，∠CFD=60°，∠FCD=80°.

$\angle D = 180° - \angle CFD - \angle FCD = 40°$.

思考1: 如果把$\angle D$放入$\triangle BED$中进行考虑,又要怎么求呢?

思考2: 如图1-1-65所示,根据三角形内角和为180°,

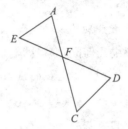

图1-1-65

可知:$\angle A + \angle E$与$\angle C + \angle D$的关系是_____.

设计意图: 运用三角形内角和定理求相关角的度数,促进学生进一步理解定理内容.

(四)课堂小结

(1)三角形的三个内角是什么关系?

(2)证明三角形内角和定理的思路是什么?关键是什么?

设计意图: 引导学生进行总结和概括,培养学生的归纳概括能力.

(五)板书设计

11.2.1 三角形的内角

(第一块黑板)

定理:三角形的内角和等于180°.

证明:已知$\triangle ABC$,求证:$\angle A + \angle B + \angle C = 180°$.

证法1:过A作$EF \parallel BC$,

$\therefore \angle B = \angle 2$,(两直线平行,内错角相等)

$\angle C = \angle 1$,(两直线平行,内错角相等)

$\therefore \angle 2 + \angle 1 + \angle BAC = 180°$,(平角的定义)

$\therefore \angle B + \angle C + \angle BAC = 180°$,(等量代换)

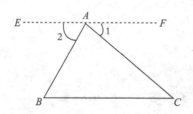

（第二块黑板）

证法 2：

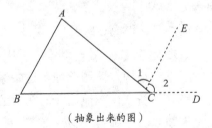

（抽象出来的图）

（学生剪贴的图）

证明过程：

证法 3：

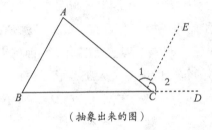

（抽象出来的图）

（学生剪贴的图）

证明过程：

勾股定理

王学先名师工作室　刘朝伟

勾股定理是一个基本几何定理，是人类早期发现并证明了的重要数学定理之一，是用代数思想解决几何问题的重要工具，也是数形结合的纽带．

一、数学文化背景材料

（1）在我国最早的一部数学及天文著作《周髀算经》里，记载着这么一个段子．约 3000 年前的某一天，周文王的儿子周公见到了当时西周著名的数学家商高. 周公问商高:"窃闻乎大夫善数也,请问昔者包牺立周天厉度,天不可阶而升,地不可将尽寸而度. 请问数安从出?"商高曰:"数之法出于圆方,圆出于方,方出于矩,矩出于九九八十一. 故折矩以为勾广三,股修四,经隅五. 既方之,外半其一矩,环而共盘,得成三四五. 两矩共长二十有五,是谓记矩. 故禹之所以治天下者,此数之所生也."这一结论的运用至少比古希腊人早500多年. 三国时期吴国数学家赵爽曾构造此图验证了这一结论的正确性. 他的这个证明,可谓别具匠心,极富创新意识,他用几何图形的割来证明代数式之间的相等关系,既严密,又直观,为中国古代以"形"证"数",形、数统一的独特风格树立了一个典范. 他是我国有记载以来第一个证明这一结论的数学家. 我国的数学家为了纪念他在我国这方面的数学成就,将这一结论命名为"勾股定理".

但纵观世界勾股定理的历史,还能追溯得更早. 美国哥伦比亚大学的图书馆里保存着一块3800年前的泥板,上面的楔形文字就是古巴比伦人用60进制表示的满足a方加b方等于c方的数组. 在2600年前的古印度经文里描述了如何通过构造直角三角形的斜边做出一个大正方形其面积是近两个小正方形的和. 而在古希腊直角三角形的这个性质更是被称为毕达哥拉斯和他的学派的瑰宝级研究成果,并被后人冠名为"毕达哥拉斯定理".

(2)毕达哥拉斯,生活在公元前500年左右,是古希腊一位哲学家、数学家. 一天,他应邀到一位朋友家做客,他一进朋友家门就被朋友家的豪华的方形大理石地砖的形状深深地吸引住了,于是他立刻找来尺子和笔又量又画,他发现以每块大理石地砖的相邻两直角边为边向三角形外作正方形,它们的面积和等于以这块大理石地砖的对角线为边向形外作正方形的面积. 于是他回到家里立刻对他的这一发现进行了探究证明……终获成功. 后来西方人们为了纪念他的这一发现,将这一定理命名为"毕达哥拉斯定理". 1952年,希腊政府为了纪念这位伟大的数学家,特别选用他设计的这种图形为主图发行了一枚纪念邮票.

二、教学内容解析及数学文化背景分析

本节课是人教版义务教育教科书数学八年级下册第十七章《勾股定理》第一节第一课时的部分内容,勾股定理是一条古老而著名的数学定理,从某种意义上说是人类智慧的结晶,是古代文化的精华. 它揭示了直角三角形中三边的数量关系,是解直角三角形的主要依据. 它还是一般三角形余弦定理和平面解

析几何中的两点间距离公式等知识的必要基础，充分体现了数学知识承前启后的紧密相关性和连续性．勾股定理不但促进了数学的发展，而且在科技进步中也发挥了不可估量的作用．

本节课主要通过了解勾股定理的历史背景，让学生体会勾股定理的探索过程与证明过程，从而掌握直角三角形中的三边关系．在探索过程中，培养学生发现问题、分析问题、解决问题的能力，引导学生体会数形结合的基本思想．要让学生学会用数学的眼光观察世界，用数学的思维分析世界，用数学的语言描述世界.

本节课有很多历史文化素材，如毕达哥拉斯是如何发现勾股定理的，赵爽及美国总统加菲尔德是如何证明勾股定理的，等等．

三、教学目标设置

（1）让学生了解勾股定理的文化背景，体验"观察—猜想—归纳—验证"的整个勾股定理的探索过程，培养学生的合作交流意识和探究精神，体会数形结合和从特殊到一般的思想．

（2）让学生了解勾股定理的内涵，掌握直角三角形中三边的关系．

四、教学重难点

（1）教学重点：学生探索和证明勾股定理．
（2）教学难点：勾股定理在生活中的应用．

五、学情分析

勾股定理是有关直角三角形的又一个性质，学生之前已经接触了直角三角形，知道它的一些性质，并且在数学问题的解决上已初步形成了一定的方法．但是，勾股定理的内容，对学生来说是陌生的，特别是用面积来探求数学运算规律的过程，学生接触不多，八年级学生虽然具有好强、好胜、思维活跃的特点，在学习上有强烈的求知欲望，但是还缺乏严谨的逻辑推理能力，在此内容的学习中，还需要教师给予充分的引导和点拨．

六、教学策略分析

根据教学内容、教学目标和学生的认知水平，笔者主要采取"引导探索"与"合作交流"的教学方法．在教学过程中，根据教材提供的线索，创设适当的教学情境，引导学生进行观察思考、自主探索、合作交流、分析归纳、猜想验证.

七、教学过程

（一）创设情境→激发兴趣

问题 1： 请同学们观察这一块地砖（图 1 – 1 – 66），你有什么发现？

教师出示 PPT 图片，介绍毕达哥拉斯的个人成就，并且介绍毕达哥拉斯是从这样一块地砖中得出勾股定理的故事.

图 1 – 1 – 66

问题 2： 你听说过勾股定理吗？你知道毕达哥拉斯这个人吗？你想了解勾股定理是怎么被发现、被验证且被广泛应用于生活的吗？

（引入课题）

设计意图： 出示图片，教师讲述毕达哥拉斯通过观察一块地砖得出毕达哥拉斯定理的故事，这里的毕达哥拉斯定理也就是今天我们要学习的勾股定理，从而激起学生的学习兴趣，让学生了解数学历史文化，体会数学来源于生活，使学生学会用数学的眼光观察世界.

（二）探索发现→初探新知

问题 3： 图片中地砖的铺设材料包含了哪些图形元素？有直角三角形和正方形吗？它们之间有什么联系？你能画出你观察到的体现直角三角形与正方形的位置关系的图形吗？

生：学生动手操作，合作交流并进行展示.

师：出示图 1 – 1 – 67.

图 1-1-67

设计意图：通过引导学生分析图片、观察图片，及对生活中普通地砖进行观察，让学生重温勾股定理的得出过程．

问题 4：以直角三角形三边构成的三个正方形面积之间有什么数量关系？
（学生文字表达）

问题 5：若直角三角形两条直角边分别用 a、b 表示，斜边用 c 表示，你能用数学符号语言来表述它们之间的关系吗？

（三）分析总结→验证新知

设计意图：引导学生分析问题，寻找解决问题的方法，让学生学会用数学的思维分析世界，用数学的语言描述世界．并再次融入数学文化，为学生介绍《周髀算经》里周公与商高的故事以及分享古代数学家赵爽证明勾股定理的方法，让学生了解中国历史，感受悠悠中华的勤劳智慧辉煌灿烂，融入爱国教育．

问题 6：我们通过上面的观察，发现图形面积之间有联系，得出了数量关系，那么我们要如何验证我们的猜想呢？你有什么方法？

动手实践：让学生剪出四个全等的直角三角形并完成拼图游戏，如图 1-1-68，找到它们之间的联系．

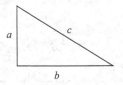

图 1-1-68

两种拼图方案如图 1-1-69 所示：

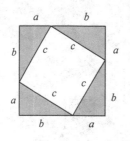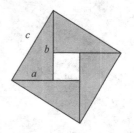

图 1 - 1 - 69

让学生寻找两种方案之间的联系,看能得到什么结论.

教师分享一:介绍《周髀算经》里周公和商高的故事以及说明这就是在《周髀算经》里记载的我国数学家赵爽的证明方法,我们称其为"赵爽弦图".

设计意图:旨在凸显数学文化,使学生获得成就感.

问题 7:除了这种证明方法还有哪些方法可以证明勾股定理呢?

教师分享二:据不完全统计,到目前为止,勾股定理的证明方法已经超过 400 种,同时分享美国总统加菲尔德的证明方法.(图 1 - 1 - 70)

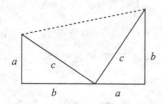

图 1 - 1 - 70

设计意图:旨在融入数学文化,激励学生进行思考,动手实践,寻找更多的证明方法,凸显数学的魅力.

(四)得出定理→应用新知

设计意图:对所学内容进行巩固,使学生体会数学来源于生活,服务于生活.

练习:

(1)设直角三角形的两条直角边长分别为 a 和 b,斜边长为 c.

① 已知 $a = 6$,$c = 10$,求 b.

② 已知 $a = 5$,$b = 12$,求 c.

③ 已知 $c = 25$,$b = 15$,求 a.

(2)如图 1 - 1 - 71 所示,受台风麦莎影响,一棵树在离地面 4 米处断裂,树的顶部落在离树跟底部 3 米处,这棵树在折断前有多高?

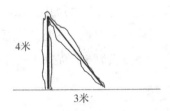

4米

3米

图 1 - 1 - 71

（五）运用定理→服务生活

（1）你能利用勾股定理，测量学校旗杆的高度吗？

（2）利用勾股定理设计图案（勾股树），通过几何画板迭代呈现.

垂径定理

王学先名师工作室　金　婷

一、数学文化背景及分析

垂径定理起源于"圆壁埋材"，是《九章算术》中的一个问题："今有圆材，埋在壁中，不知大小，以锯锯之，深一寸，锯道长一尺问径几何？"这一问题，让学生认识到什么是垂径定理，了解到垂径定理中有四条重要的线段分别是弦长、圆半径、弦心距、高. 也使学生对垂径定理有了更加直观的认识，对其印象不再抽象化，顺便还巩固了数形结合思想，让学生对学习数学知识有了更大的兴趣. 通过数学史的简单案例探究，教师就可以在寓教于乐中让学生学习到数学知识，与此同时根据垂径定理的相关内容可以延伸到与圆相关的数学知识. 因为在此之前我们已经了解弦心距、圆半径，借此可以补充圆心距、圆的周长公式、面积公式的计算方法，将知识加以拓宽整合，方便初中生理解.

垂径定理体现了一种文化体系，这是回答"数学是什么"的一种哲学思考. 这种把数学看作是一种文化的思想是人类文化和数学哲学发展的一种理论结果. 把数学看作是一种文化，是从人类文化的角度强调数学作为文化系统的一个子系统所具有的文化特征. 从数学哲学的角度把数学看作是一种文化也是对数学自身特征的一种思考. 这种数学文化观使传统的数学哲学开始注重数学自身具有的构造性之外的文化和社会属性. 同时，作为对数学文化观的研究，它强调了数学具有广泛的社会实践性. 在人类创造的科学系统中, 还没有哪一门科学像数学那样具有广泛的、基础的和必要的社会实践性. 由此, 垂径定理数学文化观不仅对数学哲学和数学史有重要意义, 还为数学教育提供了一种新的理念.

二、教学内容及内容解析

本节课是垂径定理的新授课, 在掌握圆的知识的基础上着重探究对其的应用. 在教学的过程中, 让学生感受到生活中处处有数学, 感受生活中的数学美; 通过创设学生感兴趣的问题情境引入新授课, 提高学生的学习兴趣; 通过发现问题、提出问题、分析问题和解决问题的教学过程让学生回顾圆及轴对称图形的知识点; 通过开展小组讨论等活动, 让学生探究发现垂径定理的概念, 渗透数形结合的思想. 在本节课的设计上, 尽量把垂径定理的知识与生活实际有机结合起来, 经历知识的"再发现"过程, 从而提高学生的学习兴趣, 在探究活动的过程中提高学生的创新思维能力.

在例题的选取上, 要注重联系实际, 激发学生学习兴趣, 让学生主动用数学知识解决实际问题, 同时渗透数形结合和建模的数学思想方法, 让学生形成属于自己的数学思维和能力.

三、教学目标

知识技能:

(1) 学生知道圆是轴对称图形和它的对称轴.

(2) 学生掌握垂径定理及推论.

(3) 学生会用垂径定理进行简单的证明和计算.

数学思考:

学生经历探究垂径定理的过程, 体会探究的必要性, 形成数形结合的数学思想, 强化数学的建模意识, 提高利用演绎和归纳进行讲解的能力.

解决问题:

(1) 学生能运用数形结合的思想方法解决生活中的实际问题, 发展学生的数学应用能力, 使学生获得解决问题的经验.

(2) 在小组活动和探究过程中, 使学生学会与人合作, 体会与人合作的重要性.

情感态度与价值观:

(1) 学生经历"认知—探究—归纳—巩固—反馈"的过程, 体验数学活动充满着探究性和创造性, 感受数形结合的必要性、数学推理的严谨性以及结论的确定性，积累克服困难和运用知识解决问题的成功体验，建立起学好数学的自信心；通过对零散知识点的系统整理，让学生认识到事物是有规律可循的，同时帮助他们提高认知的效果，提高他们对数学学习的兴趣.

（2）学生经历运用数形结合思想解决实际问题的过程，认识数学是解决实际问题和进行交流的重要工具，了解数学对促进社会进步和发展人类理性精神的作用.

（3）学生在独立思考的基础上，通过小组合作，积极参与对数学问题的讨论，敢于发表自己的观点，尊重与理解他人的见解，在交流中获益.

四、教学重难点

（1）教学重点：学生对垂径定理及其两个推论的推导及应用.
（2）教学难点：学生在具体的几何题目中灵活应用垂径定理.

五、学情分析

九年级的学生思维活跃并且已初步具备自主探索及归纳的能力，逻辑思维较强. 对于授课班级的学生来说，他们总体层次较好，接受能力较强，基本上掌握了垂径定理的概念、表示方法和解法. 他们在学习了垂径定理的概念和推论后，已经初步具有了数形结合的思想和建立数学模型的意识，但从实际问题中发现相关问题并提出问题建立数学模型还是存在一定困难. 因此，在本节课的教学中同时要注意培养和提高学生分析与解决问题的能力. 在教学中我采用先解决实际问题，再对数学知识和思想方法进行归纳，最后再运用所学知识和数学思想方法解决其他实际问题的流程，为学生搭一个台阶，从而更好地解决这个难点. 在设计问题时，笔者注重挑选与数形结合联系比较紧密的实际问题，让学生主动运用数学知识解决实际问题，通过练习渗透数形结合和建立数学模型的数学思想方法，培养学生应用数学的意识，提高学生分析问题与解决问题的能力，培养学生学习数学的兴趣.

六、教学策略分析

常言道："教学有法，教无定法."我针对九年级学生的心理特点和认知能力水平，大胆应用生活中的素材，并做了精心的安排，充分体现了数学知识源于生活又运用于生活. 因此，在本堂课的教学中，以学生为主体，让学生积极思考，勇于探索，主动地获取知识. 同时，采用了现代化教学技术，激发学生的学习兴趣, 使整个课堂"活"了起来, 提高课堂效率. 本堂课以生活中的一些例子为中心, 让学生亲自尝试, 接受问题的挑战, 充分表达自己的观点和见解, 给学生创设一个轻松愉快的学习氛围, 让学生体验成功的快乐, 为其终身学习和发展打下坚实的基础. 本堂课的设计以新课程标准和教材为依据, 采用认知探究式教学, 遵循因材施教的原则, 坚持以学生为主体, 充分发挥学生的主观能动性. 教学过程中, 注重对学生探究能力的培养, 将课堂还给学生, 让学生去亲身体验知识的产生过程, 拓展学生的创造性思维. 同时, 注意加强对学生的启发和引导, 培养学生主动学习的意识. 具体教学策略流程图如 1 – 1 – 72 所示.

情境引入 → 提出问题 → 实践探索 → 归纳总结 → 学以致用 → 课堂小结 → 作业评价

图 1 – 1 – 72

设计意图: 本堂课采用小组合作的学习方式, 让学生遵循"认知—探究—归纳—巩固—反馈"的主线进行学习. 让学生从活动中认知、探究、归纳知识, 学生沿着知识发生、发展的脉络, 经过自己亲自思考、提出问题、解决问题, 产生对结论的感知, 实现对知识体系的主动构建. 这不但能让学生对所学内容有深刻的印象, 而且能使学生的能力得到培养, 素质得以提高, 充分地调动学生学习的热情, 让学生学会自主学习, 学会探索问题的方法.

七、教学过程

(一) 情境导入, 明确目标

问题1: 同学们, 你知道赵州桥吗? (图 1 – 1 – 73) 它是我国隋代建造的石拱桥, 是我国古代人民勤劳与智慧的结晶. 它的主桥是圆弧形, 跨度 (弧所对的弦的长) 为 37 米, 拱高 (弧的中点到弦的距离) 为 7.23 米, 你能求出赵州桥主桥拱的半径吗?

图 1 – 1 – 73

师：带着这样的问题，我们来学习今天的内容：垂径定理．

在学习垂径定理之前，我们一起来动动手．

动动手（小活动）：

用纸剪一个圆，沿着圆的任意一条直径所在的直线对折，重复做几次，你发现了什么？由此你能得到什么结论？（向学生提问）

学生各抒己见，可能会有以下几种回答：①圆是轴对称图形；②圆有无数条对称轴；③圆的对称轴是任意一条直径所在的直线；④圆是中心对称图形，它的对称中心是圆心．

总结：圆是轴对称图形，任意一条直径所在的直线都是它的对称轴．

设计意图： 创设情境，结合学生的思维模式进行发问，引起学生的思考．通过欣赏生活中的赵州桥模型，提醒同学们平时要注意观察生活，生活中很多地方都有数学，为得出垂径定理的概念做准备．让学生通过自己所画的图形来观察、体会圆的性质．

（二）自主学习，合作探究

探究活动：

已知：在⊙O 中，CD 是直径，AB 是弦，$CD \perp AB$，垂足为 E. 你能发现图1-1-74中有哪些相等的线段和弧？为什么相等？

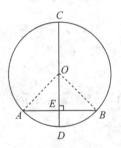

图1-1-74

通过以下三个活动可以得到结果：

（1）学生拿着自己手中的圆模拟观察是否相等．

（2）学生通过小组合作交流来证明（上黑板展示），可以有两种方法（全等和等腰三角形的"三线合一"性质）

（3）教师通过几何画板展示学生得出的结果．

通过三个活动的探究得出结果：

垂径定理：垂直于弦的直径平分弦，并且平分弦所对的两条弧．

垂径定理的几何语言表达如图 1 - 1 - 75 所示：

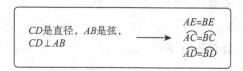

图 1 - 1 - 75

几何语言表达将表达的语句分为题设和结论进行探究．

设计意图：合作探究可以使学生感受到合作的重要和团队的精神力量，增强学生集体意识，所以本环节采用自主学习、小组合作的方式，让学生经历"思考⇒探究⇒总结⇒应用"的过程，使学生理解并建立数学模型的思想．

（三）实践探究，思想运用

通过题设和结论分为了五个条件（图 1 - 1 - 76）：

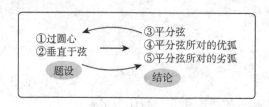

图 1 - 1 - 76

提问：将这 5 个条件中的①和③拿出来作为题设是否也能推出结论中的②④⑤呢？有什么需要注意的内容吗？（小组合作探究）

得出结论：

推论：平分弦（不是直径）的直径垂直于弦，并且平分弦所对的两条弧．

提问：为什么强调这里的弦不是直径？（图 1 - 1 - 77）

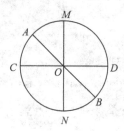

图 1 - 1 - 77

用几何画板给学生进行展示：

一个圆的任意两条直径总是互相平分，但它们不一定互相垂直，因此这里的弦如果是直径，结论不一定成立.

根据垂径定理与推论可知，对于一个圆和一条直线来说，如果具备①过圆心②垂直于弦③平分弦④平分弦所对的优弧⑤平分弦所对的劣弧这五个条件中的任意两个条件都可以推出其他三个结论.（"知二推三"）

设计意图：利用探究中环环相扣的问题串的设计，活跃学生的思维，加强教师和学生的沟通，鼓励学生参与知识的探究过程，唤醒学生的求知欲，给学生展示自己"才华"的机会，锻炼学生探究问题的能力，使学生能巧妙利用垂径定理的知识，经历知识的"再探究"过程. 在探究活动的过程中提升学生的创新思维能力，拓宽学生的知识层面.

（四）知识总结，强化训练

练习：

（1）图 1 - 1 - 78 中哪些图形可以用垂径定理？你能说明理由吗？

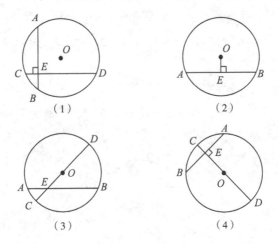

图 1 - 1 - 78

（2）下列说法中正确的是（　　　　）

A. 在同一个圆中最长的弦只有一条

B. 垂直于弦的直径必平分弦

C. 平分弦的直径必垂直于弦

D. 圆是轴对称图形，每条直径都是它的对称轴

垂径定理往往被转化成应用勾股定理解直角三角形.

例题：赵州桥是我国隋代建造的石拱桥，距今约有 1400 年的历史，是我国古代人民劳动与智慧的结晶，它的主桥拱是圆弧形，它的跨度（弧所对的弦的长）为 37 米，拱高（弧的中点到弦的距离）为 7.23 米，你能求出赵洲桥主桥拱的半径吗？（图 1 - 1 - 79）

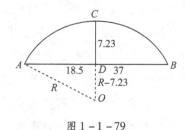

图 1 - 1 - 79

解：设赵州桥主桥拱的半径为 R.

则 $R^2 = 18.5^2 + (R - 7.23)^2$，

解得：$R \approx 27.3$.

答：赵州桥的主桥拱半径约为 27.3 米.

设计意图：让学生经历观察、实践、归纳、总结的过程，培养学生实事求是的科学态度和勇于探索的科学精神. 教师根据即时测验能迅速知道学生的整体接受程度.

（五）挑战自我，勇攀高峰

练习：如图 1 - 1 - 80 所示，在 ⊙O 中，弦 AB 的长为 8 cm，圆心 O 到 AB 的距离为 3 cm，求 ⊙O 的半径.

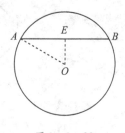

图 1 - 1 - 80

学生上黑板进行演示及讲解，教师对课堂检测进行批改，了解全班同学对这节课内容的掌握程度.

设计意图：通过讲解垂径定理在生活中的应用，让学生明白：原来我们周围存在许许多多有趣的数学知识，等着我们去观察、去发现、去探索. 并使学生在运用数学知识解决问题的活动中获取成功的体验，建立其学习的自信心，培养学生的应用意识.

（六）课堂小结，知识构建

（1）垂径定理的概念.

（2）垂径定理的推论.

（3）垂径定理的应用.

送给学生的一句名言：垂径定理远没有你想象中那么难！

设计意图：结合本堂课所学的内容，让学生通过这些习题来构建知识，形成知识构建图，能进行很好的巩固.这样设计问题符合数学知识的连贯性原则，能让学生在学习过程中体验成功的快乐，并能通过数学思想方法的渗透，提高学生的数学思维和能力.

（七）作业评价，学习评价

A组：学案基础巩固部分.

B组：学案拔高训练.

设计意图：具有一定的梯度，这样可以面向全体学生，让各层次的学生都学有所得.安排学习评价的目的是使学生形成自我评价的能力，也有利于教师更好地了解学生对这一节课内容的掌握情况，从而获得更为真实的反馈信息.

相似三角形的判定

王学先名师工作室　陈代丽

一、数学文化背景材料及分析

（一）从数学史的角度

公元前400年，泰特托斯（Theaetetus，公元前417—前369）开展了对一般比例理论的研究，后来这一理论被欧多克索斯（Eudoxus）进一步完善发展.在此基础上，欧几里得（希腊文：Ευκλειδης，约公元前330年至公元前275年）为比例论建立了完整的理论体系，其被收录在《几何原本》第5卷中，而第5卷"比例"的内容主要为第6卷"相似"服务，因此相似的概念是建立在比例之上的.《几何原本》第6卷中给出了相似多边形的定义：在多边形中，若对应角相等且夹角的边成比例，则称它们是相似多边形．并且还给出了很多相似三角形的判定定理与性质定理，比目前教材中出现的定理更加完备．人教版教材中对于相似三角形的判定是以平行线分线段成比例的基本事实为认知起点，得出预备定理，再利用三角形全等来判断两个三角形相似的条件的，整个证明过程属于论证几何的体系，与欧几里得《几何原本》中所描述的逻辑推理过程大致相同，演绎推理严谨．

在这之前的公元前 6 世纪，泰勒斯（Thales，约公元前 624 年至公元前 546 年）就曾利用相似求出了金字塔的高度．据说，有一年春天，泰勒斯来到埃及，人们想试探一下他的能力，就问他是否可以解决这个难题．泰勒斯很有把握地说可以，但有一个条件：法老必须在场．第二天，法老如约而至，金字塔周围也聚集了不少围观的老百姓．泰勒斯来到金字塔前，阳光把他的影子投在地面上．每过一会儿，他就让别人测量他影子的长度，当测量值与他的身高完全吻合时，他立刻在大金字塔在地面的投影处作一记号，然后再丈量金字塔底到投影尖顶的距离．这样，他就报出了金字塔确切的高度．在法老的请求下，他向大家讲解了如何从"影长等于身长"推到"塔影等于塔高"．但是也有记载称他是利用立标杆的方法进行测量的，这也是教材中用的方法．无论哪种做法，都是利用相似来解决的，这说明泰勒斯对相似已有初步的认识．

我国古代虽然没有提到相似的概念，只有比例理论，但是我们古代已经有了用相似三角形的知识解决实际问题的一些例子．《九章算术》中第 2 章"粟米"讲的是各种比例问题，第 3 章"衰分"，"衰"指的就是按比例，所讲的是按比例分配的一些问题，将比例理论应用于勾股测量，从而提出了"相似勾股形原理"．我国古代的几何学善于解决实际问题，以实用性、计算性和丰富性为主，并没有对几何学的基本概念、公理和定理等抽象的名词给予界定．直到 17 世纪，欧几里得的《几何原本》翻译后于我国流传，才有了相似这个概念．

（二）从数学思想方法的角度

数学思想方法是数学的灵魂，也是数学文化的一部分．

本节课主要运用了类比思想．学生已经学过了图形的全等和全等三角形的有关知识，也研究了几种图形的全等变换，"全等"是图形间的一种关系，将具有这种关系的两个图形叠合在一起，图形能够完全重合，也就是它们的形状、大小完全相同．"相似"也是指图形间的一种相互关系，但它与"全等"不同，这两个图形仅仅形状相同，大小不一定相同，其中一个图形可以看成是另一个图形按一定比例放大或缩小而成的，这种变换是相似变换．当放大或缩小的比例为 1 时，这两个图形就是全等的，全等是相似的一种特殊情况．因此，我们可以类比全等三角形的相关知识来学习相似三角形的知识．

另外，在证明相似三角形的判定定理时，运用了转化的数学思想，通过作全等三角形，把要证明的问题转化为了已经学过的知识，化繁为简，化未知为已知.

（三）从数学美的角度

生活中，我们能发现许多自然生成的东西往往有极其复杂的细节，而且组成它们的微小部分就好像是整体的缩小版，它们在各个尺度上的复杂程度都很相似．蜿蜒的海岸线、发散的树枝、海螺的断面，这些都是自然生成的相似图形．尽管它们还不那么完美，但是一旦我们进入到理想世界，就可以构造出各种各样的完美分形．中国著名学者周海中教授认为：分形几何不仅展示了数学之美，也揭示了世界的本质，还改变了人们理解自然奥秘的方式．利用相似，可以构造很多美丽的分形图形．

二、教学内容解析

对于"相似三角形的判定定理：两角分别相等的两个三角形相似；两边成比例且夹角相等的两个三角形相似；三边成比例的两个三角形相似"，《义务教育数学课程标准（2011 年版)》提出的要求是了解，所以教学中应该结合具体实例进行讲解．同时，由于全等是相似比为 1 的特殊情况，因此可以类比全等三角形的判定方法，让学生根据两个三角形的特征，发现并提出判定两个三角形相似的简单方法．

相似三角形判定定理的证明为选学内容，课标要求为了解，但对其证明不作考试要求．在探究"两角分别相等的两个三角形相似"的过程中，学生先通过观察，发现结论成立，然后通过作一个与 $\triangle A'B'C'$ 相似的三角形，把证明两个三角形相似的问题转化为证明所作三角形与 $\triangle ABC$ 全等的问题.

三、教学目标设置

（1）学生经历两个三角形相似的探索过程，掌握"两角分别相等的两个三角形相似"的判定方法．

达成目标（1）的标志是：类比全等三角形的判定定理，学生理解相似三角形判定定理的含义，能分清条件和结论，并能用文字语言、符号语言和图形语言进行表示，了解判定定理的证明过程．

（2）学生能运用"两角分别相等的两个三角形相似"这一判定方法解决简单的问题．

达成目标（2）的标志是：学生会用"两角分别相等的两个三角形相似"来判定两个三角形相似，并能解决简单的问题．

四、教学重难点

（1）教学重点：学生理解三角形相似的判定定理：两角分别相等的两个三角形相似．

（2）教学难点：学生会运用"两角分别相等的两个三角形相似"解决简单问题．

五、学情分析

学生已经学过了图形的全等和全等三角形的有关知识，也研究了几种图形的变换．相似作为图形变换的一种，学生对它的学习应该是比较轻松的．另外，学生在上两节课中也已经了解了三角形相似的概念，掌握了相似三角形判定的预备定理以及两种判定方法，这为探究三角形相似的判定定理——两角分别相等的两个三角形相似做好了知识上的充分准备，使学生能主动参与本节课的操作、探究．

六、教学策略分析

（一）游戏策略

在初中数学中，教师可以通过数学游戏的方式来引导学生进行学习，这样不但可以活跃课堂氛围，实现寓教于乐的模式，而且符合新课程标准的理念．"良好的开端是成功的一半"，一个良好的课堂引入可以充分活跃课堂气氛，瞬间调动起学生的学习积极性，提高学生的课堂注意力，这样的引入方式比照本宣科要生动有趣得多．因此，这节课我采用的用数学游戏引入课题的方法．

（二）类比策略

我们在教学中，要让学生掌握某一知识点，往往需要找到合适的对象来和学生将要学习的知识点作比较，以便使学生很容易地掌握新的知识点，这就是类比思想．

本节课两次用到类比思想：一是类比数独游戏中少给部分条件仍能得出答

案，从已知条件的充分性与必要性的角度，得到相似三角形判定的条件哪些是充分条件，哪些是必要条件，从而猜想出相似三角形的判定定理；二是与学生学过的全等三角形进行类比，全等是特殊的相似，从特殊到一般，探究出相似三角形的判定方法.

（三）融入数学史策略

本节课在课题引入、知识运用和课后作业三个阶段都引入了数学史内容. 在教学中，通过列举丰富的历史事件和相关历史人物的研究成果，比较《几何原本》与《九章算术》，让学生了解世界各国的多元数学文化，理解中西差异，增强民族自信，激发学生的学习兴趣，加深学生对数学的理解，启发学生的思维. 同时，数学家对于真理锲而不舍的探索精神，可以使学生深受感染，有助于培养学生坚韧不拔的意志和实事求是的科学态度.

七、教学过程

（一）游戏激趣，引入新课

完成下列数独游戏，规则：每行、列、宫都要填上 $1 \sim 9$ 的数字，要做到每行、列、宫里的数字都不重复.（图 $1-1-81$）

	3			7			4
6		2		4	1			
	5			3		9	6	4
	4			3				6
	8	7				3	5	
9			7				2	
7	1	8		2			4	
			1	6		8		9
4			5				3	

图 $1-1-81$

学生 1 完成第 1 宫（左上 5 个空格），学生 2 完成剩余所有空格.

教师提问学生 2：若学生 1 没有填那 5 个空，你能填完这个表格吗？

学生回答：完全可以.

问题 1：相似三角形的定义是：三个角分别相等，三条边成比例的两个三角形是相似三角形，若已知条件少一些，能不能得到两个三角形相似呢？

问题 2：传说，古希腊数学家泰勒斯曾利用相似三角形的原理，在金字塔影子的顶部立一根木杆，借助太阳光线构造出两个相似三角形，如图 1 - 1 - 82 所示，通过测量出 AE、AD、OA 的长度就可以求出金字塔的高度．你们知道为什么这样构造出的两个三角形就是相似三角形吗？

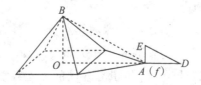

图 1 - 1 - 82

设计意图：用数学游戏激发学生的学习兴趣，使他们发现数独游戏中少给几个数字也是能完成这个游戏的，引导学生思考相似三角形的判定条件是否能少一些．

借助数学史中古代难题的背景，给学生介绍一些关于相似的数学史，营造一个良好的了解数学文化的氛围，激发学生的好奇心和求知欲，让学生感受到数学在人类文明进程中的产生、发展和影响，认识到数学并非是冷冰冰的数字关系和理性思维，也是人类发展历程的一部分，更让学生感叹于古人的智慧，让学生跨越 2500 多年学习前人已经总结出的数学知识，从而吸引学生的注意力，激发学生学习数学的兴趣．

（二）回顾旧知，类比理解

问题 3：我们以前学过的全等三角形的判定方法有哪些？

问题 4：我们看一看全等三角形的判定方法 ASA 和 AAS 是否能推广到相似三角形的判定中．

设计意图：用类比全等三角形的方法来讲解和研究，有利于新课的自然引入、学生思维的自然衔接，也有利于学生对相似三角形判定方法的记忆，也可以进一步说明全等与相似的关系：全等是相似的特殊情况，相似是全等的一般情况，使学生深刻理解知识之间的联系，形成知识体系，体现了大单元整体教学的思想．

（三）合作探究，证明结论

问题 5：如何证明两角分别相等的两个三角形相似？

已知：如图 1 - 1 - 83 所示，在 $\triangle ABC$ 和 $\triangle A'B'C'$ 中，$\angle B = \angle B'$，$\angle A = \angle A'$．

求证：$\triangle ABC \backsim \triangle A'B'C'$．

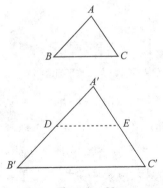

图 1 - 1 - 83

证明：在 $\triangle A'B'C'$ 的边 $A'B'$（或延长线）上截取 $A'D = AB$，

过点 D 作 $DE /\!/ B'C'$.

$\because DE /\!/ B'C'$

$\therefore \triangle A'DE \backsim \triangle A'B'C'$.

$\because \angle B = \angle B'$，

$\therefore \angle A'DE = \angle B$.

又 $\because A'D = AB$，$\angle A = \angle A'$，

$\therefore \triangle A'DE \cong \triangle ABC$，

$\therefore \triangle A'B'C' \backsim \triangle ABC$.

设计意图： 运用转化的数学思想，通过作全等三角形，把要证明的相似三角形的问题转化为已经学过的全等三角形的知识，化复杂为简单，化未知为已知.

（四）例题讲解，新知运用

问题 **4**：如何灵活运用新学知识?

如图 1 - 1 - 84 所示，小红同学正在使用手电筒进行物理光学实验，地面上从左往右依次是墙、木板和平面镜. 手电筒的灯泡在点 G 处，手电筒的光从平面镜上点 B 处反射后，恰好经过木板的边缘点 F，落在墙上的点 E 处. 点 E 到地面的高度 $DE = 3.5$ m，点 F 到地面的高度 $CF = 1.5$ m，灯泡到木板的水平距离 $AC = 5.4$ m，墙到木板的水平距离为 $CD = 4$ m. 已知光在镜面反射中的入射角等于反射角，图中点 A、B、C、D 在同一水平面上.

（1）求 BC 的长.

（2）求灯泡到地面的高度 $AG.$

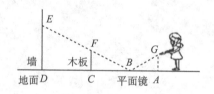

图 1 - 1 - 84

设计意图：新课标指出，要想帮助学生真正理解数学知识，教师应注重数学知识与学生生活经验的联系、与学生学科知识的联系，组织学生开展实验、操作、尝试等活动．例如，设计与物理学科"光学实验"相关的活动，促使学生利用和巩固相似三角形的判定定理．

（五）回顾小结，理解升华

问题 7：你现在能回答问题 1 中为什么泰勒斯构造的两个三角形是相似的吗？给出证明，并求出金字塔的高度．

问题 8：我们学习过的判定相似三角形方法有哪些？

设计意图：首尾呼应，在课堂结尾再现课前提出的悬念，让学生用这节课所学知识解决问题，良好的开端加上完美的结局，使课堂氛围更加热烈．

（六）课后作业

（1）自主阅读课本 45 页"奇妙的分形图形"，并设计出一个分形图形，感知数学美；

（2）完成课本 59 页第 12 题：如图 1 - 1 - 85 所示，为了求出海岛上的山峰 AB 的高度，在 D 处和 F 处树立标杆 CD 和 EF，标杆的高度都是 3 丈，D、F 两处相隔 1000 步（1 丈 = 10 尺，1 步 = 6 尺），并且 AB、CD 和 EF 在同一平面内．从标杆 CD 后退 123 步的 G 处，可以看到顶峰 A 和标杆顶端 C 在一条直线上；从标杆 EF 后退 127 步的 H 处，可以看到顶峰 A 和标杆顶端 E 在一条直线上．求山峰的高度 AB 及它和标杆 CD 的水平距离 BD 各是多少步？（提示：连接 EC 并延长交 AB 于点 K，用 AK 与常数的积表示 KC 和 KE.）（本题原出自我国魏晋时期数学家刘徽所著《重差》，后作为唐代的《海岛算经》中的第一题：今有望海岛，立两表齐高三丈，前后相去千步，令后表与前表参相直．从前表却行一百二十三步，人目着地，取望岛峰，与表末参合．从后表却行一百二十七步，人目着地，取望岛峰，亦与表末参合．问岛高及去表各几何．唐代的 1 尺约等于现在的 31 cm．）

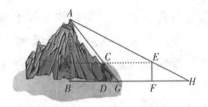

图 1 – 1 – 85

设计意图：数学美是数学文化的重要组成部分，学生在自己阅读课本、欣赏分形图形、动手设计分形图形的过程中，能够清晰地感受到数学美，有利于培养学生自主学习的意识，激发学生对数学知识产生进一步探索的欲望.

抽样调查

王学先名师工作室　杨周荣麟

一、数学文化背景材料

抽样调查是一种收集数据时使用的统计调查方法，在生活中有着广泛的应用，小到调查具有破坏性的数据，如一批灯泡的生产质量；大到互联网的"云数据"等应用，都与生活息息相关. 而统计学与数学更是存在着密不可分的联系.

数学始于演绎，统计始于归纳. 统计学是收集、分析、呈现和解释数据的科学（统计调查分析图如图 1 – 1 – 86 所示），例如，政府对人口普查数据的需求以及关于各种经济活动的信息为统计领域提供了很多早期的推动力. 目前许多应用领域对转换大量数据为有用的信息的需求刺激了统计学的理论和实践发展. 数学是统计学学科形成的基础，统计学中诸多的理论都是以数学的演绎推理作为支撑的.

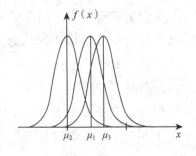

图 1 – 1 – 86

统计学是通过搜索、整理、分析、描述数据等手段，以推断所测对象的本质，甚至可以预测对象未来发展的一门综合性科学．统计学用到了大量的数学知识及其他学科的专业知识，其应用范围几乎覆盖了社会科学和自然科学的各个领域．

统计学家王见定教授指出：社会统计学描述的是变量，数理统计学描述的是随机变量，而变量和随机变量是两个既有区别又有联系，且在一定条件下是可以相互转化的数学概念．王见定教授的这一论述在数学上就是一个巨大的发现，我们知道"变量"的概念是 17 世纪由著名数学家笛卡儿首先提出的，而"随机变量"的概念是 20 世纪 30 年代由苏联学者首先提出的，两个概念的提出相差了 3 个世纪．除了王见定教授外，世界上还没有第二个人提出变量和随机变量两者之间的联系、区别以及它们之间相互的转化．我们知道变量的提出造就了函数论、方程论、微积分等重大数学学科的产生和发展，而随机变量的提出则奠定了概率论和数理统计等学科的理论基础，促进了它们的蓬勃发展．可见变量、随机变量概念提出的意义何等重大，从而可以看出王见定教授在世界上首次提出变量、随机变量之间的联系、区别以及它们之间相应的转化的意义堪称巨大．王见定教授指出社会统计学描述的是变量，数理统计学描述的是随机变量，准确地界定了社会统计学与数理统计学各自研究的范围，明确了两者在一定条件下可以相互转化的关系，这是对统计学的最大贡献．它结束了近 400 年来几十种甚至上百种五花八门的统计学的混乱局面，使它们回到了正轨．由于变量不断地出现且会一直地持续下去，所以社会统计学不仅不会消亡，反而会不断发展壮大．当然数理统计学也会由于随机变量的不断出现同样发展壮大．但是，对随机变量的研究一般来说比对变量的研究复杂得多，而且直到今天数理统计的研究尚处在较低的水平，且使用起来比较复杂；再从长远的研究来看，对随机变量的研究最终会逐步转化为对变量的研究，这与我们通常研究复杂问题研究转化为若干简单问题的研究的道理是一样的．既然社会统计学描述的是变量，而变量描述的范围是极其宽广的，那么绝非某些数理统计学者所云：社会统计学只作简单的加、减、乘、除．从理论上讲，社会统计学应该覆盖除了数理统计学之外的绝大多数数学学科的运作．所以统计学家王见定教授提出的"社会统计学与数理统计学统一"理论，从根本上纠正了统计学界长期存在的低估社会统计学的错误想法，并从理论上和应用上论证了社会统计学的广阔前景．

二、教学内容解析及数学文化背景分析

（一）本章主要内容

本章为七年级下册最后一章——第十章数据的收集、整理与描述，主要介绍收集数据的两种方式全面调查和抽样调查，并学习用直方图来很好地描述数据，通过图像数据分析出实际情况，又还原于生活的过程，让学生体会数学知识的应用性，使学生学会依据实际情况选择适当的调查方法进行数据的收集，并通过数据的整理、分析得到相应结论的能力．

（二）本节主要内容

主要学习收集数据的两种方法：全面调查和抽样调查．学生在调查目的明确的前提下，在全面调查中学习数据收集、整理和描述的知识；学生在抽样调查中明确总体、个体、样本、样本容量的概念，学会简单随机抽样的方法，并会根据实际情况选取适当的调查方法．

（三）课时要求

本节 10.1 统计调查共有两个课时，分别为 10.1.1 全面调查、10.1.2 抽样调查．

本次授课内容为第二课时，授课时间 40 分钟．

（四）本节主要内容解析

本节课将首先带领学生认识统计学与数学的联系及其在生活中的实际应用，让学生感受到统计学的魅力．回归现实生活应用，让学生通过实际的昆明市景区喜爱情况的调查，由全面调查过渡到抽样调查的学习；通过不断提出问题、教师引导、小组讨论得出结论；结合课堂练习巩固知识并通过小组讨论总结知识，让学生认识到数学的应用价值及意义．

（五）数学文化背景分析

本节课涉及统计中的抽样调查方法的学习，统计学在生活中应用非常广泛，并且与数学学科联系紧密．故本节课开篇，便向学生介绍统计学的发展、与数学学科的联系及在当今社会的广泛应用，让学生体会数学的实际应用价值与社会价值；明确学习的必要性，增强学生的求知欲；能让学生体会在探究过程实现的第一步，即让学生体会到打牢知识点基础的重要性，为后续回归实际生活的引入调查作好铺垫．

三、教学目标设置

（1）学生学会抽样调查并明确总体、个体、样本、样本容量四个概念．

（2）学生理解简单随机抽样．

（3）学生会根据实际情况选取适当的调查方法（全面调查、抽样调查）．

四、教学重难点

（1）教学重点：学生掌握抽样调查总体、个体、样本、样本容量的概念，根据实际情况选取适当的调查方法．

（2）教学难点：学生理解简单随机抽样方法．

五、学情分析

（一）从知识起点上看

学生已经掌握了全面调查的相关知识，明确了收集数据、整理数据、描述数据的基本知识与方法步骤，为抽样调查的学习作好了铺垫．

（二）从能力上看

通过教师的有效引导，学生能够自我建构一些知识．通过小组讨论，学生能够对相对熟悉的知识进行归纳总结．

（三）从情感上看

初一年级的学生具有一定的求知欲和好奇心，在教师贴心的引导下，学生能够产生主动获取知识的动力，获得学习数学的成就感．

六、教学策略分析

弗莱登塔尔曾经说过："数学是源于现实，富于现实，用于现实的．"本节课将采用"问题—研究"的教学模式，秉承皮亚杰认识发展论、建构主义理论、人本主义理论和布鲁纳的发现学习理论．通过复习全面调查的知识及在此基础上提出问题的方式，激发学生主动获取抽样调查的知识的求知欲；结合问题探究、小组讨论和教师引导，让学生自己建构抽样调查的相关知识；根据桑代克的练习律设计课堂练习，由此达到强化课程重点、突破难点的教学目标；在过程中让学生通过身边实际发生的具体事例感受简单随机抽样，明确总体、个体、样本、样本容量的概念，体会数学学习的成就感，实现整堂课以教师为导、学生为主的教学模式．

设计意图：本节课主要体现应用性，从统计与数学的发展认识，到实际的调查应用操作，能让学生充分体会数学的应用价值与魅力．

七、教学过程

(一) 感受学习抽样调查的必要性

问题 1：展示学习抽样调查的必要性：

(1) 统计学与数学的联系.

(2) 统计学与数学相互作用的发展过程与其现实应用价值的介绍.

(3) 思考学习抽样调查的必要性.

设计意图：激发学生学习的探究欲望，活跃课堂氛围，拉近与学生之间的距离.

(二) 回顾引领，激发求知

问题 2：请同学们帮老师一个忙，老师想统计咱们班的同学对昆明的景点喜爱情况，选择地点为昆明市的五大公园（昆明动物园、大观楼、海埂公园、民族村、西山），你最喜爱哪一个？请问应该选择什么的调查方式？

学生：通过全面调查得到结果.

追问 1：全面调查的调查步骤是什么？

学生：收集数据（制作一份科学合理的调查问卷）——整理数据（统计表格、划记法，注意要项目齐全、数据准确）——描述数据（条形图、扇形图，注意比例准确、标注不重不漏）.

师生活动：复习、回忆全面调查的相关知识.

追问 2：当调查的对象不再是咱们班同学，而是整个初一年级、我校乃至昆明市时，若再用全面调查的方法，需要花费大量的时间、人力及物力. 请问：这时采取全面调查的方法还合适吗？还科学合理吗？我们是否应该考虑其他方法？

设计意图：教学中应该从自然教态过渡到学术教态，因此采用同学们熟悉的昆明市五大景区作为过渡，这能让学生感到亲切，增强其认同感. 在复习全面调查的基础上，通过改变调查人数的数量，从而引出抽样调查的学习. 这不仅为学生后续学习抽样调查作好了铺垫，还可以在原有知识上建构新知识.

(三) 概念构建，紧扎基础

问题 3：以年级为例，若初一年级有 2000 名学生，要了解全年级同学对昆明动物园、大观楼、海埂公园、民族村、西山五个公园的喜爱情况，要怎样进行调查？

师生活动：抽样调查图示解释.

教师：抽取出的这一部分是有名称的．为了后面的学习，我们先来认识几个概念．

板书：

（1）总体：所要考察对象的全体．

（2）个体：总体中每一个考察对象．

（3）样本：从总体中抽取的那部分个体．

（4）样本容量：一个样本中包含的个体的数目．

追问1：借助此题让学生理解总体、个体、样本、样本容量的概念．

学生：总体是初一年级学生喜爱的公园，个体是初一年级的每一个学生喜爱的公园，样本是初一年级被抽取的学生喜爱的公园，样本容量是100，没有单位．

追问2：请你尝试建构抽样调查的概念．

师生活动：引导学生构建抽样调查的概念．抽样调查是只抽取一部分对象进行调查，然后根据调查数据推断全体对象的情况的一种方法．

设计意图：在前面的基础上，研究对象为初一年级全体同学，以此为例让学生进行抽样调查的示例学习．通过图形的表示，直观、生动地表现抽样调查的特点、过程，通过板书给出几个概念，让学生体会到数学学习的严谨性，并且让学生在此明确总体、个体、样本、样本容量的实际意义，加深其理解．通过图示与文字的双重呈现，让学生清楚抽样调查的过程．

（四）合作学习，方法思辨

问题4：样本相对于总体该抽多少？怎么抽才能使得用样本估计总体时是正确、科学、合理的？

师生活动：教师讲授样本容量问题，学生小组讨论2分钟．教师问学生：你们怎么看抽取方法的问题？（讨论前教师进行适当引导）

追问1：学生进行小组讨论，探究以下两个问题：样本抽多少？怎么抽？

师生活动：共同归纳下列问题：①抽取的量要适当，不能太多，也不能太少．太多，同样的费时费力；太少，样本就不具有代表性了．②抽取方法：要公平，要使得每一个个体所抽到的机会相等——随机性、等可能性．

追问2：此题我们可以让样本容量为100，并且通过随机的、等可能性的抽取获得样本．请思考，我们怎样进行实际操作呢？

学生：例如，上学时在校门口随意调查100名学生，或者从学号中随意抽取100个学号，调查这些学号所对应的学生．

教师：我们把具有这样特点的抽样方法叫做简单随机抽样．简单随机抽样：在抽样过程中，总体中的每一个个体都有相等的机会被抽到的抽样方法．

师生活动：整理数据——统计表；描述数据——扇形图．结论：据此可以估计出，初一年级的学生中喜爱民族村的最多，约为38%．

追问3：请同学们根据上述抽样调查过程，进行简单总结．

学生：抽样调查我们看两个地方，第一，调查的目的，通过明确总体、个体、样本及其容量来进行抽样．第二，抽样的方法，样本来自总体，在确定了样本容量后，利用简单随机抽样的方法进行抽样．

设计意图：直接点出调查的核心——抽样要抽多少，怎么抽，让学生明确抽样的科学合理性对借助样本估计总体的重要性．在教师的引导下，学生先通过小组讨论感知知识，进行初步的知识建构，之后由教师带领一起归纳特点，并通过特点介绍具有这样特点的抽样方法——简单随机抽样．利用板书清晰地呈现，并通过介绍本题的方法——学号法，让学生体会抽样方法及其随机性、等可能性的特征．学习方法后，就具体地得到了样本，通过对样本数据整理、描述得到结论，并由此估计出总体的结论．最后进行总结，让学生整体感知．

（五）巩固训练，逐项击破

问题5：

第一部分：明确总体、个体、样本、样本容量的概念其实际表示．

（1）为了解一批灯泡的使用寿命，故选取30只灯泡进行检查．在这个检查中：

总体：一批灯泡的使用寿命．

个体：这批灯泡中每一只灯泡的使用寿命．

样本：这批灯泡中选取的30只灯泡的使用寿命．

样本容量：30．

（2）请同学进行作答．

采用简单随机抽样，由抽到学号的同学进行作答．

（3）升级版练习题，昆明市2013年的中考题．

（2013昆明）为了了解2013年昆明市九年级学生学业水平考试的数学成绩，从中随机抽取1000名学生的数学成绩，下列说法正确的是（D）

A．2013年昆明市九年级学生是总体

B．每一名九年级学生是个体

    C. 1000 名九年级学生是总体的一个样本

    D. 样本容量是 1000

    师生活动：组织学生进行课堂训练，教师对全对的前三名学生进行表扬，后面的学生就只批改对错．让学生解答练习题，采用简单随机抽样的方法，由抽到学号的学生进行作答．做完的学生举手，升级版的题目做对是有奖励的．引领学生分析此题，使学生明确每一个错的地方．

    追问：现在我们已经学习了两种收集数据的方法：全面调查和抽样调查．请问，你能根据实际情况选取合适的调查方法吗？

    第二部分：根据具体实际情况选取合适的调查方法．

    （1）以下调查中，哪些适合进行全面调查？哪些合适进行抽样调查？

    ① 检测某批次火柴的质量．

    ② 了解某班学生的身高情况．

    ③ 调查春节联欢晚会的收视率．

    ④ 了解某市中学生课外阅读的情况．

    ⑤ 2010 年我国进行的第六次人口普查．

    请同学逐个回答，用简单随机抽样的方法抽出一个同学后，沿着他（她）的座位顺序依次让 4 个同学进行回答．

    （2）升级版：（2013 四川遂宁）以下问题，不适合用全面调查的是（D）

    A. 了解全班同学每周体育锻炼的时间

    B. 旅客上飞机前的安检

    C. 学校招聘教师，应聘人员面试

    D. 了解全市中小学生每天的零花钱

    师生活动：让学生感受身边的简单随机抽样，体会其随机性、等可能性．

    设计意图：对于课堂练习，根据桑代克的练习律，进行了有层次的训练，并依据抽样调查的两部分重点（教学重点），逐项击破，强化重点．同时，在习题练习的过程中通过简单随机抽样抽取学号让学生回答问题的方式，进一步突破了教学难点，让学生更好地理解、体会简单随机抽样，实现了在教学中突破教学重点、难点的教学目标．以"授人以鱼不如授人以渔"为教学方式，让学生充分掌握主动权，体现课堂学生为主体，教师为主导的思想．教学过程中，教师通过进行适当的鼓励，激发学生的兴趣；同时，也体现了教育的艺术，不在于传授，而在于唤醒、激励和鼓舞．最后，请学生进行总结，体现课程的完整性．

（六）合作探究，归纳总结

问题6：通过小组讨论的形式探究两种收集数据的方法的优势、弱势及适用情况．

学生：根据表格，结合实例，得到探究结果．（见表1-1-6）

表1-1-6

两种收集 数据的方法	全面调查	抽样调查
优势	收集到的数据全面、准确	花费少，省时
弱势	一般花费多、耗时长，并且不适用于某些调查	数据的精确程度依抽取的样本而定，得到的是估计值
适用情况	精确度要求高，适用于事关重大的调查	具有破坏性的调查、无法进行全面调查或进行全面调查意义不大的调查

师生活动：总结整节课上课情况．①领奖：让五名同学同时站在讲台上，抽取纸片，纸片上写了所获奖品．②掌声：老师认为每一位同学都应该为自己鼓掌，因为此时的我们已经学会了两种收集数据的方法——全面调查和抽样调查．学生运用所学的数学知识去解决生活中的问题，成为老师的小帮手．

教师：目标检测作业的布置．

设计意图：通过课堂训练题的训练后，让学生自我归纳总结，构建关于统计调查的两种方式的优势、弱势和适用情况的知识体系，体现了建构主义的思想．同时，教师对表现好的同学实施奖励，在颁奖中通过抽取纸片再次强调简单随机抽样的方法，做到教学重难点的突破．在最后的总结中，利用鼓掌的形式巧妙地增强学生学习数学的成就感，并让学生体会到数学的应用性，从而感受学习数学的意义．在最后，强调学生可以解决生活中的一些问题，成为老师的小帮手．作业的布置紧跟教学目标，是与教学目标一致对应的检测作业．

用频率估计概率

王学先名师工作室　李加禄

一、数学文化背景及分析

数学承载着思想和文化，是人类文明的重要组成部分．数学文化是指数学的思想、精神方法观点、以及它们的形成和发展，其主要涉及数学史、数学美、数学教育、数学与人文的交叉、数学与各种数学文化的关系等．《义务教育数学课程标准（2011 年版）》提出"数学是人类文化的重要组成部分"，数学文化应融入数学教学活动，引导学生感悟数学文化的价值．本节课通过洋葱视频的引入让学生感受非等可能性的随机事件的概率应该怎么求解以及许多数学名人的投币和投针实验，感受数学家锲而不舍、勤于思考、追求真理的精神．通过讲述数学家雅各布·伯努利的相关故事以及概率论的起源和发展历史，可以调动学生学习的积极性．在教学过程中，融入相关的趣闻轶事，可以缓解数学学习的枯燥，激起学生学习的兴趣．通过数学文化的融入，可使学生理解数学，喜欢数学，同时使学生意识到数学文化的重要性，进而主动地去学习数学文化，增强自己的文化自信，提高自己的数学核心素养．

二、教学内容及内容分析

（一）内容

人教版《义务教育教科书·数学》九年级上册"25.3 用频率估计概率"第一课时．

（二）内容解析

用频率估计概率属于"统计与概率"领域，统计的学习是让学生在实际问题中通过经历统计全过程，并根据统计结果做出简单的判断和预测．概率是刻画随机事件发生可能性大小的数值，通过获得随机事件发生的概率可以解决一些实际问题．通过下面的知识结构图可以看出，随机事件发生的频数和频率是可以通过统计的方法得到的，需要统计的知识，本节内容就是运用统计的方法进一步研究概率．统计流程如图 1-1-87 所示．

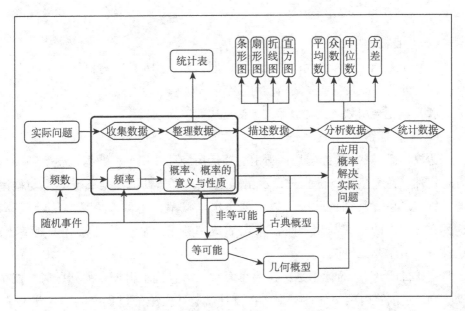

图 1 – 1 – 87

本节课是《概率初步》这一章的第三节，从整个单元的教学上看本节课是学生在学习了随机事件与概率，初步了解了概率，能用列举法求一些简单等可能事件的概率之后，对概率进行的进一步研究．本节课将从统计试验结果频率的角度研究一些随机试验中事件的概率，让学生从频率的角度进一步认识概率的意义，概率反映的规律是针对大量重复试验而言的．用频率估计概率不受随机试验中结果种数有限和各种结果发生等可能的限制，适用的范围比列举法更广．

本节的研究内容是频率和概率，频率是随机的，在试验前不能确定；概率是确定的数，是客观存在的．随机事件发生的频率呈现出规律性，随着试验次数的增加而显现出来．一个事件出现的频率总是在一个固定数的附近摆动，显示出一定的稳定性．因此，可以通过大量的重复试验，用一个随机事件发生的频率去估计它的概率．

从知识类型上看频率和概率属于原理性知识，理解频率与概率的关系，能让学生认同使用频率估计概率，并能够在遇到简单问题时主动想到要用频率估计概率的方法解决问题．

三、教学目标

（一）目标

（1）学生通过抛掷硬币、摸球等随机试验，了解频率与概率的联系与区别，知道可以通过大量重复试验，用频率估计概率．

（2）学生会用频率估计概率的方法解决简单问题．

（二）目标解析

达成目标（1）的标志是：学生能够运用统计知识分析数据，感受频率具有随机性，在大量重复试验时显示出稳定性，结合具体试验感受频率与概率的区别与联系．其知道除了可以用列举法求概率，还可以用频率估计概率，这种方法得出的概率与用列举法求出的概率并不矛盾，并且相对于列举法，这种方法适用范围更广．

达成目标（2）的标志是：学生在面对无法直接求得概率的问题时，能主动想到通过试验用频率估计概率，在设计试验并实施的过程中能关注到大量、重复这两个关键点，并能根据统计的频率合理地估计概率．

四、教学重难点

（1）教学重点：学生探究频率与概率的关系．
（2）教学难点：学生正确理解频率和概率的关系．

五、学情分析

知识储备：学生已经了解了随机事件和概率的有关概念，能用列举法求种数有限试验结果和各种结果等可能发生的随机事件的概率．

从学习效果的测试结果看，发现约70%的学生对概率的含义、频率的特点、频率与概率的关系认识不清，导致此现象的原因在于学生经历的试验不够多，对两个概念关系的讨论不足．

本节内容的难点来自两个角度：一是知识本身，频率的随机性和稳定性并存，学生同时理解存在障碍；二是学生的学习经验，以往的学习都是对确定性的分析，此内容是对不确定性的分析，学生的认知方式需要发生转变．此教学中基于学生在对试验数据进行分析的基础上，学生参与合作讨论探究问题，对频率和概率进行反复交替认识，对频率的随机性和稳定性进行逐步分析，进而强化学生对概率的认知，使学生充分经历各种简单试验，在过程中加深对用频率估计概率方法的理解．

六、教学策略分析

（1）让学生经历试验的过程．概率的学习必须以试验为基础，这是概率教学本身的要求．频率是随机事件在试验中的统计结果．因此，教学中要引导学生完整地经历"猜测—试验—收集数据—分析数据—验证猜测"这一过程，在这个过程中一方面让学生掌握一些简单问题的数据处理技能，另一方面让学生逐步认识到试验次数足够多时，随机事件发生的频率具有稳定性这样一个事实．

（2）利用 Excel 表格累加各组试验数据，提高学生的统计技能，插入折线统计图，实现由"数"到"形"的转变，便于学生发现规律，同时节省教学时间．

（3）利用计算机模拟试验，让学生感受试验次数很多时频率的变化情况．在课堂上真正实现"大量重复试验"，让学生感受到随机性与稳定性并存．

（4）多种学习方式并存，学生将自主学习、动手操作、合作交流的学习方式交互使用．教师引导学生在"做"中学习，在"思"中发现，在合作交流中提升．教师借助交互式电子白板的功能实现师生互动、生生互动，有效地改变了学生的学习方式，提高了课堂教学的实效性．

七、教学过程

（一）创设情境、引入课题

观看洋葱视频，提出问题，引入新课．

设计意图：通过视频让学生了解非等可能性的随机事件的概率该如何求解、提出问题以及观看许多数学名人的投币和投针实验，感受数学家锲而不舍、勤于思考、追求真理的精神．

活动1：收集各组课前预习作业的数据并进行整理分析

课前作业：抛掷一枚硬币100次，分别统计抛掷50次、100次和200次时"正面向上"出现的频数，计算频率，填写表格．

作业要求：

1号同学：抛掷硬币，约达1臂高度，硬币落地静止，报告试验结果．

2号同学：用划记法记录试验结果．

3号同学：监督，尽可能保证每次试验条件相同，确保试验的随机性，填写表格．

问题 1：抛掷一枚质地均匀的硬币，"正面向上"的概率为 0.5，是否意味着抛掷一枚硬币 50 次时，就会有 25 次"正面向上"？抛掷一枚硬币 100 次时，各组的"正面向上"的频数是 50 吗？请各组汇报试验数据．

师生活动：统计各组试验数据，利用 Excel 形成各组抛掷一枚硬币 50 次和 100 次"正面向上"的频率散点图．（图 1 - 1 - 88）分析统计图，体会频率与概率的区别并能够初步感受频率可能与概率存在关系．

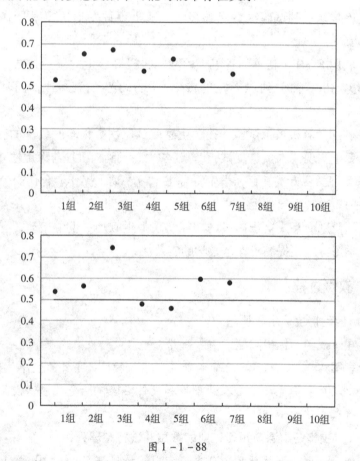

图 1 - 1 - 88

设计意图：对已有数据进行收集和描述，让学生体会频率的随机性，培养学生的随机观念．

活动 2：增加试验次数，初步发现稳定性

问题 2：如果重复试验次数增多，结果会如何呢？（见表 1 - 1 - 7）

表 1 - 1 - 7

抛掷次数 n	50	100	150	200	300	400	600	800	1000
"正面向上"的频数 m									
"正面向上"的频率 $\dfrac{m}{n}$									

师生活动：师生讨论，由于试验条件基本相同，可以用逐步累加各组数据的方法近似地模拟重复试验次数不断增多的情况，教师组织学生整理试验数据，并对生成的频率统计图进行分析.

设计意图：全班合作对分组试验获得的数据进行整理和分析，教师鼓励和引导学生初步探索数据中隐藏的规律，提高学生的统计意识，促使学生进一步理解概率的意义.

活动3：软件模拟，完善关系

问题3：随着重复试验次数的增加，"正面向上"的频率的变化趋势是什么？（图 1 - 1 - 89）

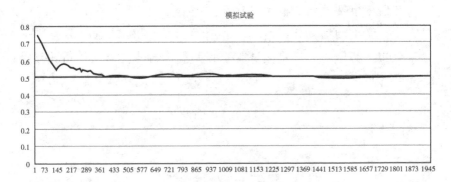

图 1 - 1 - 89

师生活动：教师利用抛掷硬币模拟软件演示抛掷硬币 2000 次的模拟试验，学生将模拟试验的结果与全班真实试验的结果作比较，归纳发现：正面向上的频率在 0.5 左右摆动，随着抛掷次数的增加，在 0.5 左右摆动的幅度越来越小的可能性变大. 学生发现，由于随机事件的随机性，每组试验得到的频率分布都不尽相同，但都无一例外地在做大量重复试验时频率表现出稳定性；试验次数较少时，频率表现出随机性的可能性很大；随着重复试验次数的不断增加，频率表现出稳定性的可能性越来越大.

设计意图：引导学生进一步理解，频率具有随机性，在做大量重复试验时，随着试验次数的增加，频率表现出稳定性，逐渐能够完整表述出频率与概率的关系.

问题4：阅读另外四次模拟抛掷硬币2000次的试验数据图表，你读出了哪些信息？

师生活动：学生阅读图表，验证频率与概率的关系，进一步认可在做大量重复试验时，随着试验次数的增加，频率表现出稳定性. 由于随机事件的随机性，各次模拟的频率分布图均有不同，但都在做大量重复试验时频率表现出了稳定性.

设计意图：通过多次模拟试验，进一步验证频率与概率的关系，让学生发现试验次数多时频率更多呈现出稳定性. 同时使学生感受到不论试验次数是多少，都存在频率偏离概率较大的可能性，只是这种可能性在多次重复试验的前提下变小了，使学生初步形成了对于这个抛掷硬币的简单试验的概率可以通过频率进行估计的观念.

师生活动：擦除模拟抛一枚硬币2000次"正面向上"的频率散点图（图1-1-90）中表示概率的直线，基于现有的频率分布情况，学生能够估计此未知概率事件发生的概率是0.5. 再擦除学生抛掷硬币100次中表示概率的直线，学生的估计并不是0.5. 分析估计不准确的原因，是试验次数少，频率分布不稳定，大量重复试验当频率稳定时才能够估计得相对准确.（图1-1-91）

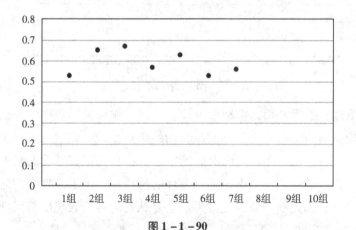

图1-1-90

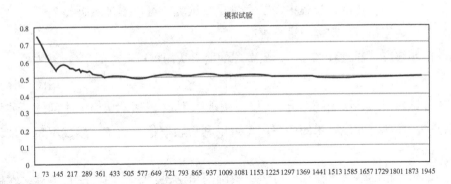

模拟试验

图 1 - 1 - 91

设计意图：本环节通过对抛掷硬币这个已知概率的试验获得频率的分析，引导学生掌握用频率估计概率的方法．通过两次"擦线"的对比，学生能够发现对于此随机试验，可以用频率来估计概率，并且随着试验次数的增加，频率表现出稳定性时所估计的概率会相对准确．

教师出示历史上一些抛掷硬币试验的结果，引导学生分析数学家反复试验进行抛掷硬币试验的原因，在于对没有证明过的结论需要进行反复试验，验证其真实性．

设计意图：学生逐渐认识到即使是科学家在没能准确证明的情况下，也需要进行大量重复试验来验证发现的规律．学生课堂经历的发现规律的过程与数学发展的真实过程是一致的，学生经历科学家研究问题的过程，了解证明的必要性．

（二）动手操作，探求新知

活动 4：摸球问题

问题呈现：在不透明的箱子中，有红色和黄色两种除颜色外无其他差别的 5 个小球．在不打开箱子的前提下，每次随机摸出一个小球后放回，你能说出箱子里面有几个黄球吗？

试验设计：学生通过讨论发现解决问题的关键在于要知道摸到黄球的概率，仿照课前预习作业设计摸球试验．（图 1 - 1 - 92）

> 摸球试验任务：
>
> （1）各小组重复、随机摸球，统计得到"摸出黄球"的频率。
>
> （2）检验频率能否达到稳定。
>
> （3）用频率估计概率。
>
> （4）检验估计是否正确。

图 1 - 1 - 92

实施试验：在试验过程中需要大量重复试验，可以累加数据得到较大的试验次数，数据是否稳定需要进行检验．

问题解决：通过频率估计摸出黄球的概率从而求得黄球的个数．

师生活动：学生小组合作设计试验，分享交流后执行试验，利用图形计算器统计试验结果，绘制频率分布图，利用频率估计概率，从而解决问题，使学生进一步发现对此概率未知的问题也可以利用频率估计概率，形成用频率估计概率的方法．

学生总结归纳获得概率的方法，教师给出结论：对一般的随机事件，在做大量重复试验时，随着试验次数的增加，一个事件出现的频率，总是在一个固定数的附近摆动，显示出一定的稳定性．频率稳定性规律不但被人们大量的生活实践所验证，数学家雅各布·伯努利还给出了严格的证明．

设计意图：通过分析摸球问题，学生发现解决问题的关键是获得事件的概率，经历解决问题的过程，进一步认同用频率估计概率的方法，体会到对于概率未知的随机事件仍然可以使用频率估计概率的方法解决．通过设计试验方案，学生更加明确"重复"与"大量"的含义．两个环节分别从学生已知概率的问题和未知概率（但是概率可计算）的问题两个角度让学生逐步认同用频率估计概率的方法．

（三）运用新知，拓展探索

问题 5：投掷一枚图钉，你能估计出"钉尖朝上"的概率吗？

师生活动：学生讨论，由于无法确定"钉尖朝上""钉尖朝下"的可能性是否相等，不能用列举法求这个随机事件的概率，有必要采用新学的方法——用频率估计概率．

设计意图：对于未知概率的事件（概率不可计算求得），学生能进一步意识到用频率估计概率是一种获得随机事件的概率的新方法，它的适用范围比用列举法求概率更广．对于这个不能直接求出概率的问题，学生能够独立设计试验，完整地说明运用频率估计概率的全过程，加深对规律和方法的理解．

（四）总结反思，加深认识

教师与学生一起回顾本节课所学主要内容，并请学生回答以下问题：

（1）目前我们学习了哪些求随机事件概率的方法？

（2）说说你对频率与概率之间关系的认识．

设计意图：归纳小结，巩固频率的稳定性规律和用频率估计概率的方法．

（五）目标检测设计

习题：

（1）下列说法正确的是（　　　）.

A. 有人掷骰子连续掷了 10 次，共掷出 5 次 6 点，于是他说掷出 6 点的概率为 0.5

B. 某人抛掷一元的硬币，连续抛掷 7 次都是正面朝上，那么他第 8 次抛掷正面朝上的概率仍为 0.5

C. 某家庭有五个女孩，她们的父母认为，再生一个孩子肯定会是男孩

D. 玩转盘赌博的赌徒认为，在盘子转过很多红色的数字后，就会落在黑色上，于是把注下到黑色上，这样可以增加赢的可能性

（2）从只有花色不同的 4 张扑克牌（其中花色为红色、黑色各 2 张）中，随机抽取一张，抽中的花色为红色的概率是_____.

（3）①由表 1–1–8 中数据表估计柑橘损坏率约_____，完好率约_____.（保留两位小数）

表 1–1–8

柑橘总质量（n）/千克	损坏柑橘总质量（m）/千克	柑橘损坏的频率（m/n）
50	5.50	0.110
100	10.5	0.105
150	15.15	0.101
200	19.42	0.097
250	24.25	0.097
300	30.93	0.103
350	35.32	0.101
400	39.24	0.098
450	44.57	0.099
500	51.54	0.103

②某水果公司以 2.25 元/千克的成本新进了 10000 千克柑橘，如果公司希望这些柑橘能够获得利润 4500 元，那么在出售柑橘（已去掉损坏的柑橘）时，每千克大约定价为多少元比较合适？

设计意图：考查学生对频率与概率的关系的理解，以及学生对用频率估计概率含义及方法的理解.

第二节　教学片段

绝对值的引入

王学先名师工作室　魏炎炎

一、数学文化背景材料

数学是一种语言，是一种文化，体现出了美学价值．在教学中要依托数学史料，融入数学文化，渗透数学发展的人文成分、数学与社会的联系、数学与各种文化的关系等．以数学考试为突破口，寻找展现数学文化背景的材料，比如数学典籍、史料、数学家的优秀成果等．将数学文化融入到教学中，以数学与其他学科的联系为背景，以数学与现代化的联系为背景，以数学与实际生产、生活的联系为背景，落实立德树人的任务．将数学文化融入到课堂教学中，一直是数学教学的重要目标．在初中数学教材中，有许多文化因素，数学教师要积极对数学教材中的数学文化进行深入挖掘，在课堂的呈现上，更要有趣味性和生活性，让这些与数学知识紧密结合的数学文化，成为课堂中一名"额外的学生"，帮助学生理解与掌握数学知识，引发学生良好的学习体验．

二、数学文化背景分析

掌握数学概念，是学好数学知识的前提。在整个数学教学过程中，数学概念居于核心位置．通过将数学文化融入教学中，引入初中数学课堂，能让教师意识到数学概念引入的重要性，转变传统的数学概念课的教学模式．通过对"绝对值"的引入，突出概念的生成过程，降低概念教学的难度，能提高学生学习的积极性，为初中数学概念的教学提供一种新的教学模式．探索初中数学概念教学，通过渗透数学文化、挖掘相似概念之间的关联、厘清概念之间的联系、将理论与实践相结合等策略，引导学生运用数学知识解决实际问题．

在初中数学概念的教学中，概念生成的过程应得到高度的重视．所以，数学概念引入的环节在整堂课中都有着极其重要的地位．采用"问题串"模式进行初中数学概念的引入，可以提高初中生学习数学的积极性，改变原本的数学概念课的呆板、乏味的印象，营造轻松和活泼的新型数学课堂．根据维果斯基的最近发展区理论以及皮亚杰的认知发展理论，设计的"问题串"既要符合学生的年龄特征，又要符合学生的认知规律．教师要从学生遇到的生活经验出发，设计一些与学生生活相关的一些问题，让问题充满趣味性，从而提高学生的学习兴趣．与此同时，应结合概念的形成设计问题，既要保证问题的趣味性，又要保证问题的科学性．让学生在已有理论知识与实际经验的基础上，去体会概念课的生成．

数学来源于生活，服务于生活．数学不再是一门枯燥的学科，而是一门生活中的艺术．数学不仅闪烁着智慧的光芒，还焕发着人文的魅力．作为数学教师的我们应该弘扬数学文化，让数学文化进入课堂，融入教学，让学生体会到数学生活化的魅力，这样数学课堂就会变得充满生机与活力．数学文化源远流长，博大精深；数学源于生活，数学魅力无穷，包罗万象，让我感受到了数学的火热和激情，真正体会到了数学的内涵，让我明白了数学的灵魂就是数学文化，有了文化就会丰富多彩，意识到以后要将数学文化融入到教学实践当中，融入数学文化才能让数学课堂"活"起来，既能提高学生学习数学的兴趣，又能增强学生的人文素养，只有融入数学文化才能真正体现数学核心素养．

本节课源于人教版七年级数学上册，是学生进入初中阶段后，在学习了正数、负数、数轴以及相反数的基础上，对绝对值进行探究、学习的一个课题．绝对值是本章的一个重点，是比较有理数大小的又一工具，也是以后学习有理数混合运算的基础．另外，这一节课与前面所学的知识有着千丝万缕的联系：绝对值的几何意义是在数轴的基础上得到的，代数意义又是运用前面所学的相反数知识来解决的．因此，这节课是一节承上启下的课．

三、教学目标设置

学习目标：

（1）学生理解绝对值的概念及其几何意义，从数、形两个方面理解绝对值的意义，初步了解数形结合的思想方法．

（2）学生会求一个数的绝对值；知道一个数的绝对值，能求这个数．

（3）掌握绝对值的相关性质．

笔者在教学实践中发现学生对绝对值的理解不够深刻，让学生综合分析困难较大．为此，本人进行了教学反思，也希望同行不吝赐教．笔者静下心来，回顾教学设计、课堂教学的过程，梳理了同仁们的意见和建议，通过反思，对概念的教与学的过程有了更深刻的理解．

四、教学过程

活动：创设情境，引入新知（设计动画）

如图 1-2-1 所示，甲、乙两辆出租车在一条东西走向的街道上行驶，记向东行驶的里程数为正，两辆出租车都从 O 地出发，甲车向东行驶 10 km 到达 A 处，记作_____ km，乙车向西行驶 10 km 到达 B 处，记做_____ km.

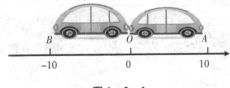

图 1-2-1

问题 1：如何表示甲、乙两辆汽车的位置？它们的行驶路线相同吗？

问题 2：甲、乙两辆汽车行驶的路程各是多少？它们行驶的路程相等吗？

问题 3：以 O 为原点，取适当的单位长度画数轴，并在数轴上标出 A、B 的位置，则 A、B 两点与原点的距离分别是多少？它们的实际意义是什么？

活动的设计意图：鉴于学生的实际情况，本教学设计在新知引入环节中创设了"问题串"，将现实生活中可能遇到的问题作为课堂的引例，在复习正负数的意义的同时，让学生体会数学与实际生活的联系，将实际问题"数学化"，让学生无意识中加深对数学概念的理解，降低数学概念教学的难度，能有效提高初中生学习数学的积极性．

问题 1、2 设计意图：让学生说出现实生活中的问题，边说边比较有什么相同和不同，从而使学生用位置关系来解决这些问题．

问题 3 设计意图：在上述问题 1 和问题 2 中得出要用位置关系来解决问题，刚好数轴可以解决，把位置放到数轴所对应的数，利用数轴直观体现数以及数之间的关系，从而轻而易举地解决了问题．

整数是不是分数

王学先名师工作室　李　彪

一、数学文化背景材料

人教版七年级上册教材对有理数的定义是：整数和分数统称为有理数（rational number）．教材在表述有理数的定义之前还有这样的一句：正整数、0 和负整数统称为整数，正分数、负分数统称为分数．

整数可以看作分母为 1 的分数，正整数、0、负整数、正分数、负分数都可以写成分数的形式．有理数的小数部分是有限或循环小数，不是有理数的实数就被称为无理数．

二、数学文化背景分析

有理数并不比别的数更"有道理"，这是一个翻译上的失误．"有理数"一词是从西方传来的，在英语中是"rational number"，而"rational"通常的意义是"理性的"．中国在近代翻译西方科学著作时，依据日语中的翻译方法，以讹传讹，把它译成了"有理数"．但是，这个词来源于古希腊，其英文词根为"ratio"，就是比率的意思（这里的词根是英语中的，希腊语意义与之相同）．所以这个词的意义也很明显，就是整数的"比"．与之相对，"无理数"就是不能精确表示为两个整数之比的数，而并非没有道理．

三、教学目标设置

（1）学生了解"有理数"的由来．
（2）学生掌握整数与分数的本质，能根据分类标准的不同灵活对整数与分数进行分类．

四、教学过程

问题 1：什么是有理数？
学生活动：学生回答问题并相互作补充．

设计意图： 回顾有理数的概念，巩固学生对整数与分数概念的认知．

问题 2： 整数可以看作分母为 1 的分数，那么整数到底是不是分数？

学生活动： 深入思考并回答问题．

设计意图： 学生激起认知冲突，引发学生对整数与分数的概念的再思考．

学生活动： 阅读背景材料．

教师讲解：从有理数的概念上看，最简化能不能写成 $\dfrac{b}{a}$（其中 a、b 为整数且 $a\neq0$）是有理数和无理数的根本区分．而有了有理数的概念之后我们才讨论有理数的分类，即当 $a=1$ 时我们称之为整数，当 $a\neq1$ 时我们称之为分数．故在有理数的定义下，整数就是分数；在整数和分数的定义之下，整数就是整数．说白了这是一个是否往下细分的问题．

设计意图： 学生通过教师讲解理清逻辑关系，搞清楚知识点．

问题 3： 当老师再问"整数是不是分数"时，你要如何回答？

学生活动： 通过画知识结构图优化认知结构．

设计意图： 让学生通过问题再次回顾有理数与无理数、整数与分数的概念与分类，真正实现学生对知识的内化．

谈谈"π"

王学先名师工作室　李彪

一、数学文化背景材料

圆周率指的是任何一个圆的周长与直径之比，其用希腊字母"π"来表示．数学家威廉·琼斯（William Jones）最先引入了"π"来表示圆周率，再后来，莱昂哈德·欧拉（Leonhard Euler）使用这一符号后，"π"才成了圆周率的标准符号．它不能用分数表示（在小数点后的无限多个数字中没有任何重复），是超越数（不能通过任何以整数为特征的简单方程来定义）．据推测，π 应当是个正规数（数字和数列应当是以同样的频率出现的）．

二、数学文化背景分析

π 对于初中学生来说并不陌生，他们在小学阶段学习圆的周长时就已经知道了，初中阶段在无理数和单项式与多项式的学习中也会涉及，但 π 仍然是易错点，因为学生很容易把它当做一个字母来对待．笔者设计这个课后型教学片段，是希望借助与之相关的数学文化的科普类文章，帮助学生科学认识 π，提高学生学习数学的兴趣．

三、教学目标设置

（1）学生了解 π 的发现与目前的研究现状，渗透数学文化．

（2）学生掌握 π 的本质，了解中国古代为世界数学发展做出的贡献，增强文化自信．

（3）培养学生自主学习的意识和学习数学的兴趣，激发学生进一步探索数学知识的欲望．

四、教学过程

材料 1：瑞士的研究人员宣布，其团队人员利用超级计算机，得到了对数学常数 π 最精确的估计，其精度达到了小数点后 62.8 万亿（6.28×10^{13}）位．如果这则消息属实，那么这将是一项新的世界纪录．

从古至今，世界各地的数学家，以及后来的计算机科学家，都在尝试不断计算 π，为何大家至今都还在计算它呢？

设计意图：从 π 的研究现状引出 π 的起源，激发学生的探索欲望．

最直接的原因是我们对 π 的本质其实还有许多疑问，尽管经过了几个世纪的研究，关于它的小数位的发展模式仍有一些根本性的问题没有得到解决．很多人对 π 的兴趣早已不局限于数字本身，而是期望以此开发和测试新的高精度乘法算法以及超级计算机的性能，甚至科学家在计算的过程中产生了一种有趣的竞争．

那么，我国在这方面又做得如何？

设计意图：引出中国古代数学，增强学生的爱国热情和文化自信．

材料 2：我国古代伟大的数学家之一祖冲之（公元 429 年至公元 500 年）的数学成就中最引人注意的是关于圆周率 π 的计算．祖冲之得到过这样的不等式：3.1415926 < π < 3.1415926，这是领先世界 1000 年的记录．他是如何得到这个不等式的我们现在已经不得而知了，因为记载这一过程的著作《术》一书已经失传，其原因竟然是"学官莫能究其深奥，是故废而不理"．这么多年以来人们只能猜测他的计算方法．

其实，π还有许多未解之谜，期待大家的探索和发现.

研修作业 1：全班参与计算圆周率近似值的竞赛，并展示你计算圆周率的方法.

研修作业 2：用自己的语言描述出刘徽的割圆术.

设计意图：让学生深入探索并展示自己方法，激发学生对知识进行深入探索的欲望.

实际问题与一元一次方程

王学先名师工作室　周建兴

一、数学文化背景材料

丢番图（Diophantus，246—330），古希腊的重要学者和数学家. 公元 3 世纪前后，他发现 1、33、68、105 中任何两数之积再加上 256，其和皆为某个有理数的平方. 丢番图是代数学的创始人之一，对算术理论有着深入研究，他的研究完全脱离了几何形式，在古希腊数学中独树一帜，对代数学的发展起了极其重要的作用，对后来的数论学者有着很深的影响.

丢番图的《算术》讨论了一次、二次以及个别的三次方程，还有大量的不定方程，对于具有整数系数的不定方程，如果只考虑求其整数解，这类方程就叫作丢番图方程，它是数论的一个分支. 不过丢番图并不要求是整数解，而只要求是正有理数. 从另一个角度看，《算术》一书也可以归入代数学的范围. 代数学区别于其他学科的最大特点是它引入了未知数，并对未知数加以运算. 就引入未知数，创设未知数的符号，以及建立方程的思想（虽然未有现代方程的形式）这几方面来看，丢番图的《算术》完全可以算得上是独树一帜. 古希腊数学自毕达哥拉斯学派后，兴趣中心在几何，他们认为只有经过几何论证的命题才是可靠的. 为了逻辑的严密性，代数也披上了几何的外衣. 一切代数问题，甚至简单的一次方程的求解，也都被纳入了几何的模式之中. 直到丢番图的出现，才把代数解放出来，使代数脱离了几何的羁绊. 他认为代数方法比几何的演绎陈述更适合用来解决问题，并且代数方法在解题的过程中显示出高度的巧思和独创性，在古希腊数学中独树一帜. 他被后人称为"代数学之父"（还有韦达）也不无道理.

二、数学文化背景分析

本教学片段依托于古希腊数学家丢番图广为流传的墓志铭来引入课题，以故事和问题的形式来激发学生的求知欲，增强数学学习的趣味性，渗透数学文化. 丢番图方程是数论中最古老的一个分支，它研究的是多项式方程或方程组的整数解或有理数解问题，丢番图方程中最迷人的一个地方是它的问题通常都很容易陈述但是却很难解决，而当问题被解决的时候通常都需要解题者有深刻的数学理论和工具，关于丢番图方程的问题被叫作丢番图问题. 对于初一新生从用算数的思维方式解决问题转到用方程的思维方式解决问题是很关键的一步，成年人都知道方程的解题方法比算数简单，但对于学生这种解题观念的转变却是不容易的，故以此引导学生学会用一元一次方程解决实际问题.

三、教学目标设置

（1）学生通过求解例题，掌握算术、方程两种解题方法，通过归纳总结，比较算数、方程两种方法的特点，体会方程方法的优越性.

（2）学生会根据实际问题中的等量关系列方程解决问题，熟练掌握一元一次方程的解法；培养学生数学建模、分析问题及解决问题的能力.

（3）学生通过了解数学家的事迹，感受数学史的魅力.

四、教学过程

教师：同学们，丢番图的墓碑上记载着，丢番图长眠于此，他的目标多么令人惊讶，它忠实地记录了他生命的轨迹：上帝给予的垂髫时光占六分之一，又过了十二分之一，髭须渐渐长出，再过七分之一，点燃起结婚的蜡烛. 五年之后得弄璋之喜，儿子诞生，可怜迟来的宁馨儿，享年仅及其父之半，便进入了冰冷的墓，番图的悲伤只有用数论的研究去弥补，又过了四年，他也走完了人生的旅途，终于告别数学，离开了人世. 同学们，你能根据以上信息，算出以下三个问题吗？①丢番图的寿命；②丢番图开始当爸爸时的年龄；③儿子死时丢番图的年龄.

学生：六分之一是几年呢？五年占他一生当中的几分之几呢？

教师：同学们，大家提的问题都很好，这三个问题的关键都在于我们不知道丢番图的寿命，能不能假设已知丢番图的寿命再来解决这些问题？

学生：能（异口同声），但是怎么去假设呢？

教师：对于未知量我们可以采用一个字母来表示，也就是假设丢番图的寿命是 x 岁.

学生解题：

解：设丢番图的寿命是 x 岁；

由题意得：$\dfrac{x}{6} + \dfrac{x}{12} + \dfrac{x}{7} + 5 + \dfrac{x}{2} + 4 = x$

解得：$x = 84$

丢番图开始当爸爸时的年龄：$\dfrac{x}{6} + \dfrac{x}{12} + \dfrac{x}{7} + 5 = 38$

儿子死时丢番图的年龄：$84 - 4 = 80$（岁）

答：丢番图的寿命是 84 岁，丢番图开始当爸爸的年龄是 38 岁，儿子死时丢番图的年龄是 80 岁.

设计意图：如果仅使用算术，该问题解决起来异常复杂，难以理解，因此引入一元一次方程模型的建立，从实际问题中寻找等量关系，将问题抽象成一元一次方程解决丢番图问题.

教师：我们趁热打铁接着来看下一题.

课堂练习：

问题1："鸡兔同笼"问题是我国古算书《孙子算经》中的数学问题，其内容是："今有雉（鸡）兔同笼，上有三十五头，下有九十四足.问雉兔各几何？"译成现代汉语为：有若干只鸡和兔在同一个笼子里，从上面数，有三十五个头；从下面数，有九十四只脚.笼中鸡和兔各有几只？

学生活动：学生做题片刻后，展示结果.

解：假设 35 个头都是鸡，那么应有足 $2 \times 35 = 70$（只），比实际少 $94 - 70 = 24$（只），这是把兔看做鸡的缘故，而把一只兔看成一只鸡，足会少 $4 - 2 = 2$（只），因此兔有 $24 \div 2 = 12$（只），鸡有 $35 - 12 = 23$（只）.

教师：结果正确，但是方法上还可以改进，那么还可以使用什么方法呢？

同学：可以用一元一次方程来解决.

解法：设鸡有 x 只，则兔有 $(35 - x)$ 只

由题意得：$2x + 4(35 - x) = 94$

解得：$x = 23$

兔子数量：$(35 - x) = 35 - 23 = 12$（只）

答：鸡有 23 只，兔有 12 只.

设计意图：让学生熟悉用一元一次方程解决实际问题的过程及步骤."鸡兔同笼"问题是小学数学的经典问题，让学生感受列一元一次方程解决实际问题与小学列式计算解决实际问题的异同之处，两种方法在思路上类似于递过程，却殊途同归，放在一起比较更便于学生理解！

教师：从上面两题可以看出大家已经学会了如何去设未知数解决问题，你能继续用方程的思想解决下面的问题吗?

问题 2：在我国元朝 1299 年朱世杰所著的《算法启蒙》一书中记载"良马日行二百四十里，驽马日行一百五十里，驽马先行一十二日，问良马几何追及之".翻译为现代汉语就是："跑得快的马每天跑 240 里，跑得慢的马每天跑 150 里，慢马先走 12 天，快马几天可以追上慢马?"

学生活动：学生练习结果展示.

解：设快马 x 天追上慢马，

由题意得：$240x = 150(x + 12)$，

解得：$x = 20$

答：快马 20 天追上慢马.

设计意图：此题设快马 x 天可以追上慢马，根据路程＝速度×时间，即可得出关于 x 的一元一次方程，进而得出答案.此题考查学生寻找题目中的等量关系的能力，渗透数学文化.

在日常生活中一元一次方程可以解决绝大多数的工程问题、行程问题、分配问题、盈亏问题、积分表问题、电话计费问题、数字问题.这些问题如果仅使用算术，部分问题解决起来可能异常复杂，难以理解，而建立一元一次方程模型，从实际问题中寻找等量关系，将实际问题抽象成一元一次方程可以解决的数学问题，能从一定程度上解决一部分生产、生活中的问题.

确定位置

——有序数对表示不同区域内点的特征

王学先名师工作室　耿　娅

一、数学文化背景材料

自古以来，人们从未放弃对精确定位的追求，丝绸之路上孤独前行的商队，在漫漫荒野中找到交易的城市；1858 年，搭载着这世界上第一条跨洋电缆的阿伽门农号和尼亚加拉号战舰在大西洋中部成功接头，开始越洋电缆的铺设；在沙漠和大海中人们从前只能通过日月星辰来确定方位，如今地图上的北京，可以很容易被找到；电影院中需要用几排几座才能找到位置．而这些场景都有一个共同的特征，就是需要确定点的位置．而随着科技的发展，人们逐渐建立起一种更为先进而精确的方式来描述位置，通过全球卫星定位系统，我们可以准确获取当前所处的路面位置．如何在平面上表达点的位置？在研究了平面上不同区域内点的特征之后，我们还会学习点甚至图形进行平移和对称变换后的位置．最后我们再回归生活看看，看生活中是如何利用这些知识进行变换的．那么，就让我们从有序数对开始吧！

二、数学文化背景材料分析

随着社会的发展，越来越多的人追求事物的实用性，数学教育对学生的成长至关重要，数学与文化和哲学联系紧密，所以，数学文化在数学教育中起着重要作用．数学课堂要充满乐趣，并具有一定的感染力，才能让学生学好数学．平面直角坐标系是一个新名称，它是人类从古至今为满足生活的需要而建立的，从材料中我们可以看出，确定位置，从古至今，无论是在国内还是国外都贯穿在人们的生活之中，充分体现了数学源于生活服务于生活．小到我们上学找自己的教室，打电话找朋友，去电影院看电影找位置，大到全球卫星定位系统，我们都可以准确获取当前所处的路面位置，国家的一些高科技的精准定位都在应用这一知识．这些位置的确定都离不开我们数学知识：对点的表示和确定．学生对新鲜的事物比较敏感，容易接受．在创设情境时，要贴近学生的生活，引起学生对"数对"的关注,"有序数对"已经存在于我们的生活中,只是我们没有重视,可以从生活中有意识地提取、利用身边的资源,帮助学生建立直观形象的感知,再通过学生的主动参与,抽象出"有序数对"的数学模型,同时树立学生学好数学的信心,提高学生分析问题、解决问题的能力.

三、教学目标设置

七年级学生的空间观念、抽象思维较为薄弱,对直观的实际情景接受起来更为轻松,另外,他们对新知识的学习欲望强,可以让学生亲自参与到教学中,体验知识的形成和发展,结合学生实际制定了以下教学目标:

（1）学生理解有序数对的概念,会用有序数对表示生活中物体的位置.

（2）学生能从有序数对解决实际问题的过程中探索学习方法.

四、教学重难点

（1）教学重点:学生用有序数对表示位置.

（2）教学难点:学生对有序数对中"有序"的理解.

五、教学过程

（一）创设情境,引入新课

问题1:同学们好,今天老师要表扬班里的一名同学,这名同学的位置在第三排,大家能猜到是谁吗?

学生开始交流、猜测,把目光集中在第三排的几名同学身上.

设计意图:从认知角度看,从一个熟悉的活动背景出发,容易勾起学生的好奇心,激发学生的兴趣,利于数学问题的提出,也能为数学问题的解决提供相应的数据和依据.

问题2:具体是谁你能确定吗?可能会有几个人?

不确定,可能有6个人.

设计意图:当问题得不到解决时,学生就会思考为何不能确定,还需要什么条件.

问题3:老师再加一个条件,这名同学恰好又在第二列,同学们这回你们知道这位同学是谁了吗?

学生讨论、交流,还有两种可能.

设计意图:按学生要求增加一个条件后,还是有两个不同的结论,这让学生从中明确，除了知道两个条件，还要知道顺序.

问题4：第二列指的是从左到右的顺序，大家再看一下到底是哪位同学呀？

学生很快确定了老师要表扬的同学.

设计意图：让学生明确要确定一个人，除了知道两个数据外还应该固定顺序.

总结：同学们这回找对了，我要表扬龙龙同学是因为上周五运动会期间他在校园里捡到50元钱，交给了杨老师，杨老师已经找到了失主并交还了失主.同学们，我们应该学习龙龙这种拾金不昧的精神，让我们给予龙龙最热烈的掌声.

设计意图：跟学生说明表扬那位同学的原因，在数学课堂中体现立德树人的思想.

问题5：同学们，通过刚才的找人活动，你们得到了什么启示？

学生思考：要想准确地找到人，得给出这个人在哪排和哪列，还要给出一定的顺序.

设计意图：通过表扬同学，把今天要学习的数学知识融入其中，让所要学习知识的得出顺其自然，把数学知识融入到生活中，让学生体会到数学就在我们身边.

规定了顺序之后，就能用一组数对确定位置，这就是我们这节课要研究的——有序数对.

（板书：课题：7.1.1 有序数对）

三角形的高线、中线、角平分线

王学先名师工作室　曾　勇

一、教学文化背景材料

考古学家在19世纪上半叶于美索不达米亚挖掘出大约50万块刻有楔形文字、跨越古巴比伦历史许多时期的泥书板，其中有近400块被鉴定为载有数字表和一批数学问题的纯数学书板，这些泥板上用楔形文字记载了具有高度运算技巧的算术问题、丰富的代数知识、与实际测量紧密联系的几何问题等，随着楔形文字的破译，越来越多的与三角形有关的知识、简单平面图形的面积、简单立体图形体积的问题被呈现在我们面前，不仅彰显了古巴比伦的数学成就，也为数学的研究和发展提供了历史材料.

二、数学文化背景分析

本节课是三角形的概念及边的延续,涉及概念较多,有三角形的高、中线、角平分线和垂心、重心、内心等有关概念.本节课要求学生在理解概念的基础上,用几何语言精确表述,这是学生对几何学习的进一步深入,也是其后续学习三角形的角、中位线、三角形的全等、相似等知识的重要储备.同时,本节课需要学生动手的频率也比较高,要掌握任意三角形的高、中线、角平分线的画法,以及其相关性质(角平分线除外).

通过古巴比伦泥板上的趣味故事引入三角形的中线的概念,让学生主动探索三角形的相关线段,既能引发学生的求知欲,又能让学生体验到几何知识与现实生活的紧密联系,还能激发学生的生活热情和勇于探索的精神,对学生学习几何知识,运用几何知识解决生活中的有关问题,起着十分重要的作用.

三、教学目标设置

(1)学生了解三角形中线的概念.
(2)学生掌握三角形中线的画法及性质.
(3)学生能够应用三角形中线的性质解决相关问题.

四、教学重难点

(1)教学重点:三角形中线、高线和角平分线的概念理解及画法.
(2)教学难点:学生应用三角形中线、高线和角平分线解决相关问题.

五、教学过程

(一)背景故事引入,提出问题

考古学家发现的一块古巴比伦泥板上记载着这样一个有趣的故事:在古巴比伦两河流域,一位老父亲带着四个儿子生活在这片土地上,一家五口平静地生活着,直到有一天老父亲的突然去世打破了平静的生活.四兄弟为了分割父亲留下的一块三角形的土地而争论不休,谁都不肯吃亏.同学们能够利用所学的数学知识设计方法帮助这四位兄弟解决矛盾,使他们回归平静的生活吗?如果可以,请说明自己设计的方法,来说服四兄弟停止争论.(古巴比伦泥板之一如图 1 - 2 - 2 所示)

土地

图 1 - 2 - 2

设计意图：通过改编历史故事提出问题，引发学生的思考，为他们后面学习三角形的中线性质作铺垫，同时激发学生的学习兴趣，让学生真实地感受数学问题来源于生活.

师：请同学们思考怎么才能做到四位兄弟都不吃亏呢？

生：四位兄弟分得的土地面积相等.

师：那这个问题其实就是怎样把一个三角形分成面积相等的四部分，那么该怎么分呢？

设计意图：引导学生思考，将实际问题抽象为数学问题让学生进行解答.

生：……

师：把三角形等分为面积相等的四部分比较困难，我们可以先尝试把三角形分成面积相等的两部分.

设计意图：直接把三角形等分为面积相等的四部分对大多数学生来说比较困难，先降低问题难度，引导学生思考怎么把三角形分为面积相等的两份，为后面中线概念的引出做准备.

（大多数学生都能动手作图，学生作出的图形可能有以下几种类型，如图 1 - 2 - 3 至图 1 - 2 - 6 所示）

师：接下来请同学们进行作图设计，同时要说明面积相等的理由.

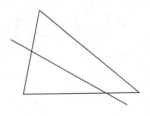

图 1 - 2 - 3

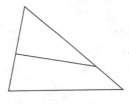

图 1 - 2 - 4

167

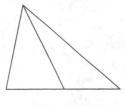

图 1-2-5

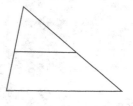

图 1-2-6

设计意图：让学生分享自己的设计方案，锻炼学生分析问题、解决问题的能力，同时也可以让学生学习不同的设计思路，体现以学生为主体的教学思想．

生 1：我画的图 1-2-3 感觉可以把面积平分，依据……

生 2：我画的图 1-2-4 也找不到依据．

生 3：我连接底边中点和顶点，用三角形面积公式计算它们的面积，发现它们的面积相等，过程如下．

设计意图：通过学生分享，达到引出三角形的中线概念及性质的意图．

师：通过刚才的分享，我们发现上面这些图形都能把三角形面积进行平分，但能把平分的依据解释清楚的是画出图 1-2-5 的同学，这位同学画的这条线其实就是我们这节课要学习的三角形的中线．

……

师：在学习了三角形的中线的性质之后回到我们开始的问题，能不能帮助四位兄弟平分三角形土地呢？

设计意图：回归课堂引入时提出的问题，应用中线性质解决实际问题达成检测目标，巩固学生所学知识，体现数学来源于生活、又回到生活的本质．

师：请学生在三角形的中线性质的基础上进行拓展，四等分三角形面积的可能有几种？请同学们分享不同的设计思路．

设计意图：结果有以下几种，拓展学生的思维，为以后中位线的学习做准备．
（图 1-2-7～图 1-2-10）

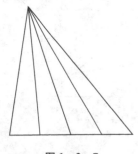

图 1-2-7

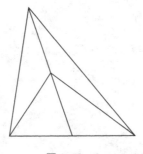

图 1-2-8

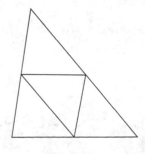

图 1-2-9

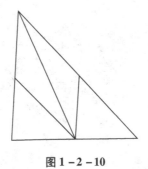

图 1 - 2 - 10

平方差公式的引入

王学先名师工作室　陈　曦

一、数学文化背景材料

在古希腊早期，土地是经济收入的主要来源，而经济基础决定了上层建筑，因此土地的分配与归属对古希腊的城邦政体有着极为重要的影响．城邦是公民的城邦，所以公民权的来源与土地分配相关．当时"拥有充足土地并享受舒适生活"的富人家庭占到家庭总数的 12% ~ 20%，"土地无法满足基本生活"的穷人家庭占到总数的 20% ~ 30%，绝大多数的家庭属于"既不富裕同时也不依赖富人"的中产阶级家庭，这些家庭所占比例超过一半以上．所以占有丰富土地资源的庄园主通过租赁土地给佃户的途径可以赚取大量利益．

公元 3 世纪中国古代数学家赵爽的"面积割补法"：面积割补的证明方法最早是由我国三国时代的数学家赵爽想出来的．赵爽在注释《周髀算经》中的"勾股圆方图"时说："勾实之矩以股玄差为广，股玄并为袤．而股实方其里．减矩勾之实于玄实，开其余即股．倍股在两边为从法，开矩勾之角即股玄差．加股为玄．以差除勾实得股玄并．以并除勾实亦得股玄差．令并自乘与勾实为实．倍并为法．所得亦玄．勾实减并自乘，如法为股．股实之矩以勾玄差为广，勾玄并为袤．而勾实方其里．"（图 1 - 2 - 11）

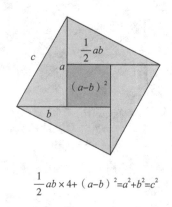

$$\frac{1}{2}ab \times 4 + (a-b)^2 = a^2 + b^2 = c^2$$

图 1 – 2 – 11

二、数学文化背景分析

本教学片段将发生在古希腊的欺骗性土地分配事件，改编为"庄园主与佃户"的故事来引入新课题，先以故事和问题的形式带领学生展开新知识的学习，再引导学生借助赵爽的"面积割补法"来尝试证明平方差公式．

三、教学目标设置

（1）学生经历从特殊到一般的过程，学会推导平方差公式．

（2）学生在交流、讨论中产生认知冲突，进而在教师的引导下，逐步发掘知识的真相，在提升学生数学思维的同时使学生收获成就感．

（3）建立"数学文化"和"数学知识"之间的多元联系，拓展数学文化融入初中数学课程的途径，将数学文化渗透到初中数学教学中．数学课程作为数学文化的载体，增强了课堂的趣味性，让学生在轻松的氛围中感受数学的美与理，帮助学生树立科学的数学观，提高学生的数学素养．

四、教学过程

教师：很久以前，一个农庄主把边长为 a（$a > 3$）的正方形土地租给王老汉．第二年，农庄主对王老汉说："我把这块地的一边减少 3 米，相邻的一边增加 3 米，继续租给你，租金不变，怎么样？"王老汉觉得没有吃亏就一口答应了．他把这事和邻居一说，大家说他吃亏了，王老汉非常吃惊．我想问一下同学们，你觉得王老汉吃亏了吗？

学生：这块地的一边减少 3 米，相邻的一边增加 3 米，这块地周长并没有变，我觉得王老汉没有吃亏.

学生：这块地周长虽然没有变，但面积似乎改变了.

教师：这块地的大小是根据周长来判断，还是根据面积来判断？

学生：根据面积来判断.

教师：那同学们能说一说这块地原来的面积和后来的面积吗？

学生：后来的面积是 $(a+3)(a-3)$.

教师：那么面积是增大还是减少了？

（学生计算片刻后：$(a+3)(a-3) = a^2 - 3a + 3a - 9 = a^2 - 9$）

学生：$a^2 - 9$ 和 a^2 相比较是减少了 9，所以我觉得王老汉吃亏了.

看来同学们都能利用之前学习的多项式乘以多项式的技能，计算出正确的结果.

设计意图：利用历史小故事引出本节课要学习的平方差公式的知识点，这种在故事中展开的学习可以充分激发学生的学习兴趣，唤起学生强烈的求知欲，使得知识的探索过程得以顺利进行.

教师：接着我们看这样一个问题：一个边长为 7.9 的正方形的面积是多少？在这个正方形的左上角割去一个边长为 2.1 的正方形，其剩余面积是多少？

（学生计算片刻后：$7.9^2 - 2.1^2 = 62.41 - 4.41 = 58$）

学生：剩余面积是 58.

教师：结果正确，但是老师发现同学们的计算时间有点长. 想问一问同学们除了直接计算以外，有没有谁采用了快速计算的方法呢？

学生：我是模仿刚才故事里的算法：$7.9^2 - 2.1^2 = (7.9 + 2.1)(7.9 - 2.1) = 10 \times 5.8 = 58$.

教师：上面这个算法是否在任何情况下都成立呢？

学生：应该都成立.

教师：古代的赵爽早在 3 世纪的时候就证明出来了. 那我们今天也来进行讨论和证明：$a^2 - b^2 = (a+b)(a-b)$ 成立.

学生：好！

教师：现在有一个边长为 a 的正方形，它的面积是多少？在这个正方形的左上角割去一个边长为 b 的正方形，它的剩余面积是多少？（图 1 - 2 - 12）

学生：$a^2 - b^2$.

教师：正确. 那还有没有其他结果呢？给大家一些讨论时间.

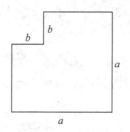

图 1 - 2 - 12

学生分组讨论片刻.

学生：我们小组模仿刚才的算法尝试了图形的重组，重组出来的图形是一个长方形，面积可以表示成 $(a+b)(a-b)$.

教师：非常好. 那请问同学 $a^2 - b^2$ 和 $(a+b)(a-b)$ 的关系是什么呢？

学生：相等，因为第二个图形就是第一个图形重组得来的. （图 1 - 2 - 13）

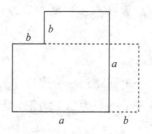

图 1 - 2 - 13

设计意图：利用学生已有知识，从特殊到一般探索出平方差公式的推导过程. 学生先自行讨论、探究、解答，之后教师进行评价，有益于学生对推导平方差公式的方法的领悟. 学生在交流、讨论中产生认知冲突，进而在教师的引导下，逐步发掘知识的真相，学生不仅提升了数学思维，还收获了学习上的成就感.

教师：看来同学们对面积割补思想领悟得还是比较到位的. 其实面积割补法最早是由我国三国时代的赵爽提出来的.

教师播放图片（赵爽生平简介：赵爽自称负薪余日，研究《周髀算经》，遂为之作注）教师：可见赵爽是一个并未脱离体力劳动的天算学家，古人的勤奋真是感人至深.

设计意图：赵爽的故事让学生感受到"时间就像海绵里的水，挤挤总会有的"，给学生带来无穷的正能量，起到正向激励作用. 让学生在轻松的氛围中感受到数学的美与理，帮助学生树立科学的数学观，提高学生的数学素养.

勾股定理

王学先名师工作室　赵艳仙

一、数学文化背景材料

文化是人类在社会历史实践过程中所创造的精神成果的总和，是人类长期生产创造形成的产物．数学文化积淀于数学知识的形成和数学课程的建立之中，渗透于学生数学学习的各个方面．数学文化与数学教育有着密切的联系，数学课堂教育传播数学文化，同时通过数学课堂丰富、延伸数学文化．在学生十几年的数学学习中，在许多教师的课堂上，学生可能并没有仔细体会过数学的文化韵味，然而几千年来不断积累的数学文化在人类文明的进程中所产生了巨大的影响，在一个学生的成长历程中所播撒的营养，不仅不会随人们的关注度而改变，而是会日积月累地不断散发着浓厚的芬芳．

《全日制义务教育数学课程标准（修改稿）》在其基本理念中指出：数学是人类文明的重要组成部分，数学素养是现代社会每一个公民都应该具备的基本素养．作为促进学生全面发展的重要组成部分，数学教育既要使学生掌握现代生活和学习中所需要的数学知识与技能，更要发挥数学在培养人的理性思维和创新能力方面的不可替代的作用．在这个阶段中给出了这样的教学建议：数学教学应从学生实际出发，创设有助于学生自主学习的问题情境，引导学生实践、思考、探索交流，使学生获得知识，形成技能，发展思维，学会学习，促使学生在教师指导下生动活泼地、主动地、富有个性地学习．

二、教学内容解析及数学文化背景分析

本节课是人教版数学八年级下册第十七章第一节的内容《勾股定理》，勾股定理揭示了直角三角形三边之间的数量关系，是解直角三角形的主要依据．本节课的内容主要是让学生准确掌握这个定理，并能够用语言表达出来，注意它所满足的条件，会运用定理解决某些问题．通过让学生自己动手拼图、观察，得出结论，培养学生勤动手、主动探究的能力．

勾股定理被誉为"千古第一定理"，人类对其研究了有五千年，它的魅力是无穷的．千百年来，人们对它的证明趋之若鹜，其中有著名的数学家，也有业余数学爱好者，有普通的老百姓，也有尊贵的政要权贵，甚至有国家总统．有资料表明，关于勾股定理的证明方法已有 500 余种，而且勾股定理已被广泛应用到生产、生活中，充分体现了数学的广泛应用．尤其是我国古代数学家对勾股定理的研究成果非常丰富，对世界的影响很大．学生通过对勾股定理的发展过程的了解，感受勾股定理丰富的文化内涵，激发学生学习数学的兴趣．

三、教学目标设置

（1）学生了解勾股定理的发展过程．
（2）学生掌握勾股定理的内容．
（3）学生会用面积法证明勾股定理．

四、教学重难点

（1）教学重点：学生用面积法探索勾股定理，理解并掌握勾股定理．
（2）教学难点：学生计算以三角形斜边为边长的大正方形面积，理解和应用割补思想．

五、学情分析

初二学生思维比较活跃，在平时自主学习、合作探究能力训练的基础上，具有了一定的归纳总结能力及合作意识．他们有参与实际问题活动的积极性，但其技能和方法有待改进．学生在先前学习的基础上，已经积累了一些有关空间与图形的知识和经验，形成了一定程度的空间感，他们对周围事物的感知、理解能力以及探索图形及其关系的兴趣不断提高，在学习中，能在教师的引导下进行自主学习和探究．

六、教学策略分析

本节课遵循启发式教学原则，采用引导探索法，由浅入深，由特殊到一般地提出问题．借助课本知识，引导学生自主探索，积极大胆地通过观察、实践、推理、交流获得结论，让学生进一步体会数形结合的思想．这种教育理念反映了时代精神，有利于提高学生的思维能力，能有效激发学生的思维积极性．在教师的积极引导下，采用自主探索、合作交流的研讨式学习方式，让学生思考问题、获取知识、掌握方法，借此培养学生动手、动脑、动口的能力，使学生真正成为学习的主人.

七、教学过程

（一）情境导入，激发兴趣

新闻：云南曲靖一小区住户家中失火，父子二人不幸遇难.

师：很多人事后都对消防队表示指责和质疑，究其原因是他们赶到现场没能及时救火，但是消防队也有话要说：出事地点在六楼，消防队员到达六楼后，了解到每层楼高 2.8 米，消防队员取来 13 米长的云梯，如果梯子的底部须距离墙基 5 米才能放稳，那么消防队员能进入六楼灭火吗？

要解决这个问题就要用到我们今天所学的勾股定理.

设计意图：通过我们身边发生的事，挖掘数学问题，明确数学学习的价值，激发学生学习数学的兴趣.

（二）师生交流，探究新知

师：让我们穿越历史的隧道，穿越到 2500 年前的古希腊，古希腊著名的哲学家、数学家、天文学家毕达哥拉斯在朋友家做客时，发现朋友家用砖铺成的地面图案反映了直角三角形三边的某种关系，我们也来观察一下地面的图案，看看毕达哥拉斯是怎样发现勾股定理的.

问题 1：在图 1 - 2 - 14 中，找一个直角三角形，你能观察出它的三边的数量关系吗？

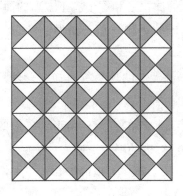

图 1 - 2 - 14

问题2：在图1-2-15中，三个正方形的面积有什么关系？

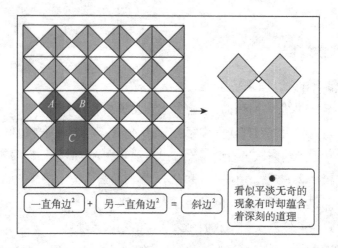

一直角边^2 + 另一直角边^2 = 斜边^2

看似平淡无奇的现象有时却蕴含着深刻的道理

图1-2-15

问题3：在图1-2-15中，三个正方形围成的等腰直角三角形的三边有什么关系？

学生看书、观察、自主思考．"问题是思维的起点"，教师通过层层设问，引导学生采用分割、拼接、数格子的个数等方法发现新知．

师：对于图1-2-14中的图案我们都很常见，但却很难发现数学问题，但如果像图1-2-15中将直角三角形和正方形勾画出来，就能很容易地发现数学问题．你们发现了什么？

生1：两个小正方形的面积之和等于大正方形的面积．

生2：三个正方形围成的等腰直角三角形的两直角边的平方和等于斜边的平方．

师：非常好，看似平淡无奇的现象有时却蕴含着深刻的道理，我们要向毕达哥拉斯学习，做生活中的有心人．

师：等腰直角三角形是特殊的直角三角形，一般的直角三角形是否也满足"两条直角边的平方和等于斜边的平方"呢？

观察图1-2-15，设每个小正方形的面积为1，分别计算图形中正方形A、B、C的面积，它们之间有什么关系？

生：A的面积 + B的面积 = C的面积．

师：你能用直角三角形的边长表示正方形的面积吗？由此猜想直角三角形三边的数量关系．

生：每个正方形的面积都等于直角三角形边长的平方.

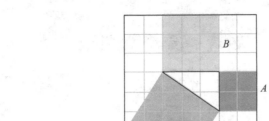

图 1 - 2 - 16

师：若一个直角三角形两条直角边长分别为 a、b，斜边长为 c，你能表示出它们三者之间的关系吗（图 1 - 2 - 16）？

生：$a^2 + b^2 = c^2$.

师：通过几个例子，我们可以猜想：直角三角形三边之间有什么样的关系？

生：如果直角三角形的两条直角边长分别为 a、b，斜边长为 c，那么 $a^2 + b^2 = c^2$.

师：这个定理就叫作勾股定理.

毕达哥拉斯经过从特殊到一般的研究，得出了勾股定理的证明方法，所以这个定理在西方也叫"毕达哥拉斯定理"。传说毕达哥拉斯发现勾股定理后很兴奋，杀了 100 头牛来庆祝，因此勾股定理又叫"百牛定理"。

现在关于勾股定理的证明方法有 500 多种，有兴趣的同学可以课后搜集资料研究一下.

设计意图：从现实穿越到遥远的过去，回顾历史，渗透数学文化。通过看书观察，独立思考，培养学生良好的自主学习习惯和独立思考的思维，进而使学生从特殊开始发现勾股定理，用拼图活动证明勾股定理，调动学生思维的积极性，为学生提供参与数学活动的机会，发展学生的形象思维，使学生对定理的理解更加深刻，体会数学中数形结合的思想。介绍典型证明，验证勾股定理，介绍毕达哥拉斯的证法，是前面故事的延续，与前面知识相呼应；通过对赵爽弦图的介绍，让学生了解我国古代数学家对勾股定理的发现及证明所做出的贡献，增强学生民族自豪感；通过了解勾股定理的证明方法，增强学生学习数学的自信心.

阅读与思考：黄金分割数

王学先名师工作室　杨周荣麟

一、数学文化背景材料

在古希腊时期，有一天毕达哥拉斯走在街上，经过铁匠铺前，他听到铁匠打铁的声音非常好听，于是驻足倾听，他发现铁匠打铁节奏很有规律．这个声音的比例被毕达哥拉斯用数学的方式表达出来，后来人们将"$\frac{\sqrt{5}-1}{2}$"这个数称为黄金分割数．

斐波那契是中世纪意大利数学家，他在《计算之书》中提出了一个有趣的兔子问题：一般而言，兔子在出生两个月后，就有繁殖能力，一对兔子每个月能生出一对小兔子来．如果所有的兔子都不死，那么一年以后可以繁殖多少对兔子？第 1 个月和第 2 个月还是一对；第 3 个月生下一对小兔子，总数是 2 对；第 4 个月老兔子又生下一对，小兔子还没有繁殖能力，所以一共是 3 对；…，以此类推，数列 1，1，2，3，5，8，13，…，就是著名的斐波那契数列（图 1-2-17），又被称为黄金分割数列．其在现代物理、化学、生物等领域都有直接的应用，美国数学会从 1963 年起开始出版数学杂志《斐波那契数列季刊》，用于专门刊载这方面的研究成果．

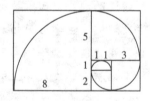

图 1-2-17

黄金分割数是一种最能让人感到美感的分割比例，具有严格的比例性、艺术性、和谐性，蕴藏着丰富的美学价值．

在 20 世纪 70 年代，我国著名数学家华罗庚教授将黄金分割法当作一种"优选法"，在全国大规模推广，取得了很大成果．优选法具有广泛的应用价值，优选法中的 0.618 法用到了黄金分割数来确定实验变量的取值.

0.618 法是一种区间消去法,是对单峰函数,取搜索区间长度的 0.618(黄金分割数的近似值)倍,按对称规则进行搜索的方法,它每次的试验点均取在区间的 0.618(从另一端看是 0.382 = 1 − 0.618)倍处. 它以不变的区间缩短率 0.618,代替斐波那契法中每次不同的缩短率. 当 n→∞ 时,0.618 法的缩短率约为斐波那契法的 1.17 倍,故 0.618 法也可以看成是斐波那契法的近似.

黄金分割,除被应用在科学领域外,在美学、建筑、绘画等领域的应用也比较广泛,充分体现出了数学之美与数学的魅力所在.

二、数学文化背景分析

黄金分割数是人教版九年级上册数学教科书中的一个数学活动——阅读与思考,在其中体现着有趣的数学生活应用性能力的培养. 近几年,随着数学教学过程对知识点传授自然构建的重视,尺规作图的不断强化考查,黄金分割比这一知识点也得到了很好的美育教育体现.

对于黄金分割数这个知识点学生在学习中存在以下三个难点:

(1)"知其然,不知其所以然",总是觉得黄金力制数就是小学阶段认识的 0.618,具体黄金分割比值如何得到,不清楚,也不会论证.

(2)不清楚知识点的本质,不会运用尺规作图,不会运用方法解题,无法理解题意.

(3)知道黄金分割比可以用在生活中,但具体如何使用,怎么体现其数学知识点的生活应用性价值以及对其概念及操作方法非常模糊.

本教学片段在了解数学家们研究的有关黄金分割数的数学文化之后,带领学生动手尝试,运用本节知识点———元二次方程的解法,引导学生自己推导出黄金分割数并进行一些简单的应用实践.

三、教学目标设置

(1)学生经历动手实操,体验黄金分割数的由来,明确黄金分割数的计算方法.

(2)学生知道黄金分割数数值.

(3)由黄金分割数的推导过程,延伸实际应用,让学生体验数学学习的成就感,增强数学知识实际应用价值与美学价值体验感.

四、教学过程

教师：同学们，其实从小学开始，或是在生活中，我们应该很早就知道黄金分割数，0.618 这个数字并不陌生，可为什么黄金分割数的数值是 0.618 呢？我们现在就一起来动手实践探究一番。请同学们在自己的草稿纸上任意画一条线段 AB，在线段 AB 上任意点一点 C（点 C 不是线段 AB 的中点，且点 C 不与点 A 或点 B 重合），如图 1 - 2 - 18 所示．

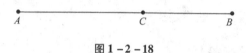

$$A \qquad\qquad C \qquad\qquad B$$

图 1 - 2 - 18

学生：动手实践，完成后举手示意．

教师：掌握黄金分割比计算的基本模型，可以理解为在一条线段上，截取一段相对较长的线段，黄金分割比就是较长的这段线段所占整条线段的比值．请思考，咱们全班每一位同学现在自己草稿纸上的线段 AB 长度都不一定与他人一致，我们该怎么做，才能实现利用从特殊到一般的思想表示线段 AB、线段 AC、线段 BC 的长？

学生：如图 1 - 2 - 18 所示，设 AB 长为 1，$AC = x$

$BC = 1 - x$，则 $\dfrac{AC}{AB} = \dfrac{BC}{AC}$，即 $\dfrac{x}{1} = \dfrac{1-x}{x}$，

得 $x^2 = 1 - x$，$x = \dfrac{\pm\sqrt{5} - 1}{2}$ 且 $x > 0$．可以得到 $\dfrac{AC}{AB} = \dfrac{\sqrt{5} - 1}{2}$．

教师：计算过程是哪一个知识点的本质？

学生：黄金分割比数值的计算，体现的知识点是一元二次方程的解法，利用公式法求解就行．

教师：0.618 与 $\dfrac{\sqrt{5} - 1}{2}$ 有什么联系？

学生：$\sqrt{5} \approx 2.236$，利用估算，可以求出 $\dfrac{\sqrt{5} - 1}{2} \approx 0.618$，即 0.618 是估算值．

设计意图：此模型便是黄金分割比值的计算模型．教师通过带领学生体验黄金分割比值的计算过程，加深学生对数学知识的理解，让学生的数学素养在这节课堂中不断落地．同时，知其然也知其所以然，为学生后续灵活应用知识点打下基础．作图过程，可以提高学生的动手能力；证明过程，可以强化学生

的逻辑推导能力；推导回顾，可以帮助学生感受数学知识；计算方法与能力的实际应用，可以增强学生对于数学知识实际应用价值的体验．

教师：同学们，我们现在既然明确了黄金分割比的数值由来方法，下面，就让我们一起来看一看生活中的黄金分割．这是一道今年的中考原题，请看题，现在你有答案了吗？

例：（2022·山西）神奇的自然界处处蕴含着数学知识．动物学家在鹦鹉螺外壳（图 1 - 2 - 19）上发现，其每圈螺纹的直径与相邻螺纹直径的比约为 0.618，这体现了数学中的（　　　）

图 1 - 2 - 19

A. 平移　　　　B. 旋转　　　　C. 轴对称　　　　D. 黄金分割

学生：选择 D. 生活中有数学的美．

设计意图：利用今年的中考题让学生了解生活中的黄金分割，其主要目的有三．第一是让学生重视教材中的"阅读与思考"板块，重视数学文化的学习与认识，而不是一味地刷题．第二是减缓学生的畏难情绪，帮助学生树立信心，学生总认为难的学业水平考试，其实就是基础的，故引导学生把学生重心放在数学基础知识与基本方法上．第三是让学生感受数学之美，体现数学在美育教育中的重要作用．

教师：黄金分割数其实离我们生活很近，例如：我们可以把妈妈的身高看作是线段 AB. 所谓身材比例好，即腿要长，穿高跟鞋人会精神美观也来源于此．腰以下的长度就可以看作线段 AC 的长，由 $\dfrac{AC}{AB}=\dfrac{\sqrt{5}-1}{2}$，即用妈妈的真实身高乘以 $\dfrac{\sqrt{5}-1}{2}$，便可以得到妈妈腰以下身材达到完美的高度；接下来，只需要减去妈妈现在真实的腰下高度，就可以得到最美身材比例时的高跟鞋高度值了．各位不妨回家一试，数学来源于生活，丰富于生活，也高于生活．

设计意图：教师通过带领学生感受身边的实际应用，进一步强化黄金分割比值知识点，体现数学的生活应用性价值．教育的意义在于鼓舞、激励与唤醒．

第 二 章

数学文化试题命题
实践案例

第一节　数学文化试题命题选择题类

《九章算术》之"牛马问题"

王学先名师工作室　吴禹杰

【题干】

《九章算术》的第八章"方程"中记载了这样一个问题，原文如下："今有牛五、羊二，直金十九两；牛二、羊五，直金十六两．"其译文是："现有 5 头牛、2 只羊，共值 19 两银子；若有 2 头牛、5 只羊，共值 16 两银子．"请你求出 1 头牛、1 只羊各值多少两银子．现小明用二元一次方程组解此问题，他设 1 头牛值 x 两银子，设 1 只羊值 y 两银子，则可以解出（　　　）

A. $\begin{cases} x = 2 \\ y = 3 \end{cases}$　　B. $\begin{cases} x = 3 \\ y = 2 \end{cases}$　　C. $\begin{cases} x = 2 \\ y = 4 \end{cases}$　　D. $\begin{cases} x = 1 \\ y = 3 \end{cases}$

【参考答案】

解：设 1 头牛值 x 两银子，1 只羊值 y 两银子，根据题意，可列出方程组：

依题意得：$\begin{cases} 5x + 2y = 19 & ① \\ 2x + 5y = 16 & ② \end{cases}$，解得：$\begin{cases} x = 3 \\ y = 2 \end{cases}$

答：1 头牛值 3 两银子，1 只羊值 2 两银子．

故选 B.

【考查目标】

本题主要考查二元一次方程的实际应用，解题的关键如下：

（1）找准等量关系．

等量关系 1：5 头牛所值银两 +2 只羊所值银两 =19 两银子．

等量关系 2：2 头牛所值银两 +5 只羊所值银两 =16 两银子．

（2）根据上述等量关系，列出二元一次方程组．

【命题特色分析】

《九章算术》的内容十分丰富，全书采用问题集的形式，收有 246 个与生产、生活实践有联系的应用问题，其中每道题都有问（题目）、答（答案）、术（解题的步骤，但没有证明），有的是一题一术，有的是多题一术或一题多术．

本题素材选自《九章算术》卷八第七题原文，与之相似的题型还有《九章算术》卷八中的一道"牛马问题"："今有二马、一牛价过一万，如半马之价，一马、二牛价不满一万，如半牛之价，问牛、马价各几何．"这一类题型主要考查解题者将实际问题抽象成数学问题，阅读后明确题意，找出等量关系，列出相应的方程组的能力．

这些问题依照性质和解法分别隶属于方田、粟米、衰（cuī）分、少广、商功、均输、盈不足、方程及勾股，而方程又是初中阶段的重要学习内容．教师通过对其进行简单翻译，在引导学生解决实际问题的同时，促使学生进一步了解我国优秀的数学文化，增强其民族自豪感．

土地分配问题

王学先名师工作室　陈 曦

【题干】

从前，一个农庄主把边长为 a（$a>3$）的正方形土地租给王老汉．第二年，农庄主对王老汉说："我把这块地的一边减少 3 米，相邻的一边增加 3 米，继续租给你，租金不变，怎么样？"王老汉起初觉得没有吃亏就一口答应了下来，但到了第二年庄稼成熟时，王老汉发现收成和之前收成有明显差异．假如这块土地每平方米的收成为 x，我想问一下同学们，你们能帮王老汉评估一下收成量发生了什么变化吗？（　　）

A. 增加了 $9x$　　　　　　　　B. 增加了 $3ax$

C. 减少了 $9x$ D. 减少了 $3ax$

【参考答案】

解：正方形土地的面积为 a^2 平方米，长方形土地面积为 $(a+3)(a-3) = (a^2-9)$ 平方米，长方形土地面积比正方形土地减少了 9 平方米，因此这块土地第二年的收成和第一年的收成相比减少了 $9x$，故选 C.

【考查目标】

本题考查列代数式和平方差公式，理解正方形面积与长方形面积增减变化情况是解决问题的关键. 平方差公式是初中数学中的重要知识，对平方差公式的理解应看到公式的本质，能突破公式字面的局限性，建立起较高层次的条件反射，而不是机械地记忆公式. 平方差公式的结构是稳定不变的，即只要是两个数的和与这两个数的差的乘积，就一定等于这两个数的平方的差. 公式中的字母 a 和 b 是可变的，可以是其他字母，可以是正数，也可以是负数；可以是单项式，也可以是多项式.

平方差公式中所蕴含的化归思想、换元思想等数学思想是深入研究各类数学知识的基础. 命题者以"庄园主与佃户"为背景引导学生学会使用平方差公式，不仅强化了学生对公式的灵活应用，也提升了学生的数学抽象、数学建模、数学运算、逻辑推理等数学核心素养，彰显了正能量，有利于弘扬中华民族传统美德——助人，落实立德树人的根本任务.

【命题特色分析】

本题将发生在古希腊的欺骗性土地分配事件，改编为"庄园主与佃户"的故事来作为试题背景，以故事的形式展开，自然而然地引出问题. 本题贴近生活实际，体现了数学既来源于生活，又服务于生活. 课堂上生动形象的知识，可以解决生活中的很多问题，能让学生在轻松的氛围中感受到数学的美与理，帮助学生树立科学的价值观，提高学生的数学素养.

《九章算术》之"勾股"

——直角三角形的内切圆

王学先名师工作室　段 涛

【题干】

《九章算术》是中国古代的第一部自成体系的数学专著,是现代数学的源泉之一,书中记载:"今有勾八步,股一十五步.问勾中容圆径几何?"译文:"今有直角三角形,勾(短直角边)长为8步,股(长直角边)长为15步.问该直角三角形能容纳的圆形直径是多少?"(　　　)

A. 2 步　　　　　　B. 3 步　　　　　　C. 4 步　　　　　　D. 6 步

【参考答案】

解:如图 2 - 1 - 1 所示,设内切圆半径为 r 步,

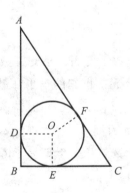

图 2 - 1 - 1

则 $DB = BE = r$, $AD = 15 - r$, $CE = 8 - r$,

又 $\because AF = AD$, $CF = CE$,

$\therefore AF = 15 - r$, $CF = 8 - r$,

$\therefore AC = AF + CF =$ ($15 - r$) + ($8 - r$) $= 23 - 2r$

在 Rt$\triangle ABC$ 中,由勾股定理得,

$AB^2 + BC^2 = AC^2$，

$\therefore 15^2 + 8^2 = (23 - 2r)^2$，

解得 $r = 3$，

$\therefore 2r = 6$ 步．

故选 D.

【考查目标】

数学史是数学文化的重要组成部分，而数学史在数学教材中随处可见，使原本严肃枯燥的数学学科变得更具色彩和活力，在初中数学教学中发挥着至关重要的作用．数学教师要将数学文化融入课堂教学的各个环节，深化初中生对数学知识的理解和应用，改善初中生学习目标不明的现象，提升学生学习数学的兴趣，使初中生在数学课堂上有所收获．本题来源于《九章算术》，重点考查以下几点：

（1）使学生了解我国古代数学在勾股定理及应用方面的成就；

（2）考查学生将文字语言转化为图形、符号语言的能力；

（3）学生对数形结合的数学思想的理解，即将几何问题转化为代数问题的能力．

【命题特色分析】

《九章算术》是中国古代数学专著，承先秦数学发展的源流，进入汉朝后又经许多学者的删补，大约公元 1 世纪的下半叶最终成书．它的出现，标志着中国古代数学体系的形成．它是世界上最早系统叙述分数运算的著作，其中盈不足的算法更是一项令人惊奇的创造，"方程"本章还在数学史上首次阐述了负数及其加减运算法则．《九章算术》共收录 246 个数学问题，分为九章，分别是方田、粟米、衰分、少广、商功、均输、盈不足、方程、勾股．本题是《九章算术》卷九"勾股"中的一个数学问题，算术解法为"八步为勾，十五步为股，为之求弦．三位并之为法．以勾乘股，倍之为实．实如法得径一步．"我国古代数学最根本的特征是以算法为主，学生通过阅读文化背景，能了解我国古代数学在勾股定理及应用方面的成就，本题不仅考查学生将文字语言转化为图形、符号语言的能力，还考查学生对数形结合的数学思想的理解，即考查学生将几何问题转化为代数问题的能力．

第二节 数学文化试题命题填空题类

杨辉三角与斐波那契数列

王学先名师工作室 刘朝伟

【题干】

1261年，我国南宋数学家杨辉在《详解九章算术》一书中，用如图2-2-1所示的三角形解释了二项式乘方展开式的系数规律，比欧洲的相同发现要早300多年，我们把这个三角形称为"杨辉三角".

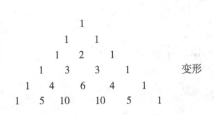
变形
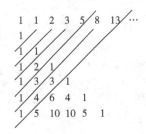

图2-2-1

我们把"杨辉三角"进行变形，把斜线上数字相加，以此类推，就得到了一个数列：1，1，2，3，5，8，13，…，这个数列就是著名的"斐波那契数列".

根据"杨辉三角"和"斐波那契数列"的规律，回答下列问题：

（1）根据"斐波那契数列"的数字规律，第10个数字是_____.

（2）在杨辉三角中取出一列数：1，3，6，10，…，记 $a_1 = 1$，$a_2 = 3$，$a_3 = 6$，$a_4 = 10$，…，那么 $a_5 + a_{10} - 2a_8$ 的值是_____.

【参考答案】

解：（1）55.

（2） $\because a_n = \dfrac{n(n+1)}{2}$

$\therefore a_5 = 15$，$a_8 = 36$，$a_{10} = 55$，

$\therefore a_5 + a_{10} - 2a_8 = -2$

【考查目标】

规律探索型问题是近几年中考的热点问题，能比较系统地考查学生的观察分析能力、逻辑推理能力、归纳猜想能力和运用所学的知识和方法分析、解决问题的能力．

【命题特色分析】

本题以"杨辉三角"为背景，联想到"斐波那契数列"，在此基础上进行命题或改编．其中"杨辉三角"是我国古代数学的瑰宝，其不仅讨论了二项展开式的一些性质，还包含着许多有趣的规律和性质；然而"斐波那契数列"又是著名的递推数列，在高中数学的学习中应用广泛．本题充分结合两者之间的联系，分析方法，渗透思想，在重视数学文化的同时又考查了学生观察、分析、归纳的能力，还适当进行了初高衔接．

黄金分割比

王学先名师工作室　杨周荣麟

【题干】

彩云今天在数学课上学习了"黄金分割比"的知识，恰逢母亲节来临之际，彩云想送妈妈一双高跟鞋，让妈妈更加美丽，使妈妈的身材比例达到最优．她用米尺进行了测量，得到妈妈身高约 162 厘米，肚脐下身长约 98 厘米，经过计算，她高兴地说，我只要给妈妈准备一双跟高约_____厘米（结果精确到整数）的高跟鞋，妈妈就能达到"黄金分割比"般的最优身材比例．

【参考答案】

解：设彩云要为妈妈准备一双跟高约 x 厘米的高跟鞋．

$$\frac{x+98}{x+162}=\frac{\sqrt{5}-1}{2}\approx0.618,$$

$$x\approx6.$$

答：彩云要为妈妈准备一双跟高约 6 厘米的高跟鞋.

【考查目标】

本题主要考查"黄金分割比"这一数学文化的知识点生成过程和学习性过程，检测学生是否真正理解了"黄金分割比"的含义，并且是否具备应用的能力，检测数学素养落地的情况. 学生需要真正清楚"黄金分割比"的含义，即较长线段与总线段长度之比；并且能清楚知道"黄金分割比"的比值数，这样才能较好地利用这一知识点解决实际问题.

【命题特色分析】

本题实际应用性较强，从德育方面，折射出感恩父母、家庭的教育意义；同时也暗示学生数学来源于生活，富于生活，课堂上的知识点是生动形象的，它们可以解决生活中的很多问题，让生活更加美好，这也是数学的应用之美的体现. 从知识点出发，本题较好地体现了数学文化中"黄金分割比"的应用与实践，从小我折射大家. "黄金分割比"这一数学文化本身其发现、探究、得出结论的整个过程就来源于生活中的美、服务于生活中美的创造，与本题题设相符，均是利用本知识点创造生活中的美，提升生活品质. 题目贴近学生实际，有助于学生理解、体会数学文化的存在意义与价值.

负数史

王学先名师工作室　魏树娜

【题干】

文化背景：

亚洲数学家很早就提出了负数，并且提出了负数的运算法则，最早提出负数的是成书于汉代的《九章算术》.《九章算术》共九章，汇总了战国和西汉时期的数学成果，是几代人共同的劳动结晶，在世界数学史上，首次正式引入负数及其加减法运算法则，给出名为"正负术"，正负术曰：同命相除，异名相异；正无人负之，负无人正之．其异名相除，同名相益；正无人正之，负无人负之．前四句讲正负数以及零之间的减法，同号两数相减，将绝对值相减（得到差的绝对值）；异号两数相减，将绝对值相加（得到和的相反数）；零减去正数得（与它相反的数）负数，零减去负数得（与它相反的数）正数．后四句讲正负数以及零之间的加法，异号相减，同号相加，零加正数为正，零加负为负．公元263年，数学家刘徽在《九章算术注》中写道："今两算得失相反，要令正、负以名之．正算赤，负算黑．"他建立了负数的加减法法则，并主张在算筹中用红筹代表正数，用黑筹代表负数．

问题解决：

（1）中国人是最先使用负数的，魏晋时期的数学家刘徽在"正负术"的注文中指出，算筹（小棍形状的记数工具）正放表示正数，斜放表示负数．根据刘徽的这种表示法，观察图 2 – 2 – 2①，可推算图 2 – 2 – 2②中所得的数值为_____．

    A. –3   B. +3   C. –6   D. +6

（2）算筹是中国古代的计算方法之一，宋代数学家用白色筹码代表正数，用黑色筹码代表负数，如图 2 – 2 – 3 中算式一表示的是（+2）+（–4）= –2，按照这种算法，在图 2 – 2 – 4 四个选项中，算式二被盖住的部分是_____．

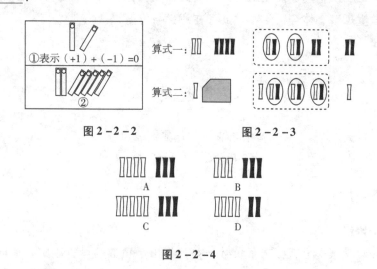

图 2 – 2 – 2   图 2 – 2 – 3

图 2 – 2 – 4

【参考答案】

解：由题意可知：图 2 - 2 - 2 中算筹正放两根，斜放 5 根，则可表示为（ +2 ）+ （ -5 ）= -3.

故答案为：A.

图中算式二表示的是（ +4 ）+ （ -3 ）= +1.

故答案为：B.

【考查目标】

本题考查了有理数的加减法运算，解题关键是读懂题意.

【命题特色分析】

有理数加减法法则，在我国的古代数学著作《九章算术》的“方程”一章中被提出，并给出了名为“正负术”的算法. 而“正负术”就是今天的正负数加减法法则. 遗憾的是，其未能总结出今天所学习的乘除法法则. 直到 1299 年元代朱世杰的《算学启蒙》中才有明确记载：“同名相乘为正，异名相乘为负，同名相除所得为正，异名相除所得为负.”这与我们现在学习的有理数乘除法法则是一致的. 通过把数学文化融入到题目当中去，让学生通过解题来感受中国的传统数学文化之美，并将其予以传承，进一步在教学中落实数学素养.

《孙子算经》之算筹记数

王学先名师工作室 颜 玲

【题干】

算筹记数，采用纵横交错的十进位值制记数法，最早记载于《孙子算经》中：“凡算之法，先识其位. 一纵十横，百立千僵，千十相望，万百相当”. 算筹记数方法很简单，5 以下的数，几根就表示几，6、7、8、9 四个数，以一根筹放在上面表示 5，再在下面放 1、2、3、4 根分别表示 6、7、8、9 等的摆法，分纵横两种，如图 2 - 2 - 5 所示：

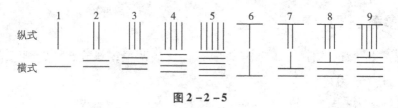

图 2 - 2 - 5

当表示一个多位数时,像阿拉伯数字一样,把各个数位的数码从左到右排列,但各位数码的筹式需要纵横相间,个位、百位、万位用纵式表示,十位、千位、十万位用横式表示.

以此类推,则图 2 - 2 - 6 表示的数的相反数是_____

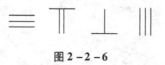

图 2 - 2 - 6

【参考答案】

解:由题意可得图 2 - 2 - 6 表示的数为 3763,3763 的相反数为 - 3763,故本题答案为: - 3763.

【考查目标】

本题考查相反数的定义.《孙子算经》成书大约在 4 - 5 世纪,也就是大约 1500 年前,它详细地讨论了度量衡的单位和算筹的制度和方法.传本的《孙子算经》共三卷,卷上叙述算筹记数的纵横相间制度和筹算乘除法,卷中举例说明算筹分数算法和筹算开平方法,卷下第 31 题,可谓是后世"鸡兔同笼"问题的始祖.

【命题特色分析】

中国自古以来形成了一套以算为中心的算筹制度,就是应用算筹进行计算的方法.算筹的出现年代现在难以考证,但据史料推测,至迟在春秋晚期战国初年时已经出现.古代的算筹实际上是一根根同样长短和粗细的小棍子,一般长为 13 ~ 14 cm,径粗 0.2 ~ 0.3 cm,多用竹子制成,也有用木头、兽骨、象牙、金属等材料制成的.一般二百七十几枚为一束,放在一个布袋里,系在腰部随身携带,需要记数和计算的时候,就把它们取出来,放在桌上、炕上或地上摆弄.算筹制作规范,体积小,便于携带,更利于精确计算,作为一种计数方式，显然要比结绳计数和刻痕计数成熟得多．算筹计数法遵循十进位制，在世界数学史上是一个伟大的创造，跟世界上其他古老民族的计数法相比，具有显而易见的优越性．运算支撑科技发展，科技又促进运算工具的革新．人类起初用手指算数，后来学会用工具辅助计算．从结绳、刻契到算筹、算盘，再到计算器、电子计算机……运算工具的每一次革新都是人类社会文明进步的标志．通过阅读题干材料，让学生体会我国古代人民的智慧及悠久的数学发展历史，感受祖国中华文化的博大精深，能激发起学生的民族自豪感及努力学习的使命感．

第三节　数学文化试题命题解答题类

海岛算经

王学先名师工作室　杨兴建

【题干】

数学家吴文俊院士非常重视古代数学家贾宪提出的"从长方形对角线上任一点作两条分别平行于两邻边的直线，则所容两长方形面积相等"这一推论，他从这一推论出发，利用"出入相补"原理复原了《海岛算经》九题古证．（以上材料来源于《古证复原的原理》《吴文俊与中国数学》和《古代世界数学泰斗刘徽》）

（1）请根据图 2-3-1 完成这个推论的证明过程．

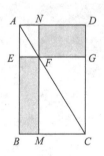

图 2-3-1

证明：$S_{\text{矩形}NFGD} = S_{\triangle ADC} - (S_{\triangle ANF} + S_{\triangle FGC})$，

$S_{\text{矩形}EBMF} = S_{\triangle ABC} - (S_{\triangle AEF} + \underline{\qquad\qquad})$．

易知，$S_{\triangle ADC} = S_{\triangle ABC}$，$\underline{\qquad\qquad} = \underline{\qquad\qquad}$，$\underline{\qquad\qquad} = \underline{\qquad\qquad}$．

可得 $S_{\text{矩形}NFGD} = S_{\text{矩形}EBMF}$．

（2）如图 2-3-2 所示，点 P 是矩形 $ABCD$ 的对角线 BD 上一点，过点 P 作 $EF /\!/ BC$ 分别交 AB、CD 于点 E、F，连接 PA、PC，若 $PE = 10$，$DF = 8$，求图中阴影部分的面积.

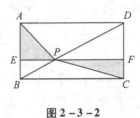

图 2-3-2

【参考答案】

（1）解：$S_{矩形NFGD} = S_{\triangle ADC} - (S_{\triangle ANF} + S_{\triangle FGC})$，

$S_{矩形EBMF} = S_{\triangle ABC} - (S_{\triangle AEF} + S_{\triangle FMC})$.

易知，$S_{\triangle ADC} = S_{\triangle ABC}$，$S_{\triangle ANF} = S_{\triangle AEF}$，$S_{\triangle FMC} = S_{\triangle FGC}$.

可得 $S_{矩形NFGD} = S_{矩形EBMF}$；

故答案为：$S_{\triangle FMC}$；$S_{\triangle ANF}$，$S_{\triangle AEF}$，$S_{\triangle FMC}$，$S_{\triangle FGC}$.

（2）解：作直线 $PM \perp AD$ 于 M，交 BC 于 N. 如图 2-3-3 所示.

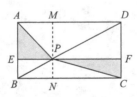

图 2-3-3

则四边形 $AEPM$，四边形 $DFPM$，四边形 $CFPN$，四边形 $BEPN$ 都是矩形，

$\therefore PM = DF = 8$，

同（1）得：$S_{矩形AEPM} = S_{矩形CFPN}$，

$\therefore S_{\triangle AEP} = S_{\triangle AMP}$，$S_{\triangle CFP} = S_{\triangle CNP}$，

$\therefore S_{\triangle AEP} = S_{\triangle CFP} = \dfrac{1}{2} \times PE \times PM = \dfrac{1}{2} \times 10 \times 8 = 40$，

$\therefore$ 图中阴影部分的面积 $S_{阴} = 40 + 40 = 80$.

【考查目标】

本题是一道以我国古代数学家贾宪提出的"从长方形对角线上任一点作两

条分别平行于两邻边的直线，则所容两长方形面积相等"这一推论为背景的几何综合探究题. 从这一推论出发，利用"出入相补"原理复原了《海岛算经》九题古证. 通过对推论的证明，提高学生的推理能力，使学生感知知识从无到有的生成过程，体会数学家研究数学的价值和意义.

【命题特色分析】

本题考查矩形的性质、三角形的面积、平行线之间的距离等知识，解题的关键是证出 $S_{矩形NFGD} = S_{矩形EBMF}$. 此题第（1）问根据矩形的性质和三角形的面积即可得出结论；第（2）问由（1）得 $S_{矩形AEPM} = S_{矩形CFPN}$，则 $S_{\triangle AEP} = S_{\triangle AMP}$，$S_{\triangle CFP} = S_{\triangle CNP}$，即可求解. 解决问题需要学生基础扎实，有一定的数学常识. 数学文化在初中数学中的渗透，不仅能加深学生对中华传统文化的认识，增强其文化自信，还可以把数学家优秀的形象展示给学生，促使学生树立正确的人生观和价值观，激发学生学习的兴趣和探究欲.

婆罗摩笈多模型应用

王学先名师工作室　李加禄

【题干】

问题情境：

（1）婆罗摩笈多（Brahmagupta）是印度一位数学家与天文学家，他书写了两部关于数学与天文的书籍，他在世界数学史上有较高的地位，虽然他的负数及加减法运算晚于中国的《九章算术》，但他的负数乘除法在全世界都是领先的. 他还提出了著名的婆罗摩笈多定理，该定理的证明过程如下：

如图 2 - 3 - 4，四边形 $ABCD$ 内接于圆 O，对角线 $AC \perp BD$，相交于点 M，过点 M 作 $ME \perp BC$ 于点 E，延长 EM 交 AD 于 F. 求证：点 F 为 AD 的中点.

问题探究：

（2）如图 2 - 3 - 5 所示，$\triangle AMB$ 和 $\triangle CMD$ 均为等腰直角三角形，$\angle AMB = \angle CMD = 90°$. 连接 AD，BC，过点 M 作 $ME \perp BC$ 于点 E，延长 EM 交 AD 于 F. 求证：点 F 为 AD 的中点.

问题拓展：

(3) 如图 2 – 3 – 6 所示，△AMB 和 △CMD 均为等腰三角形，∠AMB + ∠CMD = 180°，连接 AD、BC，点 F 为 AD 的中点，连接 FM 并延长交 BC 于点 E. 求证：$S_{\triangle AMD} = S_{\triangle BMC}$.

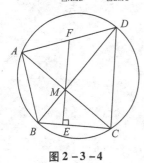

图 2 – 3 – 4

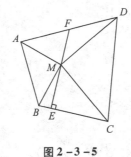

图 2 – 3 – 5

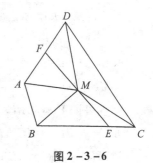

图 2 – 3 – 6

【参考答案】

(1) 如图 2 – 3 – 4 所示，

∵ $AC \perp BD$，$ME \perp BC$，

∴ $\angle CBD = \angle CME$，

∵ $\angle CBD = \angle CAD$，$\angle CME = \angle AMF$，

∴ $\angle CAD = \angle AMF$，

∴ $AF = MF$.

∵ $\angle AMD = 90°$，同时 $\angle MAD + \angle MDA = 90°$，

∴ $\angle FMD = \angle FDM$，

∴ $MF = DF$，∴ $AF = DF$.

即 F 是 AD 的中点.

(2) 如图 2 – 3 – 7 所示，过点 D 作 $DN \perp EF$，交 EF 的延长线于点 N，过点 A 作 $AH \perp EF$ 于点 H，

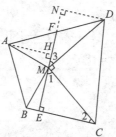

图 2 – 3 – 7

$\because ME \perp BC$, $\therefore \angle 1 + \angle 2 = 90°$,

$\because \angle CMD = 90°$, $\therefore \angle 1 + \angle 3 = 90°$,

$\therefore \angle 2 = \angle 3$.

在 Rt△ECM 和 Rt△NMD 中,$\begin{cases} \angle MEC = \angle DNM = 90°, \\ \angle 2 = \angle 3, \\ MC = MD, \end{cases}$

$\therefore$ Rt△ECM ≌ Rt△NMD (AAS),

$\therefore ME = DN$,

同理可证 Rt△MEB ≌ Rt△AHM,

$\therefore ME = AH$, $\therefore AH = DN$.

进而再证:Rt△AHF ≌ Rt△DNF (AAS),

$\therefore FA = FD$,

$\therefore$ 点 F 为 AD 的中点.

(3) 如图 2 - 3 - 8 所示,延长 MF 至 N,使得 $FN = FM$,连接 DN,

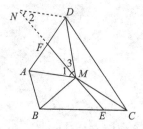

图 2 - 3 - 8

易证△FDN ≌ △FAM (SAS),

$\therefore DN = AM$,$\angle 1 = \angle 2$,

即 $DN = AM = BM$.

又 $\because \angle AMB + \angle CMD = 180°$,

$\therefore \angle BMC + \angle AMD = 180°$,

在△DMN 中,$\angle MDN + (\angle 2 + \angle 3) = 180°$,

$\therefore \angle MDN + (\angle 1 + \angle 3) = 180°$,

即 $\angle MDN + \angle AMD = 180°$,

$\therefore \angle BMC = \angle NDM$,

在 $\triangle BMC$ 和 $\triangle NDM$ 中，$\begin{cases} MB = DN, \\ \angle BMC = \angle NDM, \\ DM = CM, \end{cases}$

$\therefore \triangle BMC \cong \triangle NDM$（SAS），

$\therefore S_{\triangle BMC} = S_{\triangle NDM}$，

又 $\because S_{\triangle AMD} = S_{\triangle FAM} + S_{\triangle FDM}$ 且 $S_{\triangle FMA} = S_{\triangle FND}$，

即 $S_{\triangle AMD} = S_{\triangle BMC}$.

【考查目标】

本题是以印度数学家婆罗摩笈多的"婆罗摩笈多模型"为背景的几何综合探究题. 通过层层递进、环环相扣、拾级而上的设问，由特殊到一般的变式、拓展探究，考查学生的数学抽象、逻辑推理等核心素养，以及类比迁移、特殊到一般的数学思想，目的是使学生潜移默化地感受到数学家的研究成果服务于人们的现实生活，使学生深刻感受到数学家研究成果的实用性.

【命题特色分析】

此题第（1）问以证明婆罗摩笈多定理为切入口，代入感强，学生很容易解决问题；第（2）问通过脱去华丽的"外衣"（辅助圆），并弱化对角线垂直的条件，考查学生对"一线三垂直 K 字"全等模型的构图；第（3）问再将条件弱化到一般情况（互补），并且变换条件和结论，让学生感受"遇中点，联想倍长中线"的辅助线作法的巧妙，进而使问题迎刃而解. 本题通过数学文化的融入，帮助学生理解数学，让学生喜欢上数学，同时使学生意识到数学文化的重要性，主动地去学习数学文化，增强学生文化自信，提高学生数学核心素养.

海伦公式

王学先名师工作室　石晶晶

【题干】

三角形的面积是数学中非常重要的一个几何度量值，古希腊数学家海伦和我国南宋的数学家秦九韶都提出过利用三角形的三边长直接求三角形面积的公式，我们称其为海伦 - 秦九韶公式：如果一个三角形的三边长分别是 a、b、c，记 $p = \dfrac{a+b+c}{2}$，$S = \sqrt{p(p-a)(p-b)(p-c)}$.

（1）如图 2 - 3 - 9 所示，在 $\triangle ABC$ 中，$\angle A$、$\angle B$、$\angle C$ 所对的边分别记为 a、b、c，$a = 8$，$b = 7$，$c = 3$，求 $\triangle ABC$ 的面积.

（2）求 $\triangle ABC$ 内切圆的半径 r，并推导出 r 与 p、S 的关系.

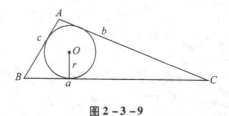

图 2 - 3 - 9

【参考答案】

解：（1）由题意可得：$p = \dfrac{a+b+c}{2} = \dfrac{8+7+3}{2} = 9$，

$\therefore \triangle ABC$ 的面积 $S = \sqrt{9 \times (9-8) \times (9-7) \times (9-3)} = 6\sqrt{3}$.

（2）连接切点与圆心，连接 AO、BO、CO，（图 2 - 3 - 10）

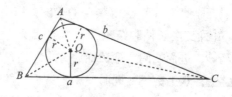

图 2 - 3 - 10

$\because \odot O$ 是 $\triangle ABC$ 的内切圆，

$\therefore$ 所连半径与三角形三边垂直，

$\therefore S = S_{\triangle BCO} + S_{\triangle ACO} + S_{\triangle ABO} = \dfrac{1}{2}ra + \dfrac{1}{2}rb + \dfrac{1}{2}rc = \dfrac{1}{2}r(a+b+c) = pr$，

$\therefore r = \dfrac{S}{p} = \dfrac{6\sqrt{3}}{9} = \dfrac{2\sqrt{3}}{3}$.

【考查目标】

本题考查对二次根式的应用及三角形的内切圆的知识的运用. 海伦 - 秦

九韶公式的提出为三角形和多边形的面积计算提供了新的方法和思路，在知道三角形三边的长而不知道高的情况下使用此公式可以更快、更简便地求出面积．比如说在测量土地的面积的时候，不用测三角形的高，只需测两点间的距离，就可以方便地导出答案，为生活生产实践提供了便利．命题者以此为背景引导学生学会使用此公式，也强化了二次根式的应用，之后还进行了拓展，探究三角形内切圆半径与三角形的半周长、面积之间的关系，强化学生对三角形内切圆的理解，培养学生的直观想象、逻辑推理等数学核心素养．

【命题特色分析】

海伦－秦九韶公式在新人教版教科书《数学》八年级下册第 16 页"阅读与思考"中有提到．这个公式是由古希腊数学家阿基米德得出的，但人们常常以古希腊的数学家海伦的名字命名这个公式，因为这个公式最早出现在海伦的著作《测地术》中，并在海伦的著作《测量仪器》和《度量》中给出了证明．中国宋代的数学家秦九韶在 1247 年独立提出了"三斜求积术"，虽然它与海伦公式在形式上有所不同，但它完全与海伦公式等价，它填补了中国数学史中的一个空白，从中可以看出中国古代已经具有很高的数学水平．命题在渗透数学文化的同时，还进行了爱国主义教育．

出入相补证勾股

王学先名师工作室　曾　勇

【题干】

文化背景：

三国时代魏国的数学家刘徽在魏景元四年（即公元 263 年）为古籍《九章算术》作注释时，提出了一种勾股定理的证明方法，用的是"以盈补虚，出入相补"的思想．刘徽的证明原有一幅图，可惜图已失传，只留下一段文字："勾自乘为朱方，股自乘为青方，令出入相补，各从其类，因就其余不动也，合成弦方之幂，开方除之，即弦也"．其大意是直角三角形，以勾为边的正方形为朱方，引弦为正方形切割朱方和青方，多出的部分正好可以和弦方缺亏的部分相补，弦方再开方即为弦长．后人根据这段文字补了一张图，如图 2 – 3 – 11 所示：

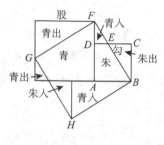

图 2 – 3 – 11

问题解决：

若图中 $CE = 2$，$DE = 1$，求 BF 的长．

【参考答案】

解：在正方形 $ABCD$ 中，$AB = DC = BC = CE + ED = 2 + 1 = 3$．

$\because \angle CEB = \angle FED$，$\angle BCE = \angle EDF = 90°$，

$\therefore \triangle EDF \backsim \triangle ECB$，$\therefore \dfrac{ED}{EC} = \dfrac{DF}{BC}$，即 $\dfrac{DF}{3} = \dfrac{1}{2}$，

$\therefore DF = \dfrac{3}{2}$，$\therefore AF = AD + DF = 3 + \dfrac{3}{2} = \dfrac{9}{2}$，

$\therefore BF = \sqrt{AB^2 + AF^2} = \sqrt{3^2 + \left(\dfrac{9}{2}\right)^2} = \dfrac{3\sqrt{13}}{2}$．

故答案为：$\dfrac{3\sqrt{13}}{2}$．

【考查目标】

本题考查勾股定理的应用及三角形相似的判定与性质．《九章算术》大约于东汉初年（公元 1 世纪）成书，共九章，收有 246 个数学问题，汇总了战国和西汉时期的数学成果，是几代人共同的劳动结晶．其中本题选用的背景材料属于第九章的利用勾股定理求解的各种问题的范畴．命题重视数学文化传承，弘扬我国优秀的传统数学文化．

【命题特色分析】

命题者从《九章算术》中选取了刘徽出入相补法证明勾股定理为背景，文图对应，主要考查学生的阅读能力、识图能力、抽象能力、逻辑推理能力．其中把 BF 放到直角三角形中进行勾股定理求解，考查学生的观察能力；由已知条件出发，利用"X"型相似求出 DF，考查学生的逻辑推理能力及模型思想；通过问题的解决，让学生体会我国古代数学家"以形解数"的重要思想和"以盈补虚，出入相补"的重要方法．

《三角测量学》解直角三角形

王学先名师工作室　林　银

【题干】

我们学习过三角形全等的判定，例如 ASA 判定定理．对于给定的三角形，其三条边和三个内角之间存在着特定的数量关系，可以借助这个数量关系，在已知一个三角形的部分边长、角度的条件下，计算出这个三角形剩余的边长与角度，这个过程叫做解三角形．

如图 2 - 3 - 12 所示，已知 BC 表示一条水流湍急的大河的河宽，在河流对岸有一矗立的悬崖 AB，同学小王站在河岸 C 处，用测角仪观测崖顶 A，量得 $\angle ACB = 45°$，向正后方退 500 米到达点 D，再用测角仪观测崖顶 A，量得 $\angle ADB = 30°$，请你用所学知识解释悬崖 AB 的高度为什么可以计算，并算出结果．（$\sqrt{3} \approx 1.732$）

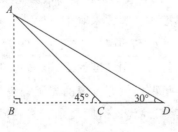

图 2 - 3 - 12

【参考答案】

解：在 $\triangle ADC$ 中，两角和一边确定，则由三角形全等的判定定理 ASA 推知，$\triangle ADC$ 确定.

此时点 A 到 BD 的距离 AB 确定，所以可以进行计算.

设 $AB = x$ 米，在 $\text{Rt}\triangle ABC$ 中，$\angle ABC = 90°$，$\angle ACB = 45°$，

由 $\tan\angle ACB = \dfrac{AB}{BC} = \dfrac{x}{BC} = \tan 45° = 1 \Rightarrow BC = x$，

又已知 $CD = 500$，

则 $BD = BC + CD = x + 500$.

在 $\text{Rt}\triangle ABD$ 中，$\angle ABD = 90°$，$\angle ADB = 30°$，

由 $\tan\angle ADB = \dfrac{AB}{BD} = \dfrac{x}{x+500} = \tan 30° = \dfrac{\sqrt{3}}{3} \Rightarrow \dfrac{x}{x+500} = \dfrac{\sqrt{3}}{3}$，

$x = 250\sqrt{3} + 250$.

检验知，$x = 250\sqrt{3} + 250$ 是原方程的解，

所以，悬崖 AB 高度 $x = AB = 250\sqrt{3} + 250 \approx 683$（米）.

【考查目标】

本题考查解直角三角形的应用，解题关键在于利用 $\text{Rt}\triangle ABC$ 为等腰三角形，在一般三角形中构造直角三角形，结合已知条件，在 $\text{Rt}\triangle ABD$ 中，用 30° 角的正切列方程计算求解.

【命题特色分析】

使用三角测量估测距离可追溯到古代. 公元前 600 多年，希腊哲学家泰勒斯借由测量自己及金字塔的影子长度，以及自己的身高，并运用相似形的原理（截线定理）来测量金字塔的高度. 泰勒斯亦根据此原理推算自己与海上船只的距离，以及推算悬崖的高度. 这类技术对于古埃及人来说并不陌生. 一千多年前，莱因德数学纸草书中的第 57 道题，定义了用叫谢特的单位来表示跑多少能增加多少斜率的比率，如同所使用坡度的倒数. 古希腊人以一个叫戴普锉的视线棒来量测斜率与角度，可谓使用照准仪的先驱. 使用此仪器来远距测量长度及尺规作图的细节被保存至现代，但此技术后来在欧洲失传. 在中国，裴秀（224—271 年）提出了"制图六体"的第五条：方邪（测量直角、锐角），作

为精确地测量距离的必要条件．同时期的中国数学家刘徽（公元 263 年）则提出了一个计算方法，来测量无法到达的地点之直角距离．

本题背景解释了三角形全等的定性描述和锐角三角函数的定量分析之间的关联，在实际生活中，具有很强的应用价值．

三角函数正弦表

王学先名师工作室　邓印升

【题干】

人们很早就开始研究天文学，通过观察天上日月星辰的位置和运行情况，解决有关计时、历法、航海、地理等的许多问题．对天体的观察和测量离不开计算，这促进了数学的发展，三角函数的产生和发展与天文学有密切的关系．

保存至今的一张古老的"三角函数表"，是 2 世纪的希腊天文学家、地理学家、数学家托勒密（Ptolemy）所著的《天文学大成》一书中的一张"弦表"，它对当时的天文计算有重要作用．

如图 2－3－13 所示，点 A、B 在 $\odot O$ 上，连接 OA、OB，过点 A 作 OC 垂直 AB 于点 C，则利用所学三角函数和圆的知识可得 $\sin\dfrac{\theta}{2}=\dfrac{l}{2r}$，其中 $\odot O$ 的半径为 r，圆心角 $\angle AOB=\theta$，弦 $AB=l$，推导过程如下：

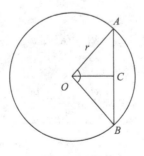

图 2－3－13

在 $\triangle AOB$ 中，

$\because OA = OB = r$，$OC \perp AB$，

$\therefore \angle AOC = \dfrac{1}{2}\angle AOB = \dfrac{\theta}{2}$，$AC = \dfrac{1}{2}AB = \dfrac{1}{2}l$，

$\therefore \sin\angle AOC = \dfrac{AC}{OA}$，即：$\sin\dfrac{\theta}{2} = \dfrac{l}{2r}$.

解决问题：

（1）若 $r = 1$，$l = \sqrt{3}$，则 $\theta = $ _____，$\overset{\frown}{AB}$ 的长 $= $ _____；

（2）尝试推导 θ 的余弦值与 r、l 之间的关系；

（3）猜想：$\sin\alpha$ 与 $\cos\alpha$ 之间的数量关系（提示：$\sin\alpha$ 的平方可写为 $\sin^2\alpha$，$\cos\alpha$ 的平方可写为 $\cos^2\alpha$）.

【参考答案】

解：（1）$\because r = 1$，$l = \sqrt{3}$，

$\therefore \sin\dfrac{\theta}{2} = \dfrac{l}{2r} = \dfrac{\sqrt{3}}{2}$，

$\therefore \dfrac{\theta}{2} = 60°$，即 $\theta = 120°$，

$\therefore \overset{\frown}{AB}$ 的长 $= \dfrac{n\pi r}{180} = \dfrac{120\pi}{180} = \dfrac{2}{3}\pi$.

（2）在 $\triangle AOB$ 中，

$\because OA = OB = r$，$OC \perp AB$，

$\therefore \angle AOC = \dfrac{1}{2}\angle AOB = \dfrac{\theta}{2}$，$AC = \dfrac{1}{2}AB = \dfrac{1}{2}l$，

在 Rt$\triangle AOC$ 中，由勾股定理可得：$OC = \sqrt{OA^2 - AC^2} = \sqrt{r^2 - \left(\dfrac{l}{2}\right)^2}$，

$\therefore \cos\angle AOC = \dfrac{OC}{OA}$，即 $\cos\dfrac{\theta}{2} = \dfrac{\sqrt{r^2 - \left(\dfrac{l}{2}\right)^2}}{r} = \sqrt{1 - \dfrac{l^2}{4r^2}}$.

（3）由 $\cos\dfrac{\theta}{2} = \sqrt{1 - \dfrac{l^2}{4r^2}}$ 两边平方可得：$\cos^2\dfrac{\theta}{2} = 1 - \dfrac{l^2}{4r^2}$，①

由 $\sin\dfrac{\theta}{2} = \dfrac{l}{2r}$ 两边平方可得：$\sin^2\dfrac{\theta}{2} = \dfrac{l^2}{4r^2}$，②

将②式代入①式中可得：$\cos^2\dfrac{\theta}{2}+\sin^2\dfrac{\theta}{2}=1$.

令 $\alpha=\dfrac{\theta}{2}$，可得：$\cos^2\alpha+\sin^2\alpha=1$.

【考查目标】

本题以国外数学历史文化为背景，以圆为载体，利用三角函数及圆的相关知识，通过阅读题目所给的推导过程来解决相关问题，重在考查学生的阅读理解能力和推导能力.

【命题特色分析】

本题的文化背景选自《新人教版数学九年级下册》70 页的阅读理解与思考. 取材来源于教材，并高于教材，既不失文化背景，又源于教材，不仅考查了学生对三角函数的定义、等腰三角形的三线合一、圆的弧长的计算，还考查了学生阅读理解能力、推导能力及计算能力. 通过实际问题的解决，让学生体会数学悠久的发展历史，体会数学之美！

几何原本

王学先名师工作室　李翔行

【题干】

约公元前 300 年，古希腊数学家欧几里得广泛收集和研究前人的成果，写成了《原本》一书，这是数学发展史上的一个里程碑事件. 其中第二卷讲了如何把三角形变成等面积的正方形，并记载了这样一个命题：如果一条线段既被分成相等的两段，又被分成不相等的两段，则在不相等的各线段上正方形的和等于原线段一半上的正方形与二个分点之间一段上正方形的和的两倍.

如图 2-3-14 所示，若线段 AB 被点 C 分成相等的线段，又被点 D 分成不相等的线段，则可证以 AD、DB 为边的两正方形面积之和等于以 AC、CD 为边的两正方形面积之和的两倍.

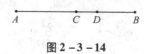

图 2 – 3 – 14

即若点 C 是 AB 中点，点 D 为 AB 上异于点 C 的点，则 $AD^2 + BD^2 = 2AC^2 + 2CD^2$.

小云想尝试证明此命题，通过查阅资料，找到了图 2 – 3 – 15.

已知，点 C 是线段 AB 的中点，$CE \perp AB$，$CE = \dfrac{1}{2}AB$，点 D 是 BC 上一点，过点 D 作 $DF /\!/ CE$ 交 BE 于点 F，过点 F 作 $GF /\!/ AB$ 交 CE 于点 G，连接 AF.

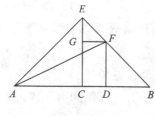

图 2 – 3 – 15

（1）若 $CD = 1$，$AB = 8$，则 $AF =$ _____；

（2）求证：$AD^2 + BD^2 = 2AC^2 + 2CD^2$.

【参考答案】

解：（1）$\sqrt{34}$；

（2）证明：

∵ 点 C 是线段 AB 的中点，$CE \perp AB$，

∴ CE 是 AB 的垂直平分线，$\angle ECB = 90°$.

∴ $AE = BE$.

又∵ 点 C 是线段 AB 的中点，$CE = \dfrac{1}{2}AB$，

∴ 点 A、B、E 在以点 C 为圆心，AB 为直径的圆上.

∴ $\angle AEB = 90°$.

∴ △AEB 为等腰直角三角形.

∴ $\angle B = \angle EAB = \angle CEB = 45°$，$AC = BC = EC$.

∵ $DF /\!/ CE$，$GF /\!/ AB$，

∴ 四边形 $CGFD$ 是平行四边形．

∵ $\angle ECB = 90°$，

∴ 四边形 $CGFD$ 是矩形．

∴ $CD = GF$．

∵ $\angle EGF = \angle BDF = 90°$，$\angle B = \angle CEB = 45°$，

∴ $GE = GF$，$DF = DB$．

∴ $CD = GF$．

由勾股定理得 $EF = \sqrt{2}GF = \sqrt{2}CD$；

同理 $AE = \sqrt{2}AC$．

在 $\mathrm{Rt}\triangle AEF$ 中，$\angle AEF = 90°$，

由勾股定理得 $AF^2 = AE^2 + EF^2 = \left(\sqrt{2}AC\right)^2 + \left(\sqrt{2}CD\right)^2 = 2AC^2 + 2CD^2$．

在 $\mathrm{Rt}\triangle ADF$ 中，$\angle ADF = 90°$，

由勾股定理得 $AF^2 = AD^2 + DF^2 = AD^2 + BD^2$．

∴ $AD^2 + BD^2 = 2AC^2 + 2CD^2$．

【考查目标】

本题考查在等腰直角三角形背景下的勾股定理应用．题目以著名数学著作《原本》为依托，让学生了解数学几何历史，并能运用勾股定理进行推导证明．此题的第（1）问起点较低，以填空题形式，帮助学生梳理解题思路，借助等腰直角三角形边角之间的数量关系，利用勾股定理求解 AF 的值，可以是先求出 AE 和 EF 的长度，再在 $\mathrm{Rt}\triangle AEF$ 中计算求解，也可以先求出 AD 和 DF 的长度，再在 $\mathrm{Rt}\triangle ADF$ 中求得，也在为第（2）问作铺垫，理清证明思路；第（2）问是把第（1）问的推导过程进行梳理，进而得到命题，使学生感受《原本》中命题的由来，与之呼应．

【命题特色分析】

《原本》一书是古希腊数学家欧几里得通过广泛收集和研究前人的成果而写成的，之后意大利传教士利玛窦和我国学者徐光启把此书的前一部分翻译成中文，以《几何原本》为名成书．书中介绍了西方数学和科学，在中国数学发展史上有着举足轻重的作用．借《原本》的内容引入，可以激发学生学习数学的兴趣，并让学生经历探索命题的过程，感受古人的智慧，引起学生共鸣，让学生感受数形结合的魅力，培养学生的数学文化素养．

托勒密四分仪

——一道运用相似三角形解决实际问题的试题

王学先名师工作室　陈代丽

【题干】

四分仪是一种十分古老的测量工具，可以上溯到公元 2 世纪的托勒密时代．在 16 世纪，人们又设计出了各种不同形制的四分仪．费奈乌斯在其《数学入门》中介绍了其中的两种（图 2－3－16），并给出了用四分仪测量距离、高度和深度的各种方法．图 2－3－17 就是一种四分仪在距离测量上的应用：该种四分仪是在边长为 1 米的正方形的一个顶点处安装一根方向杆，若将四分仪的方向杆对准远处的目标物 E，在四分仪上读出 DF 的长度为 0.2 米，请你求出目标物与人之间的距离 BE.

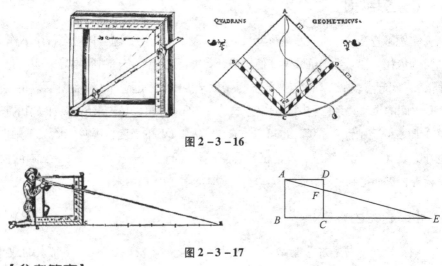

图 2－3－16

图 2－3－17

【参考答案】

解：$\because DF = 0.2$ 米，

$\therefore CF = 1 - 0.2 = 0.8$ 米，

$\because AD \parallel BC$，

$\therefore \triangle ADF \backsim \triangle ECF.$

$$\therefore \frac{AD}{CE}=\frac{DF}{CF},\quad 即\ \frac{1}{CE}=\frac{0.2}{0.8},$$

解得：$CE=4$ 米.

$\therefore BE=BC+CE=1+4=5$ 米

【考查目标】

本题考查相似三角形的实际应用,即综合应用相似三角形的判定和性质解决实际问题.16 世纪,地理大发现刺激了航海术的发展,而航海术又促进了三角学和实用几何学的发展,其中测量技术是当时实用几何学的主要内容,各种测量工具应运而生,四分仪就是一种古老的测量工具.费奈乌斯（O. Finaeus）在他的《数学入门》（*Protomathesis*）中介绍了两种四分仪,其用法都是利用相似三角形来进行测量.费奈乌斯还利用测量出的数据绘制了费奈乌斯地图,后人发现,其绘制的南极大陆尺寸是正确的.

【命题特色分析】

16 世纪欧洲的测量术发展迅速,在利用相似三角形进行测量方面,可以找到很多具有代表性的资料：巴托里（C. Bartoli,1503—1572）的《测量方法》、贝里（S. Belli）的《测量之书》和费奈乌斯（O. Finaeus）的《数学入门》.命题者从《数学入门》中选取了一个利用相似三角形进行测量的例子,该题材符合当今初中数学教学内容.命题者给出了具体的四分仪的使用方法及具体可操作又容易计算的数值,考查学生的阅读理解能力、识图能力和数学建模能力.通过对 16 世纪数学实际问题的解决,让学生感悟数学的发展历程,体会数学的应用价值和文化价值,提升学生的数学核心素养和文化素养.

《九章算术》 圆锥体积

王学先名师工作室　赵　婉

【题干】

我国古代数学著作《九章算术》中有如下的题干："今有委米依垣内角,下周六尺,高五尺.其意思为："在屋内墙角处堆放米（如图 2 – 3 –18 所示,米堆为一个圆锥的四分之一），米堆底部的弧长为 6 尺，米堆的高为 5 尺. 教师对此题干提出新的问题，问：如图 2 - 3 - 19 所示，此堆米所在圆锥的侧面积为多少？（π 取 3，单位为平方尺，结果保留根号）请你进行思考并作答.

图 2 - 3 - 18

图 2 - 3 - 19

【参考答案】

解：由题意可知：$h = 5$，$\frac{1}{4}C_{\odot 0} = 6$，

设圆锥底面圆的半径为 r 尺，圆锥的母线为 R 尺

$\because \frac{1}{4}C_{\odot 0} = 6$，

$\therefore \frac{1}{4} \cdot 2\pi r = 6$，

$\therefore r = \frac{12}{\pi} = \frac{12}{3} = 4$，

$R = \sqrt{r^2 + h^2} = \sqrt{4^2 + 5^2} = \sqrt{41}$，

$S_{侧面积} = \pi r R = 3 \times 4 \times \sqrt{41} = 12\sqrt{41}$.

【考查目标】

此题考查圆锥侧面积和扇形面积的计算公式，此题的解决方法不止一种. 其次本题还考查学生的转化思想，即将立体图形转化为平面图形. 再次本题还考查了圆锥轴截面中 R、r、h 三个量之间的关系.《九章算术》作为我国数学史上的一本重要著作，通过各种题型的列举揭示了我国古代逻辑思维的构建过程，承载了古代数学几何初步建模的方向. 命题重视数学文化，注重弘扬我国的传统文化.

【命题特色分析】

本题命题引用了《九章算术》中的一个情境，加上简单的古文翻译，通过改编问题将考查知识点的难度降至了初中水平，使文图对应．题目考查学生审题及情境应用的能力，通过解决简单的实际问题训练学生的数学建模能力．在过程中，让学生了解一部分我国古代数学发展史，激发学生对传统文化的敬重及爱国意识．本题对《九章算术》中的原题进行了改编，将原来的一个高中求圆锥体积的知识点转化为初中求圆锥侧面积的知识点．为简化一些单位，化简及计算量，本题将单位直接取为平方尺，并且将 π 取 3，并且结果保留根号．本题预设了一个勾股数的计算陷阱，对不仔细辨别直角三角形三边中直角边与斜边的学生也是一个考验．本题如若要再增加一些难度，还可以在最终结果的取值上考查学生估算问题．

二十四节气

王学先名师工作室　董荣娜

【题干】

冬至是二十四节气中一个重要的节气，也是中国民间的传统节日．冬至是四时八节之一，被视为冬季的大节日，在古代民间有"冬至大如年"的说法．在中国北方地区，每年冬至都有吃饺子的习俗．冬至来临之际某超市购进韭菜猪肉馅和虾仁馅的两种水饺，若买 1 千克虾仁馅水饺和 2 千克韭菜猪肉馅水饺共需 70 元，若买 2 千克虾仁馅水饺和 1 千克韭菜猪肉馅水饺共需 80 元．

（1）求虾仁馅水饺和韭菜猪肉馅水饺的单价分别为多少？

（2）虾仁馅水饺进货成本价为 10 元/千克，现用虾仁馅水饺进行降价促销活动，根据市场调查：若按（1）中求出的单价销售，该超市每天销售虾仁馅水饺 100 千克；若售价每降 2 元，虾仁馅水饺每天销量就增加 20 千克，求销售单价为多少元时，虾仁馅水饺每天销售的利润最大，最大利润是多少？

【参考答案】

解：设虾仁馅水饺和韭菜猪肉馅水饺的单价分别为 m 元/千克、n 元/千克.

（1）依题意列方程组得：$\begin{cases} m + 2n = 70 \\ 2m + n = 80 \end{cases}$，解得 $\begin{cases} m = 30 \\ n = 20 \end{cases}$.

答：虾仁馅水饺的单价为 30 元/千克，韭菜猪肉馅水饺的单价为 20 元/千克.

（2）依题意得：

$$y = \left[100 + \frac{20}{2}(30 - x) \right](x - 10),$$

化简得：$y = -10x^2 + 500x - 4000$，

配方得 $y = -10(x - 25)^2 + 2250$，

∵ $-10 < 0$，抛物线开口向下，

∴ 当 $x = 25$ 时，每天的利润最大.

答：销售单价为 25 元时，虾仁馅水饺每天销售的利润最大，最大利润是 2250 元.

【考查目标】

本题考查二元一次方程组及二次函数的应用. 本题是通过构建函数模型解答销售利润的问题，根据销售利润 = 销售量 ×（售价 – 进价），列出平均每天的销售利润 y（元）与销售单价 x（元/kg）之间的函数关系式，利用配方法，依据函数的增减性求得最大利润.

【命题特色分析】

冬至，又称日南至、冬节、亚岁等，兼具自然与人文两大内涵，既是二十四节气中一个重要的节气，也是中国民间的传统祭祖节日. 冬至是四时八节之一，被视为冬季的大节日，在古代民间有"冬至大如年"的讲法. 冬至习俗因地域不同而存在着习俗内容或细节上的差异. 在中国南方地区，有冬至祭祖、宴饮的习俗. 在中国北方地区，每年冬至日有吃饺子的习俗，本题来源于生活，可以使学生感受到数学与实际生活息息相关，增强学生的应用意识，使学生了解中国民间的传统节日和习俗，弘扬中国传统文化，激发学生的民族自豪感和爱国情怀.

《分形几何》 找规律

王学先名师工作室 刘志祥

【题干】

谢尔宾斯基三角形：先作一个正三角形，挖去一个"中心三角形"，然后在剩下的小三角形中再挖去一个"中心三角形"，我们用黑色三角形代表挖去的面积，把称剩下的部分称为谢尔宾斯基三角形．（图 2-3-20）

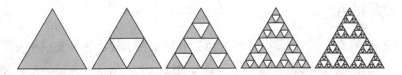

图 2-3-20

如图 2-3-21 所示，我们仿照其做法，将一个大正方形均分成四份，把左上角四分之一涂成红色，接着，对右下角的四分之一块小正方形重复以上操作，如此继续下去．

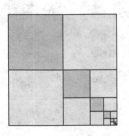

图 2-3-21

若最大的正方形面积为 1，则第 n 个红色正方形面积为＿＿＿＿＿．

【参考答案】

由题可知最大的正方形面积为 1，从左上角往右下角数，第一个红色正方形面积为 $\frac{1}{4}$，第二个红色正方形面积为 $\frac{1}{16}$，即 $\left(\frac{1}{4}\right)^2$，第三个红色正方形面积为

$\dfrac{1}{64}$，即 $\left(\dfrac{1}{4}\right)^3$，按此规律可得第 n 个红色正方形面积为 $\left(\dfrac{1}{4}\right)^n$．

【考查目标】

中学阶段学习的几何是欧氏几何，由数学家欧几里得创立，它用一些简单而规则的几何元素，如点、线、平面、空间、三角形、正多边形、圆等来描述我们的世界．为了描述不规则的物体，数学家伯努瓦·曼德尔布罗特在 20 世纪 70 年代创立了分形几何．有了分形几何，我们就能用几何学来描述不断变化的宇宙．无论是起伏跌宕的地貌、弯弯曲曲的海岸线、浮动的云朵、飞扬的雪花，还是杂乱无章的粉尘、无规则运动的分子、原子的轨迹、万物生长和演化……都能描绘出来．

【命题特色分析】

以著名分形谢尔宾斯基三角形为背景，让学生了解数学分支——分形几何，激发其学习兴趣，使其感受几何之美．仿照其做法，创设正方形分形，使图变，本质不变，通过观察可以得出各个红色正方形之间的面积大小关系，再运用整式的符号语言进行描述．

《唐诗》将军饮马

——道与"将军饮马"问题相关的拓展试题

王学先名师工作室　李进明

【题干】

唐朝诗人李颀的诗《古从军行》开头两句说："白日登山望烽火，黄昏饮马傍交河．"诗中隐含着一个有趣的数学问题．

如图 2-3-22 所示，诗中将军在观望烽火之后从山脚下的 A 点出发，走到河边饮马后再到 B 点宿营．

（1）请问怎样走才能使总的路程最短？

（2）设第（1）问中饮水点为 C 点，假设将军在 A、B、C 三地均排兵布阵、巩固阵营. 现需建一储藏点 P 以供军队粮草，要求该储藏点到 A、B、C 三地的距离一样，请问这样的储藏地应建在何处？

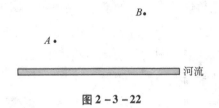

图 2 – 3 – 22

【参考答案】

（1）如图 2 – 3 – 23 所示，过点 A 作河流的对称点 A'，连接 $A'B$ 交河流于点 C，连接 AC、BC，此时 $AC + BC$ 最短.

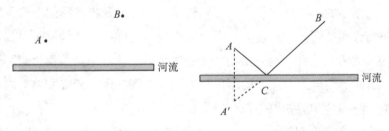

图 2 – 3 – 23

（2）如图 2 – 3 – 24 所示，连接 AC、BC、AB，分别作线段 AC、线段 BC、线段 AB 的垂直平分线 a、b、c 交于一点 P，则储藏点建设在点 P 处可以使其到三个屯兵点的距离相等.

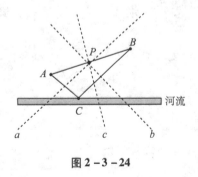

图 2 – 3 – 24

【考查目标】

第（1）问是一个经典的轴对称问题的实际应用. 轴对称起到了很好的桥梁

作用,通过轴对称变换,将直线同侧两点中的一点映射到另一侧,而不改变路径的总长度,借助数学原理"两点之间,线段最短"解决问题.其证明过程可构造出三角形,通过三角形两边之和大于第三边进行推理论证.第(2)问主要考查线段垂直平分线的判定,即与线段两个端点距离相等的点在这条线段的垂直平分线上.命题注重挖掘中国古代实际生活中的数学文化,激发学生的学习兴趣,让学生感受到数学确实来源于生活而又高于生活,并且将数学真实运用于生活.

【命题特色分析】

实际教学中,学生往往认为几何证明题比较枯燥乏味,命题者从唐朝诗人李顾的《古从军行》一诗中选取与当今数学教学内容相关的材料为背景,数形结合,考查学生的阅读理解能力和问题转化能力,以及将实际问题转化为数学问题后进行证明的逻辑推理能力.学生初次接触这样的极值问题,对找出某条最短线段(或者线段和)无从下手,证明中要另选任意一点是学生想不到并且不会用的方法.将到三个地方的距离相等抽象成到三个点距离相等,再结合所学的垂直平分线的相关知识进行解题.通过让学生解决实际问题,渗透文化育人的理念,并注重挖掘数学史料,让学生真切感受到数学于生活的应用之广、之深以及作用之大,并注重落实数学抽象、逻辑推理、直观想象的核心素养.

《九章算术》之"盈不足"

王学先名师工作室　洪仙昌

【题干】

我国古代数学著作《九章算术》第七卷"盈不足"中有这样一个问题:今有共买物,人出八,盈三;人出七,不足四.问人数、物价各几何?现结合国内疫情管理办法,数学洪老师将题型修改为:为了进一步做好疫情防控工作,某班进校实行分组测体温入校.如果8人为一组则多3人,如果7人为一组还差4人.这个班共可以分为几组测体温?本班共有多少人?

【参考答案】

解：设这个班可分为 x 组测体温，根据题意得：

$8x - 3 = 7x + 4$

$8x - 7x = 4 + 3$

$x = 7$

总人数：$8 \times 7 - 3 = 53$（人）

答：这个班共可分为 7 个组测体温，本班共有 53 人.

【考查目标】

本题考查列一元一次方程或二元一次方程组解应用题.

《九章算术》的第七卷"盈不足"主要讲盈亏问题中的一种双假设算法，提出了盈不足、盈适足和不足适足、两盈和两不足这三种类型的盈亏问题，以及若干可通过两次假设化为盈不足问题的一般解法. 这种解法在当时处于世界领先地位，其传到西方后，产生了极大的影响. 由此可见，我国的数学文化博大精深. 盈不足的算法是：列出所出率，盈、不足之数各在其下方. 令盈、不足与所出率交叉相乘，所得之数相加作为被除数. 将盈、不足之数相加作为除数. 除数除被除数得一结果. 若有分数，要通分. 盈、不足若与"同买物相关"相关，列出所出率，以少减多，用所得余数去约除数、被除数. 被除数数约后为物价，除数约后为人数. 另一种算法是：将盈、不足相加作为被除数；用所出之率以少减多，余数作为除数. 除数除被除数得结果人数，用所出之率乘结果人数，减盈数或者加不足数，即得物价.

【命题特色分析】

在众多古代数学名著中，《九章算术》备受人们的青睐. 我从《九章算术》的第七卷"盈不足"中选取与初中数学教学内容相关的题材为背景，加上简单翻译，创设符合当前疫情防控环境的情境，将数学文化与时代元素相结合，透露着浓厚的数学文化气息，也将数学中的相关知识与题目的解答技巧、方法等与数学文化融为一体. 题目考查学生的阅读理解能力、对知识的理解掌握能力和知识的灵活运用能力等. 试题中融入文化体现了新时代数学学科核心素养的要求，彰显了数学文化内涵的整体育人功能，有利于增强学生文化自信，加强学生数学文化底蕴的积累，体现数学的人文价值. 通过将实际问题转化为数学问题,从而达到解决实际问题的目的,让学生体会我国数学文化的发展历史,领略我国数学文化的博大精深,激发学生的民族自豪感.试题来源于《九章算术》,它将数学史料中解决问题的思想、方法、结论直接运用或迁移、应用,隐含于数学史的整个脉络之中,是"形变而神不变",突破了"为历史而历史"的浅层次使用,融入史于无形,对方法进行了改编、迁移,实现了结论的应用和拓展.让学生在不同的场景中运用相应的数学知识,检测学生的思维广度及深度,对于提高学生学习的潜能有很大的好处.

第三章

数学文化试题特色分析
及课题研究成果

第一节　数学文化试题考法分析

增强文化自信　体现数学文化

——初中数学学业水平考试数学文化试题命题特点分析

云南财经大学附属中学　王学先

　　数学文化指数学思想、精神、方法、观点以及它们的形成和发展过程，其主要涉及数学史、数学美、数学教育、数学与人文的交叉、数学与各种文化的关系等．数学文化作为一种理性的文化，影响着人们的心理品格的养成．从文化的高度来认识数学课程的育人功能，将数学文化融入到课程教学中，合理引导学生沿着数学文化的脉络体会数学的价值，以数学文化为背景进行命题是实现在数学教育中渗透数学文化的重要途径．下面对部分初中学业水平考试数学文化试题进行剖析，供教师进行参考．

一、以中国优秀传统数学文化为背景

　　例1：（2020·盐城）把 $1 \sim 9$ 这 9 个数填入 3×3 方格中，使其任意一行、任意一列及两条对角线上的数之和都相等，这样便构成了一个"九宫格"．它源于我国古代的"洛书"（图 3-1-1），是世界上最早的"幻方"．图 3-1-2 是仅可以看到部分数值的"九宫格"，则其中 x 的值为（　　）．

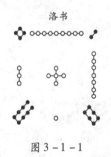

图 3-1-1

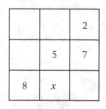

图 3-1-2

A. 1   B. 3   C. 4   D. 6

考查目标：列方程解应用题．以我国古代的"洛书"为背景，承载的是世界上最早的"幻方"文化，考查了方程思想，渗透了数学的对称美．

命题特色分析：本题将世界上最早的"幻方"文化展现在学生眼前，学生在做题过程中也能感受到中华古代的数学文化的魅力．中国古代数学文化是中华民族的历史瑰宝，是广大劳动人民在实践中探索积累起来的精神财富．时代在发展，教育在进步，在适应世界教育改革发展趋势、提升我国教育国际竞争力的现实背景下，以及在新课标提倡的培养学生的核心素养的要求下，要将中国优秀传统文化融入到数学试题中，让学生受到传统文化的熏陶，体会数学文化的魅力，提升学生的文化自信，激发学生对数学的兴趣．解题需要读懂题意，通过数形结合列方程求解．由图可知对角线的和为15，从而求出右下角的数为6，再列出 $8 + x + 6 = 15$，则 $x = 1$，故本题答案为选项 A.

例2：（2020·达州）中国奇书《易经》中记载，远古时期，人们通过在绳子上打结来计数，即"结绳计数"．如图 3 - 1 - 3 所示，一位母亲在从右到左依次排列的绳子上打结，满5进1，用来记录孩子自出生后的天数，由图可知，孩子自出生后的天数是（   ）

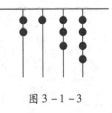

图 3 - 1 - 3

A. 10   B. 89   C. 165   D. 294

考查目标：本题考查进位制和算法．这道题目以中国古代的"结绳记数"为背景，考查考生熟悉的十进制记数法，利用类比思想，可以获得满五进一的感性认识．它所蕴含的逻辑思维、推理方法，所训练的分析问题、解决问题的能力，都是学生在个人的发展过程以及现实生活中必不可少的组成部分．

命题特色分析：以《易经》中的"结绳计数"为设题背景，考查进位制．数学的理性精神具体体现在新的问题情境中，需要学生能灵活应用所学的知识与方法进行研究，合理地选择有效的策略和方法，运用转化与化归的思想解决问题．数学命题通过创设新情境、新问题考查考生发现问题、提出问题、分析问题、解决问题和评价问题的能力，突出体现反思性、探究性和独立思考等方面的思维品质．本题由"在从右到左依次排列的绳子上打结，满5进1"可知，最右侧一列绳子上的 1 个结代表 1，右侧第二列绳子上的 1 个结代表 5，右侧第三列绳子上的 1 个结代表 25，右侧第四列绳子上的 1 个结代表 125，所以孩子出生的天数 $= 4 + 3 \times 5 + 1 \times 25 + 2 \times 125 = 294$，故答案为选项 D.

例 3：（2019 年上海市）《九章算术》中有一道题的条件是："今有大器五小器一容三斛，大器一小器五容二斛."大致意思是：有大小两种盛米的桶，5 大桶加 1 小桶共盛 3 斛米，1 大桶加 5 小桶共盛 2 斛米，依据该条件，1 大桶加 1 小桶共盛_____斛米.（注：斛是古代一种容量单位）

考查目标：题目考查列二元一次方程组解决实际问题. 本题以《九章算术》中的盛米"容器"问题为载体，考查学生列方程组解决实际问题的能力、运算能力及模型观念、应用意识. 本题重视发挥数学的文化功能和教育功能.

命题特色分析：《九章算术》内容十分丰富，全书总结了战国、秦、汉时期的数学成就. 同时，《九章算术》在数学上还有其独到的成就，其不仅最早提到分数问题，还首先记录了盈不足等问题. "方程"章还在世界数学史上首次阐述了负数及其加减运算法则. 它是一本综合性的历史著作，是当时世界上最简练有效的应用数学，它的出现标志着中国古代数学形成了完整的体系. 用方程的思想，设 1 个大桶可以盛米 x 斛，1 个小桶可以盛米 y 斛，

则 $\begin{cases} 5x + y = 3, \\ x + 5y = 2, \end{cases}$

故 $5x + x + y + 5y = 5$，则 $x + y = \dfrac{5}{6}$. 所以 1 大桶加 1 小桶共盛 $\dfrac{5}{6}$ 斛米，故答案填 $\dfrac{5}{6}$.

例 4：（2020·宁波）我国古代数学名著《孙子算经》中记载："今有木，不知长短，引绳度之，余绳四尺五寸；屈绳量之，不足一尺，木长几何?"意思是：用一根绳子去量一根木条，绳子还剩余 4.5 尺；将绳子对折再量木条，木条剩余 1 尺，问木条长多少尺? 如果设木条长 x 尺，绳子长 y 尺，那么可列方程组为（　　）

A. $\begin{cases} y = x + 4.5 \\ 0.5y = x - 1 \end{cases}$ 　　　B. $\begin{cases} y = x + 4.5 \\ y = 2x - 1 \end{cases}$

C. $\begin{cases} y = x - 4.5 \\ 0.5y = x + 1 \end{cases}$ 　　　D. $\begin{cases} y = x - 4.5 \\ y = 2x - 1 \end{cases}$

考查目标：列二元一次方程组解决实际问题. 本题以《孙子算经》中的

"木条"问题为载体，体会我国古代数学问题解决方法背后的思想，让学生一起浏览我国古代悠久的数学发展历史，欣赏我国辉煌的成就，激发起学生的民族自豪感.

命题特色分析：以中国古代数学名著《孙子算经》中的问题为命题背景，考查考生列方程组解决问题的能力. 为减少因阅读造成理解困难，命题时将文言问题翻译成现代文，方便学生阅读理解. 试题引导学生重视数学文化，从而提高学生学习数学的兴趣，弘扬我国优秀的传统文化，根据"用一根绳子去量一根木条，绳子还剩余 4.5 尺"得 $y = x + 4.5$；由绳子对折再量木条，木条剩余 1 尺得 $0.5y = x - 1$，所以所列方程组为 $\begin{cases} y = x + 4.5, \\ 0.5y = x - 1 \end{cases}$，故答案为选项 A.

例 5：（2020·湘潭）算筹是在珠算发明以前我国独创并且有效的计算工具，为我国古代数学的发展做出了很大的贡献. 在算筹计数法中，以"纵式"和"横式"两种方式来表示数字，如表 3 – 1 – 1：

表 3 – 1 – 1

数字形式	1	2	3	4	5	6	7	8	9
纵式	│	‖	‖‖	‖‖‖	‖‖‖‖	┬	┬┬	┬┬┬	┬┬┬┬
横式	—	=	≡	≣	≣	⊥	⊥	⊥	⊥

表示多位数时，个位用纵式，十位用横式，百位用纵式，千位用横式，遇零则置空，以此类推. 示例如下：⌐π≡ 6728，⌐π ⫿ 6708，则 ⫿ │ ⊥ π 表示的数是＿＿＿＿＿＿.

考查目标：本题考查数符转换能力和记数法. 中国古代十进制的算筹是记数法在数学世界史上是一个伟大的创造，它的算法在当时的世界上是比较先进的，是古代的重要科学技术成就，一直到算盘发明推广之前它都是中国重要的计算工具，是中国古人伟大的科技成就源于古老的数学智慧，在现代依然熠熠生辉.

命题特色分析：以我国古代算筹记数法纵式与横式的综合使用表示多位数的方法为载体，考查考生的阅读理解能力及数符转换能力. 在表示多位数时，用算筹表示的各位数字横纵相间，从位高到位低从左至右横列，与如今的数字书写习惯相同. 个位在最右，用纵式，十位用横式，百位用纵式，千位用横式，以此类推，遇零则置空，根据算筹计数法来计数即可. 根据算筹记数法，⫿ │ ⊥ π 表示的数是 8167.

例6：（2020·黄冈）我国古代数学著作《九章算术》中有这样一个问题："今有池方一丈，葭（jiā）生其中央，出水一尺，引葭赴岸，适与岸齐，问水深几何？"（注：丈、尺是长度单位，1丈＝10尺）这段话翻译成现代汉语，即为如图3－1－4所示，有一个水池，水面是一个边长为1丈的正方形，在水池正中央有一根芦苇，它高出水面1尺，如果把这根芦苇拉向水池一边的中点，它的顶端恰好到达池边的水面，则水池里水的深度是_____尺．

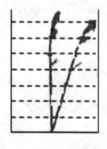

图3－1－4

考查目标：列一元二次方程解应用题．在众多古代数学名著中，《九章算术》备受命题者青睐，命题者从《九章算术》中选取与当今初中数学教学内容相关的题材为背景，加上简短翻译，让考生快速理解问题的情境．

命题特色分析：《九章算术》是中国传统数学重要的著作，奠定了中国传统数学的基本框架，它的代数成就主要包括开方术、正负术和方程术等，其中方程术是《九章算术》最高的数学成就，书中收集了264个与生产、生活实践有关的应用问题．本题以《九章算术》中一个问题为载体，文图对应，考查考生的阅读理解能力与观图能力，需要将问题抽象为直角三角形问题进行求解，试题引导考生重视数学文化，从而提高学生学习数学的兴趣，弘扬我国优秀的传统文化，不断提升学生的数学文化素养．根据题意设这个水池深 x 尺，由题意得，$x^2 + 5^2 = (x+1)^2$，解得 $x = 12$，即这个水池深12尺．本题进行了改编，《九章算术》中原题还要求计算芦苇的长度，为减少运算量将其改为只求水池里水的深度，芦苇的长度为13尺，故答案为13．

例7：（2020·呼和浩特）中国古代数学著作《算法统宗》中有这样一段记载，"三百七十八里关；初日健步不为难，次日脚痛减一半，六朝才得到其关．"其大意是：有人要去某关口，路程为378里，第一天健步行走，从第二天起，由于脚痛，每天走的路程都为前一天的一半，一共走了六天才到关口，则此人第一和第六这两天共走了（　　　）

A. 102 里　　　　B. 126 里　　　　C. 192 里　　　　D. 198 里

考查目标：列一元一次方程解决实际问题．考查等比数列的求和运算，但也可以用初中方程知识进行求解，既能衔接初中和高中的知识点，也能彰显数学的人文情怀，激发学生对中华民族优秀传统文化的热爱．

命题特色分析：题目以我国古代数学名著《算法统宗》为载体，以诗入题，极具有文艺色彩，能潜移默化地让考生感受数学的应用价值和美学价值．将古算题转化为现实等比数列求和问题，考查考生的阅读理解能力及利用方程知识求解问题的能力．设第六天走的路程为 x 里，则第五天走的路程为 $2x$ 里，以此往前推，第一天走的路程为 $32x$ 里，依题意得 $x + 2x + 4x + 8x + 16x + 32x = 378$，解得 $x = 6.32x = 192$，$6 + 192 = 198$．

∴此人第一和第六这两天共走了 198 里，故答案为选项 D.

二、以中国数学家优秀成果为背景

例 **8**：（2018 山东德州）我国南宋数学家杨辉所著的《详解九章算术》一书中，用下图的三角形解释二项式 $(a+b)^n$ 的展开式的各项系数，此三角形称为"杨辉三角"．

$(a+b)^0$·················1

$(a+b)^1$················1　1

$(a+b)^2$··············1　2　1

$(a+b)^3$············1　3　3　1

$(a+b)^4$·········1　4　6　4　1

$(a+b)^5$······1　5　10　10　5　1

根据"杨辉三角"计算 $(a+b)^8$ 的展开式中从左起第四项的系数为（　　　）

A. 84　　　　B. 56　　　　C. 35　　　　D. 28

考查目标：本题是一道规律探索问题，考查学生的推理能力、抽象能力、模型观念、创新意识．本题以我国南宋数学家杨辉所著的《详解九章算术》中记载的"杨辉三角"为载体，结合二项式系数进行规律探索，在解决问题的过程中，让学生感受中国古代数学家的智慧．

命题特色分析：杨辉三角是中国历史上的一个伟大成就，是二项式系数在三角形中的一种几何排列，在欧洲，这个表被叫作帕斯卡三角形．帕斯卡是在1654 年发现这一规律的，比杨辉要迟 393 年，比贾宪迟 600 年．杨辉三角是中国古代数学的杰出研究成果之一，它把二项式系数图形化，把组合数内在的一些代数性质直观地从图形中体现出来，是一种离散型的数与形的结合，将中国数学家的优秀成果渗透在数学试题中，也是体现数学文化价值的一种重要途径.学生在做题过程中可以感受到前人的智慧以及他们对数学发展所做出的突出贡献.

本题按照规律，继续往下写如下：

$(a+b)^0$ ···1

$(a+b)^1$ ··1　1

$(a+b)^2$ ···1　2　1

$(a+b)^3$ ································1　3　3　1

$(a+b)^4$ ·······················1　4　6　4　1

$(a+b)^5$ ··················1　5　10　10　5　1

$(a+b)^6$ ···········1　6　15　20　15　6　1

$(a+b)^7$ ······1　7　21　35　35　21　7　1

$(a+b)^8$ ···1　8　28　56　70　56　28　8　1

写到 $(a+b)^8$，可发现结果，故选 B.

例9：（2020·长沙）2020 年 3 月 14 日，是人类第一个"国际数学日"，这个节日的昵称是"π"（Day）.国际数学日之所以定在 3 月 14 日，是因为 3.14 与圆周率的数值最接近的数字，在古代，一个国家所算的圆周率的精确程度，可以作为衡量这个国家当时数学与科技发展水平的主要标志，我国南北朝时期的祖冲之是世界上最早把圆周率的精确值计算到小数点后第七位的科学巨匠，该成果领先世界一千多年，以下是对圆周率的四个表述：①圆周率是一个有理数；②圆周率是一个无理数；③圆周率是一个与圆的大小无关的常数，它等于圆的周长与直径的比.④圆周率是一个与圆大小有关的常数，它等于圆的周长与半径的比；其中正确的是（　　　　）

A. ②③　　　　　B. ①③　　　　　C. ①④　　　　　D. ②④

考查目标：本题考查圆周率的含义，圆的周长与它直径的比值，叫作圆周率，用字母 π 表示，π 是一个无限不循环小数，据此进行分析解答即可.我国古代数学家祖冲之研究圆周率的辉煌成果领先世界一千多年，这在数学发展历史上是一个多么伟大的成就，可以激发考生的民族自豪感和爱国热情.

命题特色分析：本题让数学家的故事走进中考，让考生亲近数学，品味数学和欣赏数学的魅力，突显数学的价值，激发学生对数学学习的兴趣和热情，对促进一线教师对数学文化的重视，有着十分重要的作用.试题考查学生对圆周率的理解,解题的关键是明确其含义,并知道 π 是一个无限不循环小数,3.14 只是取它的近似值.①圆周率是一个有理数,错误;②π 是一个无限不循环小数,因此圆周率是一个无理数,说法正确;③圆周率是一个与圆的大小无关的常数,它等于圆的周长与直径的比,说法正确;④圆周率是一个与圆大小有关的常数,它等于圆的周长与半径的比,说法错误,故答案为选项 A.

三、以国外优秀传统数学文化为背景

例 10:(2020·江西)公元前 2000 年左右,古巴比伦人使用的楔形文字中有两个符号(图 3-1-5),一个钉头形代表 1,一个尖头形代表 10,在古巴比伦的记数系统中,人们使用的标记方法和我们当今使用的方法相同,最右边的数字代表个位,然后是十位、百位,根据符号记数的方法,右下面符号表示一个两位数,则这个两位数是_____.

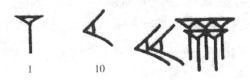

图 3-1-5

考查目标:以古巴比伦记数系统中的符号为载体,考查考生对符图与数对应关系的理解、观察能力及迁移能力、数符转换能力、直观能力,让考生感受古老的数学文化.

命题特色分析:试题取材于古巴比伦人用楔形文字表示的记数系统,能让考生感受不一样的数学文化.古巴比伦人的数学非常发达,古巴比伦计数的方法采用十进位和六十进位,其中用于计算时间的方法是六十进位法,这种进位的方法至今我们都还在沿用.用数形结合的思想探寻规律,依题意可得,有两个尖头表示 $2 \times 10 = 20$,有 5 个丁头表示 5×1,这个两位数为 25,故答案为 25.

四、以国外数学家优秀成果为背景

例 11:(2020·山西)泰勒斯是古希腊时期的思想家、科学家、哲学家,他最早提出了命题的证明(图 3-1-6).泰勒斯曾通过测量同一时刻标杆的影长、标杆的高度、金字塔的影长,推算出金字塔的高度,这种测量原理,就是我们所学的( )

 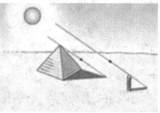

图 3 - 1 - 6

A. 图形的平移 　　　　　B. 图形的旋转

C. 图形的轴对称 　　　　D. 图形的相似

考查目标：图形变换中的图形的相似. 本题讲述古希腊数学数学家泰勒斯的趣闻轶事，将有趣的或有启发性的"推算出金字塔的高度"的故事融人数学试题，让学生通过测量并使用三角形相似计算出金字塔的高度. 试题使考生解决数学问题类似于数学家研究过程，那种既紧张又喜悦的思维，让学生终身难忘.

命题特色分析：以古希腊时期泰勒斯利用图形的相似求金字塔的影长，让考生了解相似形知识在古代的应用，体会数学的作用及古希腊人的聪明才智及其对人类的贡献. 本试题在教材中能找到影子，对考生来说是熟悉的，泰勒斯的测量原理是图形的相似，故答案为选项 D.

例 12：（2020·嘉兴）数学家斐波那契编写的《算经》中有如下问题：一组人平分 10 元钱，每人分得若干；若再加上 6 人，平分 40 元钱，则第二次每人所得与第一次相同，求第一次分钱的人数.

设第一次分钱的人数为 x 人，则可列方程＿＿＿＿＿＿

考查目标：分式方程的应用. 本题以数学家斐波那契编写的《算经》中的一个实际问题为背景，考查考生对数学知识的理解，加深考生对数学的认识.

命题特色分析：本题的文化背景是意大利数学家在数学方面的一些成就，让学生体会数学的魅力及国外数学家对数学做出的贡献，激励我们的学生发愤图强，争取在数学上取得更大的成就. 直接使用《算经》中的译文，考查考生的阅读理解能力及将实际问题表征为数学问题的能力，根据第二次每人所得与第一次相同列方程求解，第一次分得的钱为 $\frac{10}{x}$，第二次分得的钱为 $\frac{40}{x+6}$，因此本题答案为 $\frac{10}{x} = \frac{40}{x+6}$.

五、以中外数学家优秀成果或中外优秀传统数学文化为背景

例13：（2019·宜昌）古希腊几何学家海伦和我国宋代数学家秦九韶都曾提出利用三角形的三边求面积的公式，我们称之为海伦–秦九韶公式：如果一个三角形的三边长分别是 a、b、c，记 $p=\dfrac{a+b+c}{2}$，那么三角形的面积为 $S=\sqrt{p\,(p-a)\,(p-b)\,(p-c)}$. 如图 3–1–7 所示，在△$ABC$ 中，∠A、∠B、∠C 所对的边分别记为 a、b、c，若 $a=5$，$b=6$，$c=7$，则△ABC 的面积为（　　）

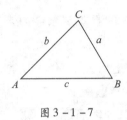

图 3–1–7

A. $6\sqrt{6}$　　　　B. $6\sqrt{3}$　　　　C. 18　　　　D. $\dfrac{19}{2}$

考查目标：二次根式的应用．古希腊的几何学家海伦（Heron，约公元62年），在数学史上以解决几何测量问题而闻名．在他的著作《度量》一书中，给出了公式 $S=\sqrt{p\,(p-a)\,(p-b)\,(p-c)}$ 和它的证明，这一公式被称为海伦公式．我国南宋时期数学家秦九韶（1208–1268），曾提出利用三角形的三边求面积的秦九韶公式 $S=\sqrt{\dfrac{1}{4}\left[a^2b^2-\left(\dfrac{a^2+b^2-c^2}{2}\right)^2\right]}$，化简秦九韶公式容易得到 $S=\sqrt{p\,(p-a)\,(p-b)\,(p-c)}$，这说明海伦公式和秦九韶公式实质是同一个公式．海伦–秦九韶公式的提出，为三角形和多边形的面积计算提供了新的方法和思路，具有深远的影响．

命题特色分析：本题以海伦–秦九韶公式为背景，挖掘数学名家成果中的文化元素，紧密结合教材考查二次根式的化简．结合已知条件 $a=5$，$b=6$，$c=7$，可得 $p=\dfrac{5+6+7}{2}=9$，所以△ABC 的面积 $S=\sqrt{9\,(9-5)\,(9-6)\,(9-7)}=6\sqrt{6}$，故答案为选项 A.

例14：（2020·湖州）七巧板是我国祖先的一项卓越创造，流行于世界各地．用边长为2的正方形可以制作一副中国七巧板或一副日本七巧板，如图 3–1–8 所示，分别用这两副七巧板试拼如图 3–1–9 中的平行四边形或矩形，则

这两个图形中，中国七巧板和日本七巧板能拼成的个数分别是（　　　）

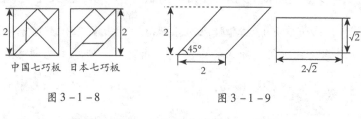

中国七巧板　日本七巧板

图 3 - 1 - 8　　　　　　　　图 3 - 1 - 9

A. 1 和 1　　　　B. 1 和 2　　　　C. 2 和 1　　　　D. 2 和 2

考查目标：图形变换．试题以中国和日本的七巧板传统文化为素材，用不同的七巧板拼图，考查考生的直观观察能力，根据要求拼平行四边形矩形即可．

命题特色分析：中国的"七巧板"顾名思义是由七块图案图板组成的，起源于宋代的"燕几图"，"燕几"意思是"宴宾客的桌子"．其创始人是北宋的黄长睿，号"云林居士"，此人对几何图形很有研究，爱好琴棋书画、风趣好客，为了招待不同人数的客人，潜心设计了"七星"案几，即为传统七巧板最早的雏形，后来，有人把宴几缩小，改变到只有七块板，用它拼图，演变成一种玩具．因为它十分巧妙好玩，所以人们叫它"七巧板"，在新书《七巧世界》中，傅起凤提供了她多年收集的 3000 个七巧古谱和答案，和傅起凤的父母傅天正、曾庆蒲创造的 1000 个新图，以及构思巧妙的七巧书法 900 幅．18 世纪，七巧板被传到国外，立刻引起极大的反响，有些外国人通宵达旦地玩它，并叫它"唐图"，意思是"来自中国的拼图"．日本也有七巧板，其原理和中国的七巧板相同，合在一起亦可拼成一个正方形，只是各块的形状有差异，如图 3 - 1 - 10 所示：

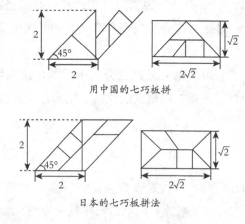

用中国的七巧板拼

日本的七巧板拼法

图 3 - 1 - 10

中国七巧板和日本七巧板能拼成的个数都是 2，故答案为选项 D.

六、以实际生产生活的内容为背景

例 15：（2020·连云港）筒车是我国古代利用水力驱动的灌溉工具，唐代陈廷章在《水轮赋》中写道："水能利物，轮乃曲成."如图 3－1－11 所示，半径为 3 m 的筒车 ⊙O 按逆时针方向每分钟转 $\frac{5}{6}$ 圈，筒车与水面分别交于点 A、B，筒车的轴心 O 距离水面的高度 OC 长为 2.2 m，筒车上均匀分布着若干个盛水筒.在某个盛水筒 P 刚浮出水面时开始计算时间.

图 3－1－11

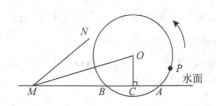

图 3－1－12

（1）经过多长时间，盛水筒 P 首次到达最高点？

（2）浮出水面 3.4 秒后，盛水筒 P 距离水面多高？

（3）若接水槽 MN 所在直线是 ⊙O 的切线，且与直线 AB 交于点 M，$MO = 8$ m.求盛水筒 P 从最高点开始，至少经过多长时间恰好在直线 MN 上.（参考数据：$\cos 43° = \sin 47° \approx \frac{11}{15}$，$\sin 16° = \cos 74° \approx \frac{11}{40}$，$\sin 22° = \cos 68° \approx \frac{3}{8}$）

考查目标：本题考查了切线的性质、锐角三角函数、旋转等知识，灵活运用题目所给数量关系以及特殊角的三角函数值是解题的关键.试题命制是以实际生产生活的内容为背景的，知识来源于生活，让学生寻找生活中的数学，通过试题引导学生提高人文素养、传承民族精神、增强民族自豪感.

命题特色分析：本题以中国水力驱动的灌溉工具为背景，很好地考查了三角函数的相关内容.考生需要先观察由实物图形抽象出来的几何图形，利用圆和旋转的知识进行解题.这和以往多数通过所给有关三角函数的应用问题的命题方式相比，确实增添了一些新意，也传播了中国悠久的文明和智慧.第（1）问先根据筒车每分钟旋转的速度计算出筒车每秒旋转的速度，再利用三角函数

确定 $\angle AOC = 43°$，最后再计算出所求时间 $\frac{180-43}{5} = 27.4$（秒）；第（2）问先根据时间和速度计算出 $\angle AOP = 17°$，进而得出 $\angle POC = 60°$，最后利用三角函数计算出 $OD = OP \cdot \cos 60° = 3 \times \frac{1}{2} = 1.5$，从而得到盛水筒 P 距离水面的高度为 $2.2 - 1.5 = 0.7$（m）；第（3）问先确定当 P 在直线 MN 上时，此时 P 是切点，再利用三角函数得到 $\angle POM = 68°$，$\angle COM = 74°$，从而计算出 $\angle POH = 38°$，最后再计算出所需要的时间为 $\frac{38}{5} = 7.6$（秒）．

七、以当代科技文化为背景

例 16：（2020·成都）2020 年 6 月 23 日，北斗三号最后一颗全球组网卫星在西昌卫星发射中心成功发射并顺利进入预定轨道，它的稳定运行标志着全球四大卫星导航系统之一的中国北斗卫星导航系统全面建成．该卫星距离地面约 36000 千米，将数据 36000 用科学记数法表示为（　　　）

A. 3.6×10^3 　　　　　　　　B. 3.6×10^4

C. 3.6×10^5 　　　　　　　　D. 36×10^4

考查目标：用科学记数法表示较大的数．本题以中国北斗卫星导航系统建成全球组网部署为素材．北斗三号最后一颗全球组网卫星在西昌卫星发射中心成功属于年度时政热点，特别是 2020 年 7 月 31 日，中国向全世界郑重宣告，中国自主建设、独立运行的北斗三号全球卫星导航系统已全面建成，中国北斗开启了高质量服务全球、造福人类的新篇章．以科技文化为背景来进行考查，容易激发学生创新和探索的欲望，有利于培养学生对科技文化的兴趣．大量的科技文化背景出现在数学文化试题中，体现了在教育改革过程中我国社会主义建设的优秀科研成果越来越受到重视．

命题特色分析：北斗三号最后一颗卫星被称为"嚞星"，该卫星距离地面约 36000 千米．嚞星"作为北斗全球导航系统的"收官之星"，可以说是国产化的集大成之作，标志着北斗系统完成全球组网的部署．中国的北斗、世界的北斗、一流的北斗，是北斗系统始终秉持和践行的发展理念，北斗系统全面建成后，不仅可以满足国民经济发展和国防建设需求，还将更好地服务全人类，为世界提供中国方案，贡献中国智慧．我国成为继美国、俄罗斯之后世界上第三个具有卫星导航系统的国家，以我国卫星导航科技上取得的成就凸显我国科技实力的提高，很好地体现了学科育人的价值．本题考查科学记数法，36000 =

3.6×10^{4}，故答案为选项 B.

例 17：（2020·福建）2020 年 6 月 9 日，我国全海深自主遥控潜水器"海斗一号"在马里亚纳海沟刷新了我国潜水器下潜深度的纪录，最大下潜深度达 10907 米. 假设以马里亚纳海沟所在海域的海平面为基准，将其记为 0 米，高于马里亚纳海沟所在海域的海平面 100 米的某地的高度记为 +100 米，根据题意，"海斗一号"下潜至最大深度 10907 米处，该处的高度可记为_____米.

考查目标：本题考查了正数、负数的意义及其应用，解题的关键是掌握正数、负数的意义. 试题取材于"'海斗一号'利用其搭载的具有完全自主知识产权的全海深机械手，完成了多次万米深渊坐底作业，最大下潜深度达 10907 米"，以科技文化为背景来进行考查，促使学生树立从小热爱科学、长大后用科技强国的志向.

命题特色分析："海斗一号"的研制成功，是我国海洋技术装备领域的一个里程碑，为我国深海科学研究提供了一种全新的技术手段，也标志着我国无人潜水器技术跨入了可覆盖全海深探测与作业的新时代. 试题以科技文化为背景，创设体现这些技术的数学问题情境，在体现数学的应用价值的同时，突出了我国在科技文化方面的发展成果，展示了科技文化自信，有助于利用中考为导向，提醒学生关注生活中的科技文化，同时又能体现数学作为基础学科的重要性. 因为高于马里亚纳海沟所在海域的海平面 100 米的某地的高度记为 +100 米，所以"海斗一号"下潜至最大深度 10907 米处，可记为 –10907，故答案为 –10907.

八、以数学名题为背景

例 18：（2020·河南）我们学习过利用尺规作图平分一个任意角，而"利用尺规作图三等分一个任意角"曾是数学史上一大难题，之后被数学家证明是不可能完成的. 人们根据实际需要，发明了一种简易操作工具——三分角器. 图 3 – 1 – 13 是它的示意图，其中 AB 与半圆 O 的直径 BC 在同一直线上，且 AB 的长度与半圆的半径相等；DB 与 AC 垂直于点 B，DB 足够长.

使用方法如图 3 – 1 – 14 所示，若要把 $\angle MEN$ 三等分，只需准确放置三分角器，使 DB 经过 $\angle MEN$ 的顶点 E，点 A 落在边 EM 上，半圆 O 与另一边 EN 恰好相切，切点为 F，则 EB、EO 就把 $\angle MEN$ 三等分了. 为了说明这一方法的正确性，需要对其进行证明. 如下给出了不完整的"已知"和"求证"，请你补充完整，并写出"证明"过程.

已知：如图 $3-1-14$，点 A、B、O、C 在同一直线上，$EB \perp AC$，垂足为点 B，$AB = OB$，EN 切半圆 O 于 F.

求证：EB、EO 将 $\angle MEN$ 三等分.

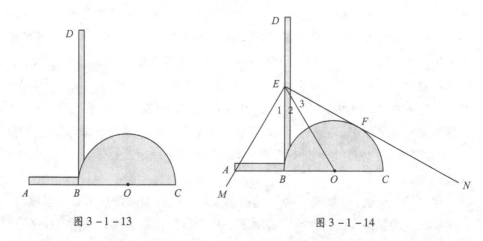

图 $3-1-13$　　　　　　　　　　　图 $3-1-14$

考查目标： 本题考查了切线的性质、全等三角形的判定和性质. 三等分角问题是二千四百年前，古希腊人提出的几何三大作图问题之一，即用圆规与直尺把一任意角三等分. 问题的难处在于作图使用工具的限制，古希腊人要求几何作图只许使用直尺（没有刻度，只能作直线的尺）和圆规. 这个问题曾吸引许多人去研究，但都无一成功. 1837 年，凡齐尔（1814 – 1848）运用代数方法证明了，这是一个尺规作图的不可能问题. 以数学名题为文化背景是中考数学文化试题的一大特色，本题是在尺规作图的不可能解决三等分任意角的问题的背景下，从几何图形的另一途径去解决此问题，并且很好地把初中核心几何知识结合起来，培养学生的创新精神，达到对学生的逻辑推理核心素养进行考查的目的.

命题特色分析： 数学名题一般与著名的数学家联系紧密，或者与著名的数学定理、公式、图形等相关，或者有相似的经典解法，这些数学名题经过长期的积累和不断的创新，得到了很好的拓展. 这也是数学名题一直以来展示其独到魅力的原因. 正确识别图形就可完成"已知"和"求证"的填空如下：如图 $3-1-15$ 所示，点 A、B、O、C 在同一直线上，$EB \perp AC$，垂足为点 B，$AB = OB$，EN 切半圆 O 于 F. 求证：EB，EO 将 $\angle MEN$ 三等分. 如图 $3-1-15$ 所示，连接 OF，根据垂直的定义得到 $\angle ABE = \angle OBE = 90°$，根据全等三角形的性质得到 $\angle 1 = \angle 2$，又根据切线的性质得到 $\angle 2 = \angle 3$，于是得到结论 $\angle 1 = \angle 2 = \angle 3$，所以 EB、EO 将 $\angle MEN$ 三等分.

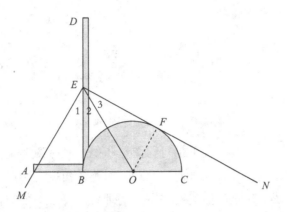

图 3 - 1 - 15

例19：（2020·武汉）在探索数学名题"尺规三等分角"的过程中，有下面的问题：如图 3 - 1 - 16 所示，AC 是平行四边形 $ABCD$ 的对角线，点 E 在 AC 上，$AD = AE = BE$，$\angle D = 102°$，则 $\angle BAC$ 的大小是_____．

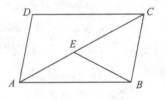

图 3 - 1 - 16

考查目标：本题主要考查了平行四边形的性质、等腰三角形的判定和性质．本题是在探索"尺规三等分角"的过程中产生的问题，在研究"利用尺规作图三等分一个任意角"的过程中还发现了如蚌线、心脏线、圆锥曲线等特殊曲线，引发了很多思考，也得到了很多研究成果．本题考查了考生的逻辑推理和数学运算的能力．

命题特色分析：本题命题特色与例15 同出一辙．解答本题的关键是运用平行四边形结合已知条件判定等腰三角形和掌握方程思想．设 $\angle BAC = x$，然后结合平行四边形的性质和已知条件用 x 表示出 $\angle EBA$、$\angle BEC$、$\angle BCE$、$\angle BEC$、$\angle DCA$、$\angle DCB$，最后根据两直线平行同旁内角互补，得出 $\angle D + \angle DCB = 180°$，列方程 $102° + 3x = 180°$，求出 $x = 26°$，故答案为 26°．

九、以数学图形美为背景

例20：（2020·衡阳）下面的图形是用数学家的名字命名的，其中既是轴对

称图形又是中心对称图形的是（　　　）

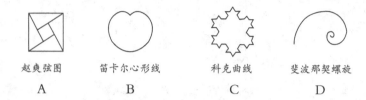

赵爽弦图	笛卡尔心形线	科克曲线	斐波那契螺旋
A	B	C	D

考查目标：题目主要考查了轴对称图形和中心对称图形．本题以数学家名字命名的几何图形为载体，从轴对称和中心对称的角度对图形进行分类，四个图形各代表了一类，考查考生对对称图形的理解．每个图形的背后都有数学文化背景和纪念意义，就如赵爽弦图体现着中国古代人们对自然细致观察的成果，体现了中国古代人对图形对称的审美观，彰显了我国古代数学家的智慧，它还是 2002 年在北京召开的第 24 届国际数学大会的会标．

命题特色分析：轴对称图形的关键是寻找对称轴，图形两部分折叠后可重合；中心对称图形是要寻找对称中心，旋转 180 度后两部分重合．赵爽弦图不是轴对称图形，是中心对称图形；笛卡尔心形线是轴对称图形，不是中心对称图形；科克曲线既是轴对称图形，又是中心对称图形；斐波拉契螺旋线既不是轴对称图形，也不是中心对称图形，故答案为选项 C.

例 21：（2020·甘肃）生活中到处可见黄金分割的美，如图 3－1－17 所示，在设计人体雕像时，使雕像的腰部以下 a 与全身 b 的高度比值接近 0.618，可以增加视觉美感，若图中 b 为 2 米，则 a 约为（　　　）

图 3－1－17

A. 1.24 米　　　B. 1.38 米　　　C. 1.42 米　　　D. 1.62 米

考查目标：本题考查了黄金分割比的定义．本题的主线是黄金比例 $\dfrac{\sqrt{5}-1}{2}$，以设计人体雕像为背景，探讨人体黄金分割之美，不仅体现了数学的审美价值还表达了数学的对称、协调、和谐的美育思想.

命题特色分析：本题以实际生活中的素材为背景，将数学知识融入试题中，以激发学生学习数学的兴趣，体现数学的应用价值. 根据题中所给信息，$a:b \approx 0.618$，代入 $b=2$，所以 $a \approx 2 \times 0.618 = 1.236 \approx 1.24$，故答案为选项 A.

例 22：（2020·成都）如图 3-1-18 所示，六边形 $ABCDEF$ 是正六边形，曲线 $FA_1B_1C_1D_1E_1F_1 \cdots$ 叫作"正六边形的渐开线"，$\overset{\frown}{FA_1}$、$\overset{\frown}{A_1B_1}$、$\overset{\frown}{C_1B_1}$、$\overset{\frown}{C_1D_1}$、$\overset{\frown}{D_1E_1}$、$\overset{\frown}{E_1F_1} \cdots$ 的圆心依次按 A、B、C、D、E、F 循环，且每段弧所对的圆心角均为正六边形的一个外角. 当 $AB = 1$ 时，曲线 $FA_1B_1C_1D_1E_1F_1$ 的长度是_____.

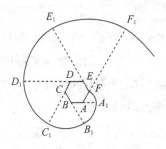

图 3-1-18

考查目标：考查的是弧长的计算. 以正六边形的渐开线为载体，学生在欣赏数学的优美曲线的同时，要根据曲线组成部分、各部分位置关系、各部分数量关系来综合计算一段曲线的长度，体现了数学文化具有比数学知识体系更为丰富和深邃的文化内涵. 数学文化是对数学知识、技能、能力和素养等概念的高度概括.

命题特色分析：正多边形的渐开线是平滑流畅的，展示了连贯纤细的曲线美. 将数学的神奇美蕴含在试题中，让学生亲近数学、品味数学和欣赏数学的魅力，展现数学文化的价值，激发学生对后继数学学习的兴趣和热情. 解题的关键是熟练运用弧长公式进行计算，根据题意，得 $\overset{\frown}{FA_1} = \dfrac{60 \times \pi \times 1}{180} = \dfrac{\pi}{3}$；$\overset{\frown}{A_1B_1} = \dfrac{60 \times \pi \times 2}{180} = \dfrac{2\pi}{3}$；$\overset{\frown}{C_1B_1} = \dfrac{60 \times \pi \times 3}{180} = \pi$；$\overset{\frown}{C_1D_1} = \dfrac{60 \times \pi \times 4}{180} = \dfrac{4\pi}{3}$；$\overset{\frown}{D_1E_1} = \dfrac{60 \times \pi \times 5}{180} = \dfrac{5\pi}{3}$；$\overset{\frown}{E_1F_1} = \dfrac{60 \times \pi \times 6}{180} = 2\pi$. 曲线 $FA_1B_1C_1D_1E_1F_1$ 的长度是 $\dfrac{\pi}{3} + \dfrac{2\pi}{3} + \pi + \dfrac{4\pi}{3} + \dfrac{5\pi}{3} + 2\pi = 7\pi$. 故答案是 7π.

十、以学生生活文化为背景

例23：（2020·重庆A卷）火锅是重庆的一张名片，深受广大市民的喜爱．重庆某火锅店采用堂食、外卖、店外摆摊（简称摆摊）三种方式进行经营．6月份该火锅店堂食、外卖、摆摊三种方式的营业额之比为3：5：2．随着促进消费政策的出台，该火锅店老板预计7月份总营业额会增加，其中摆摊增加的营业额占总增加的营业额的 $\dfrac{2}{5}$，则摆摊的营业额将达到7月份总营业额的 $\dfrac{7}{20}$，为使堂食、外卖7月份的营业额之比为8：5，则7月份外卖还需增加的营业额与7月份总营业额之比是_____．

考查目标：考查了三元一次方程组的应用．题目以当地学生生活饮食文化重庆火锅为背景，考查学生运用数学知识解决实际问题的能力，考生对本题的生活情景是非常熟悉的，题目切合考生的认知水平和生活经验，贴近考生生活实际，试题不但新颖、灵活、内容丰富，有浓郁的乡土文化气息，而且对考生的思想、情感、价值观都有很好的引导和促进作用．

命题特色分析：试题设计上自然、和谐，让学生感觉数学就在我们身边，能从生活离不开数学的角度更好地体现数学文化的重要性，本题关系虽然复杂，但考生能从熟知的问题情景中提炼出数学模型，解决实际问题，体现了试题载体的公平性，学生在解决问题的过程中既展现出自己的学业水平，也传播了数学文化．本题从考查内容上看，是数与代数内容与生活文化的结合．法国数学家笛卡儿说："一切问题都可以转化为数学问题，一切数学问题都可以转化为代数问题，而一切代数问题又可以转化为方程问题，因此，一旦解决了函数问题，一切问题都将迎刃而解．"而解决本题的关键是根据题意，设出相应的未知数，结合题目中的等量关系列出方程组进行求解．设6月份该火锅店堂食、外卖、摆摊三种方式的营业额分别为 $3k$、$5k$、$2k$，7月份总增加的营业额为 m，则7月份摆摊增加的营业额为 $\dfrac{2}{5}m$，设7月份外卖还需增加的营业额为 x．因为7月份摆摊的营业额是总营业额的 $\dfrac{7}{20}$，且7月份的堂食、外卖营业额之比为8：5，则7月份的堂食、外卖、摆摊三种方式的营业额之比为8：5：7，再设7月份的堂食、外卖、摆摊三种方式的营业额分别为 $8a$、$5a$、$7a$，由题意可知：

$$\begin{cases} 3k + \dfrac{3}{5}m - x = 8a \\ 5k + x = 5a \\ \dfrac{2}{5}m + 2k = 7a \end{cases}，解得：\begin{cases} k = \dfrac{1}{2}a \\ x = \dfrac{5}{2}a \\ m = 15a \end{cases}，所以 \dfrac{x}{8a + 5a + 7a} = \dfrac{\dfrac{5}{2}a}{20a} = \dfrac{1}{8}，故本题的答$$

案为 $\dfrac{1}{8}$.

例 24：（2020·山西）中国美食讲究色香味美，优雅的摆盘造型也会让美食锦上添花. 图 3 - 1 - 19 中的摆盘，其形状是扇形的一部分，图 3 - 1 - 20 是其几何示意图（阴影部分为摆盘）. 通过测量得到 $AC = BD = 12$ cm，C、D 两点之间的距离为 4 cm，圆心角为 $60°$，则图中摆盘的面积是（   ）

图 3 - 1 - 19

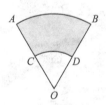

图 3 - 1 - 20

A. 80π cm^2 B. 40π cm^2 C. 24π cm^2 D. 2π cm^2

考查目标：本题考查的是扇形面积的计算及等边三角形的判定与性质. 命题的背景是美食的摆盘文化. "民以食为天"，这句话不仅仅说的是食物是人生存的根本，也体现了饮食文化在中华文明中的重要地位. 美食摆盘也有讲究，把美食摆进漂亮又别致的餐盘中会显得美食更高大上，色香味美俱全，反映了饮食活动过程中饮食品质、审美体验、情感活动、社会功能等所包含的独特文化，也反映了饮食文化与中华优秀传统文化的密切联系，渗透文化育人的功能.

命题特色分析：中华饮食文化博大精深、源远流长，在世界上享有很高的声誉. 中华饮食之所以能够征服世界，原因就在于它的美，摆盘选择扇环形状的器皿会呈现很强的艺术色彩，美食与摆盘艺术结合展示出浓郁的生活文化气息，而当美食与摆盘艺术相遇，看到的就是各美其美，美食之美，美美与共. 本题从考查内容上看，是图形与几何内容与生活文化的结合，灵活运用扇形面积计算公式是解题的关键，如图 3 - 1 - 21 所示，连接 CD，首先证明 $\triangle OCD$ 是等边三角形，求出 $OC = OD = CD = 4$ cm，再根据 $S_{阴} = S_{扇形OAB} - S_{扇形OCD} = $

$\dfrac{60 \times \pi \times 16^2}{360} - \dfrac{60 \times \pi \times 4^2}{360} = 40\pi$（$cm^2$），所以本题的答案是选项 B.

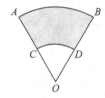

图 3 - 1 - 21

例25：（2022·北京）单板滑雪大跳台是北京冬奥会比赛项目之一，举办场地为首钢滑雪大跳台，运动员起跳后的飞行路线可以看作是抛物线的一部分，建立如图 3 - 1 - 22 所示的平面直角坐标系，从起跳到着陆的过程中，运动员的竖直高度 y（单位：m）与水平距离 x（单位：m）近似满足函数关系 $y = a(x-h)^2 + k$（$a < 0$）.

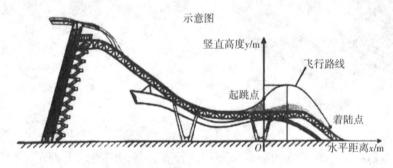

图 3 - 1 - 22

某运动员进行了两次训练.

（1）第一次训练时，该运动员的水平距离 x 与竖直高度 y 的几组数据如下：

表 3 - 1 - 2

水平距离 x/m	0	2	5	8	11	14
竖直高度 y/m	20.00	21.40	22.75	23.20	22.75	21.40

根据上述数据，直接写出该运动员竖直高度的最大值，并求出满足的函数关系 $y = a(x-h)^2 + k$（$a < 0$）.

（2）第二次训练时，该运动员的竖直高度 y 与水平距离 x 近似满足函数关系 $y = -0.04(x-9)^2 + 23.24$. 记该运动员第一次训练的着陆点的水平距离为 d_1，第二次训练的着陆点的水平距离为 d_2，则 d_1 _____ d_2（填 " $>$ "

"="或"<").

考查目标：本题主要考查了二次函数的应用．本题取材于北京 2022 年冬奥会和冬残奥会，北京赛区唯一的雪上比赛场馆，是世界上第一个永久保留的滑雪大跳台场地，也是北京新一代的时尚地标性建筑．有最美水晶鞋、时空雪飞天、工业迪士尼、奥运风向标、北京新网红、京西新地标等称号的首钢滑雪大跳台，被中外媒体和国际官员、运动员给予了很高的评价，收获了一个又一个美丽的名字．此前，国际奥委会主席巴赫先生在观看自由式滑雪女子大跳台比赛时曾说："我见证了这个伟大建筑的诞生，我关注它七年了，它实现了竞赛场馆与工业遗产再利用、城市更新的完美结合．"试题背景极具现实意义，有丰富的生活文化背景，数学源于生活，高于生活，又被广泛应用于生活，数学学习不仅要关注对学生数学核心素养的培养，更要关注丰富的生活世界，努力培养学生创新精神和实践能力．能发现并应用所学的知识去解决社会与生活中的实际问题，才是数学应用的价值所在．

命题特色分析：关注社会生活是时代的要求，设计出与社会热点问题密切相关、格调清新、情境鲜活、富有时代气息的好题，既有强烈的德育功能，又可以让学生从数学的角度分析社会现象，提高其应用能力；既重视考查数学思想和方法，又可以引导学生关注社会热点，增加其社会责任感．本试题就体现了数学的应用价值，还符合时代特征（体现现代科技发展的特点和现代社会生产生活的特点）．本题从考查内容上看，是二次函数内容与生活文化的结合．第（1）问解题的关键是用待定系数法求函数关系式，根据表格中的数据找到顶点坐标，即可得出 h、k 的值，运动员竖直高度的最大值为 23.20 m；将表格中除顶点坐标之外的一组数据代入函数关系式即可求出 a 的值，得出函数解析式 $y = -0.05(x-8)^2 + 23.20$．第（2）问中，设着陆点的纵坐标为 t，分别代入第一次和第二次的函数关系式，求出着陆点的横坐标，用 t 表示出 d_1 和 d_2，然后进行比较即可得出 $d_1 < d_2$．用 t 表示出 d_1 和 d_2，是解题的关键．

例 26：（2022 河南）呼气式酒精测试仪中装有酒精气体传感器，可用于检测驾驶员是否酒后驾车．酒精气体传感器是一种气敏电阻（图 3-1-23 中的 R_1），R_1 的阻值随呼气酒精浓度 K 的变化而变化（图 3-1-24），血液酒精浓度 M 与呼气酒精浓度 K 的关系如图 3-1-25 所示．下列说法不正确的是（　　）

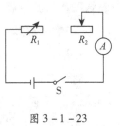

图 3-1-23

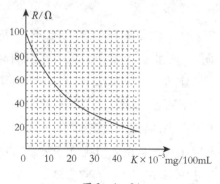

图 3 - 1 - 24

信息窗
$M = 2200 \times K \times 10^{-3}$ mg/100 mL
（M 为血液酒精浓度，K 为呼气酒精浓度）
非酒驾（$M < 20$ mg/100 mL）
酒驾（20 mg/100 ml，$\leq M \leq 80$ mg/100 mL）
醉驾（$M > 80$ mg/100 mL）

图 3 - 1 - 25

A. 呼气酒精浓度 K 越大，R_1 的阻值越小

B. 当 $K = 0$ 时，R_1 的阻值为 100

C. 当 $K = 10$ 时，该驾驶员为非酒驾状态

D. 当 $R_1 = 20$ 时，该驾驶员为醉驾状态

考查目标： 结合生活知识考查了函数图像，根据函数图像获取信息建立模型是解题的关键。酒驾和醉驾的判定标准是驾驶者体内的酒精含量，如果在某个范围内则为酒驾，若是超过某个范围则为醉驾，醉驾的后果比酒驾的后果严重，醉驾是在其行为和意识不清晰的状况下进行驾驶汽车的，因此，对应的处罚力度也就不同，本题侧重于通过例题告诫大家不能酒后驾车，促进对法律准则和社会公德的宣传教育，这也是命题取材的热点。

命题特色分析： 试题设计上亲近生活，让学生感受到数学就在我们身边，感知到数学是来源于生活并应用于生活的一门学科。本题考查从生活中抽象解决问题的数学模型的推理能力、模型观念、运算能力和应用意识。解析如下：根据函数图像可得，R 随 K 的增大而减小，则呼气酒精浓度 K 越大，R_1 的阻值越小，故 A 正确，不符合题意。当 $K = 0$ 时，R_1 的阻值为 100，故 B 正确，不符合题意；当 $K = 10$ 时，则 $M = 2200 \times K \times 10^{-3} = 2200 \times 10 \times 10^{-3} = 22$ mg/100 mL，该驾驶员为酒驾状态，故该选项 C 不正确，符合题意；当 $R_1 = 20$ 时，$K = 40$，则 $M = 2200 \times K \times 10^{-3} = 2200 \times 40 \times 10^{-3} = 88$ mg/100 mL，该驾驶员为醉驾状态，故该选项 D 正确，不符合题意；故选 C。

对中考数学文化试题进行评析有利于促使教育教学更好地渗透数学文化，将知识、思维、方法、原则和精神融为一体，不仅可以体现数学文化内涵的整体育人功能，同时也是数学教育的基本要求。教师也要深入研究历年中考试题，挖掘试题中所蕴含的相关数学文化和数学精神，并在课堂教学中灵活运用。在日常的数学教学中渗透数学文化有利于培养学生的数学核心素养,不仅能激发学生学习数学的兴趣,还能使数学课堂不再枯燥乏味.

对于命制数学文化的数学试题,教师要坚持立德树人的教育思想,用数学文化去关注人与自然和社会的和谐发展;要坚持体现试题的基础性、应用性、综合性和创新性,教学中要努力培养学生,使学生能用数学的眼光观察世界,用数学的思维分析世界,用数学的语言描述世界;要能用数学的思想和方法去研究世界,从而培养学生提出问题、分析问题和解决问题的能力,使创新精神和实践能力的培养在教学中全面体现;要选择合理、真实、自然的素材,突出新时代的气息和特色;要从学生的认知出发,紧密联系教材,对数学文化内容进行合理命制,以真实自然的文化材料、突出数学文化本质的试题内容、新颖的呈现方式考查学生的数学文化素养,最终通过解决问题来传播数学文化.

当数学文化的魅力真正渗入命题、到达课堂、融入教学时,数学教学就会更加平易近人,数学教学就会借助数学文化让学生进一步理解数学、热爱数学.

参考文献

[1] 张奠宙. 数学美与课堂教学 [J]. 数学教育学报, 2001, 10 (4): 1-3.

[2] 张奠宙, 梁绍君, 金家梁. 数学文化的一些新视角 [J]. 数学教育学报, 2003 (2): 38-40.

[3] 祁平, 任子朝, 陈昂, 等. 基于数学文化视角的命题研究 [J]. 数学通报, 2018 (9): 19-24.

[4] 中华人民共和国教育部考试中心. 中国高考评价体系 [M]. 北京: 人民教育出版社, 2019.

[5] 中华人民共和国教育部考试中心. 中国高考评价体系说明 [M]. 北京: 人民教育出版社, 2019.

[6] 中华人民共和国教育部制定. 义务教育数学课程标准 (2022 年版) [S]. 北京: 北京师范大学出版社, 2022.

第二节　课题"基于'洋葱数学'培养学生自主预习能力的模式探索"的研究成果

"基于'洋葱数学'培养学生自主预习能力的模式探索"开题报告

云南财经大学附属中学　王学先

一、研究现状

网络学习空间种类丰富多样，有很多研究也在探索基于空间的教学模式，使信息技术能更好地支持教学，如空间群组与课堂教学互动教学、翻转课堂模式、化工仿真教学模式等．而基于网络学习空间的数学教学模式的研究相对较少，对英语、美术等学科的研究较多．有学校在自行探索，也有了自己的一套模式，比如江西某镇级中学关于数学教学中"支架式"教学模式的应用探索（黄莉，2018），广东黄老师的导学互动数学教学模式的实践研究（黄慧群，2015）．或者是更进一步的翻转课堂的研究，比如淄博一线教师岳老师和陈老师的数学翻转课堂教学模式研究，描述了数学翻转课堂的教学方法和简单的应用．但因为学校自身影响力不足及经济有限，这些研究无法进行推广和复制．网络学习空间的应用仍较为初级和零散化，未能与教学实践有效融合，缺乏可行的常态化应用模式．

基于"洋葱数学"培养学生自主预习能力的模式探索的研究，从查阅的资料来看，其进行了一些研究，做法值得借鉴，但不成体系，没有很好地运用"洋葱数学"对学生进行自主学习能力的创新培养，此外"洋葱数学"的系统可以提供数据分析，有利于提高教学效率．随着信息技术的发展及其在学校教育中的应用，学校教学面临着深刻的变革．传统的教学观念往往停留在班级授课制模式下，学生进行集中学习，教师集中进行讲解．伴随着互联网时代的不断发展，基于动态学习数据分析的智慧教学应运而生，利用微课教学与翻转课堂、在线学习、移动学习等相结合，对学生的学习、教师的教学、资源共享、以及教学评价等会产生深刻的影响，特别是对学生自主预习和学习能力的培养．

二、研究目标

（一）提高初中数学教育信息化水平，建立属于初中数学的网络化学习空间

利用"洋葱数学"平台，突破传统教育的局限，利用互联网和大数据实现数字化教育，关注学生个体，积极帮助学生学习知识．课前，教师布置学生的预习任务，促使学生养成课前预习的习惯；课堂上，教师让学生完成检测小练习，检测学生预习的效果和完成情况，通过数字化设备把学生所做的过程记录下来，将学生在练习中的问题进行实时反馈，此时课堂上的每位学生都可以得到教师的关注．将课前和课堂的情况都制成电子数据，可以使教师更好地了解学生学习的情况，更好地知道学生学习的薄弱点，实施高效的个性化网络教育，构建财大附中初中数学的网络化学习空间．

（二）转变学生学习方式，培养学生的自主学习能力，改变教师的教学方式

预习的过程就是自学的过程，就是学生凭借自己已有的综合能力独立地发现问题、分析问题、解决问题的过程，也是学生独立理解、识记知识的过程．课堂教学的目的是在一节课的时间内达到预期目标，如果学生在预习后带着问题和目的去听课，教学就会取得事半功倍的效果．通过本课题的研究，能帮助参与学校营造主动学习、积极思考、师生互动、生生互动的数学课堂教学氛围，包括课上播放视频、翻转课堂等方式，帮助教师转变观念，积极开展数学信息化课堂教学模式的探索，帮助学生养成自主学习的习惯，优化课堂教学，促进学生自主学习过程的自我生成，激发学生学习数学的兴趣，提高学生的学习能力，改变学生学习的方式，探索云南财经大学附属中学初中学生数学自主预习的模式．通过对云南财经大学附属中学教师利用网络学习空间开展数学教学的实践进行分析研究，加强教师研讨，集思广益，使教师形成共识，培养学生发现学习、探究学习、研究学习、自主学习的能力，加强方法指导，让学生的自主学习有章可循，探索出符合我校当前现状的基于网络学习空间的数学信息化课堂教学新模式，提升教师的数学教学水平，进而改变我校数学教与学的现状．

（三）构建新型的初中数学教研团队

云南财经大学附属中学的教师水平、教学设施等硬件条件为"洋葱数学"平台引入提供了很好的基础，学校数学组 11 位教师中有 3 人为中学高级教师，其余为中学一、二级教师，教龄均在 6 年以上，而且都主动投入到信息与数学

教学整合的改革中来，教师基于网络学习空间的数学教学方法和教学模式的研讨和学习活动，提高财大附中数学教育信息化水平，同时建立属于财大附中的初中数学网络学习空间的教研团队，并参与"基于'洋葱数学'培养学生自主预习能力的模式探索"的课题研究，以研促教.

三、研究内容

（一）探索培养学生自主预习能力的有效模式，制定这些模式的评价方式

教师通过将"洋葱数学"布置成预习作业给学生的方式，探索能够培养学生自主预习、学习能力的有效模式，并基于学生自学的能力和效率对这些模式进行评价. 同时教师可以提出自己在研究过程中发现的一些问题，及自己的应对方法与思考，使评价反馈即时化. 教师对学生在课堂内外反映出来的学习成效，通过云网端，及时给予评价反馈，引导学生循序渐进地开展学习，提高其学习效率，使交流互动立体化，探索"洋葱数学"与课堂教学的有效融合，除了课堂内的师生互动及生生有效互动外，师生还可以借助云端平台进行立体交流，实现师生、生生之间的持续沟通，提高课堂教学效率，使实验过程数字化，微观变化可视化，资源推送智能化. 学生在课堂内外反应出来的学习状态会随着动态学习数据而被归纳与分析，反应出学生掌握知识的实际情况，平台可以根据学生情况智能推送有针对性的学习资料，帮助学生补足短板，提高其学习成绩.

（二）在基于网络的自主学习中树立"自主学习观"，培养学生的自主学习能力

基于网络环境下的自主学习，就是学生在运用网络优势的前提下，在教学过程中，在教师的启发、引导、点拨、帮助下，带着一种积极了解问题、解决问题的强烈愿望与心情，用探究的方法，自主参与学习，从而达到解决疑问、掌握相应的知识的目的. 自主性学习是比较适合在网络环境中进行的，网络能解决研究所需的大量资源，财大附中通过数学学科的教学研究，利用洋葱数学教学资源创新学生学习方式，培养学生的自主学习能力，探讨基于"洋葱数学"的数学信息化教学对提升学生数学学习能力（包括知识技能、数学思考、问题解决等方面）的作用.

（三）信息技术构建培养学生解决问题能力的教学模式，有效促进了学生能力的提高

利用网络环境，学生能在网络和资源库上获得所需的课程和学习资源，可以不受时空和呈现方式的限制，通过多种设备，使用各种学习平台，获得高质

量的课程相关信息，并将其融入学习中，有助于学生学习知识和加深对现实世界的理解，探索"洋葱数学"网络学习空间可以帮助教师转变教学理念、帮助教师实现教学模式变革，进而探索适合我校中小学生的数学信息化课堂教学新模式和数学与融合信息技术，探索帮助学生自主预习的学习方式，帮助学生建立小组协作，使教师实现异步指导．开展以学生为中心的、自主的学习，教师要建立一个学习环境，激发学生的学习兴趣，让学生在获得丰富的情感体验的同时通过网络掌握大量的学习资源，根据自己的学习特点和愿望，按照自己的学习方法，主动地选择学习内容、学习时间和学习进度．

目前我校数学课堂教学，主要采用的依然是以先教后学为主、由教师讲授大部分学科内容的填鸭式教育．培养创新人才，培养拥有自主学习能力的学生，可以通过"洋葱数学"的用户学校研究以学习者为中心的教学方式，比如在课上播放微课资源的模式，或者线上线下混合翻转的课堂模式．

数学有不同的课型，比如最简单的分类是新课和复习课，新课又包括数学概念、几何定理、公式法则等类型，使用信息技术的方法不尽相同，教学方法也会有所区别．我们研究不同类型的数学教学模式，有助于学生创新能力的培养，要探索如何使网络学习空间更好地适应不同的课型．网络环境下的自主学习方式，能有效地激发学生的学习兴趣，能全面有效地调动学生学习的主动性和积极性，促进学生学习动力的形成，进而可以有效地提高其学习效果，促使教学质量大幅度提高，使学生真正成为学习的主体．

（四）借助"洋葱数学"平台中的视频资源，在预习中探索数学文化与初中数学融合的教学案例

"洋葱数学"每一章都有关于数学文化的视频，这些视频幽默有趣，视频内容与初中学生年龄特征相符，深受学生喜爱，是数学文化与初中教学融合的教学资源．课题组及王学先名师工作室根据视频设计了相应的教学案例，并进行了实践．

四、研究方法

（一）文献资料法

搜集、整理与课题有关的教育教学理论，为课题研究提供充实可行的理论依据．

（二）调查研究法

通过问卷及访谈的形式，了解基于"洋葱数学"培养学生自主预习能力的模式的认识、态度及在研究过程中的问题，以便让课题研究更适合于学生.

（三）行动研究法

针对基于"洋葱数学"培养学生自主预习能力的模式教学法在教育活动和教育实践中的问题，通过行动研究不断地探索、改进和解决教育实际问题.

（四）案例研究法

基于"洋葱数学"培养学生自主预习能力的模式教学法开展探究性教学，采取案例研究法，研究探究性教学的组织形式、过程、步骤、评价方法等，及时总结经验，探求规律.

（五）对比研究法

在研究过程中，在不同的班级采用传统教学法和基于"洋葱数学"培养学生自主预习能力的教学模式，通过比较实验数据，探索优化课堂教学结构的措施.

（六）经验总结法

教育经验总结法是根据教育实践所提供的案例，分析概括教育现象的教学方法. 在本课题的开展过程中，关键是要求教师能够透过现象看本质，找出实际经验中的规律，从而更好地、更加理性地改进自己的教学方法，并客观进行总结评价，形成更为系统的研究成果，为本课题的开展提供更为有效的参考资料.

五、研究过程

第一阶段：准备阶段（2019 年 6 月—2019 年 9 月）

（1）收集有关信息，并进行分析、归类，筛选出有价值的信息，确定研究主题，制订课题计划；组织课题开题，举办课题研究人员培训班，使研究人员学习教育理论，更新教育观念.

（2）组织教师培训，让教师系统地学习"洋葱数学"课堂，提升教学能力，研究课例，增强教师对本课题研究意义的认识，使其进一步明确研究目标，明确实验任务、具体操作方法及各自的职责.

（3）课题小组成员整合研究途径和实践方法，积累相关课程资源，达到每个人都能独立完成教学设计，整理教学素材，完成课件制作.

（4）收集有关文献资料，撰写开题报告和实验研究方案.

（5）设计问卷调查表，调查部分教师和学生教与学的情况.

第二阶段：实施阶段（2019 年 9 月—2020 年 10 月）

（1）确定初中教材中适合使用"洋葱数学"提升学生预习能力的教学内

容，设计初步的预习方案、教学方案和数学研究方案.

（2）坚持定期课题研究小组活动制度，进一步加强对用"洋葱数学"课堂培养学生自主预习能力的理论学习，把利用"洋葱数学"课堂提升学生自主预习能力的数学教学模式的精髓深入贯彻到实践研究中去.

（3）参与课题研究的教师，在自己所教的两个教学班中进行推广.

（4）制订实施计划，按计划进行实验，收集资料，组织研讨活动，撰写实践中期总结报告.

（5）定期组织交流、汇报，注意研究的进程，处理好实践过程中出现的问题.

第三阶段：结题阶段（2020 年 10 月—2020 年 12 月）

（1）认真总结，分析整理研究成果，查缺补漏，补充完善.

（2）完善基于"洋葱数学"培养学生自主预习能力的模式的教学法应用策略.

（3）完成研究资料的整理、数据的统计，组织课题研究小组成员进行成果总结，撰写论文和研究报告，做好课题结题工作.

（4）申请专家组鉴定验收.

六、工作分工

工作分工见表 3－2－1.

表 3－2－1

姓名	分工	工作月数
王学先	负责课题实施、教学法实施操作要义、报告	18
杨周荣麟	制作调查问卷、记录调查分析、研究分析报告	18
甫学龙	撰写中期报告、教学法内涵文本资料	18
杨兴建	教学法实施操作要义、课例设计	18
杨　魁	视频资源整理、录像、评价手册、成绩对比分析报告	18
霍明霞	撰写结题报告	18

七、预期成果

课题预期研究成果主要分为以下六种：

一是调查报告. 具体为《"洋葱数学"与初中数学教学设计与实施现状调

查报告》一份.

二是研究论文.具体为《基于"洋葱数学"培养学生自主预习能力的模式探索的研究》一篇.

三是操作要义."洋葱数学"培养学生自主预习能力的模式的应用手册.

四是评价手册."洋葱数学"培养学生自主预习能力的模式的评价手册.

五是结题报告.具体为"基于'洋葱数学'培养学生自主预习能力的模式探索"结题报告一份.

六是课题研究成果优秀课例.

"基于'洋葱数学'培养学生自主预习能力的模式探索"中期研究报告

昆明市第八中学　甫学龙

云南大学附属中学　杨　魁

一、课题研究概述

(一)课题由来

从师生角度来看,开展微课有以下两个方面的好处:一方面可以促进教师的专业化发展,在传统的教学过程中,教师只需要具备语言、体态、粉笔板书和各种直观教具的使用能力,就可以向学生传递信息,进而使学生进行相应的学习过程;另一方面也可以更好地帮助学生走上个性化自主学习之路.

基于以上情况,本课题组研究的是如何将"洋葱数学"微课资源作为数学预习环节和课堂有机结合,最大程度地发挥其作用.传统的预习方式主要通过课本标记预习法和任务落实预习法的形式进行呈现,但是在遇到数学中的一些重难点的时候,学生只有具备一定的阅读理解能力才能达到自学的效果.成绩中下等的学生只有在其他人的指导下才能较好地完成自主学习任务,一定程度上把中、下等的学生拒绝在了自主学习的门外.

而"洋葱数学"微课使自主学习成为一种可能.借助微课进行提前预习,能有效地克服传统文本阅读预习方式的诸多弊端,为学习者提供多样化的选择,让所有人既能感受学习数学的乐趣,同时又能提升自身自学能力,让课前预习和自主学习再也不是优等生的"专属"能力.

（二）研究的成果

本研究通过实践研究、问卷、访谈调查及相关的数据分析验证了微课预习模式对提高初中生的数学成绩的有效性，同时其对激发学生的数学学习兴趣、提高学生的合作探究能力及自主学习能力有良好的促进作用.

二、课题研究实施情况

（一）课题实施的前期工作

1. 研究各小组成员学校现状

本课题组成员来自四所不同的初中学校，分别是云南财大附中、昆明长城中学、师大实验中学、云大附中，都是昆明市第一梯队的学校，但随着近年来初中招生政策的变化，各学校整体生源质量下降，特别是数学成绩两极分化严重，这就要求教师有更强的处理差异化学习的能力.

2. 分析学情，了解课题起点

在确定《基于"洋葱数学"培养学生自主预习能力的模式探索》的课题后，本课题组针对初中学生在数学学科上是如何预习的、取得什么样的效果、遇到哪些困难等情况，对学生和教师进行调查和访谈.

（1）面向学生进行问卷调查并进行了统计分析，发现当前初中生数学预习环节有如下特点：

① 主动性不够. 不少学生的预习是在教师布置任务的情况下完成的，如果教师没有布置，学生就不会主动完成；有的虽然也完成，但只是把预习当成是被动地完成任务，并没有养成良好的自觉预习的习惯.

② 没有掌握良好的预习方法，只注重阅读，较少地主动采取办法去解决重难点问题，内容也偏重基础性的了解，所采用的方法较为单一.

③ 不善于合作学习，同学间相互合作、交流较少. 这也说明学生合作意识不强，更多的是希望得到教师的帮助.

④ 不注重预习质量. 很多学生在预习时不善于思考，课堂上只有少部分的学生能够积极回答问题，还有一部分学生认为预习只是为了完成教师布置的任务，不积极思考问题.

（2）面向教师进行访谈. 有部分教师认为，数学预习在理想状态下具有一定积极作用，其理由可以归结为以下三点：

① 预习可以逐步培养学生的自主学习能力. 培养学生的预习习惯是一个长

期的过程，教师要求学生在家中独立完成预习，在一定程度上可以迫使学生探寻自我学习的方法．

② 课堂上能够更快速地进入例题教学．预习后，学生能了解到本节课的基本内容，对课本例题也进行过初步思考，可以快速讲授一些显而易见的感知型知识．

③ 教师布置预习任务时，给学生提出明确要求，如读懂定义，或者将例题先在草稿纸上做一遍，或者将书上当堂课的练习题做完．将类似于这样的具体要求布置下去，会比笼统地只说预习的效果好得多．

（3）大多数数学教师对数学学科的预习持怀疑的态度，有的甚至认为数学课不需要预习，他们有以下三个观点：

① 数学本身的学科特点决定数学不需要预习．数学结论的抽象性强，虽然很多数学概念看似简单，学生在预习后能够轻松背出结论，但他们对概念内涵和外延的理解十分模糊，甚至会理解错概念本身的含义．数学课本中的例题往往比较简单，过程也很详细，学生要看明白本身并不太难，但他们对知识并不能认识到位，也不可能做到深层次的理解．

② 数学预习的内容在课堂上都会讲到，没必要花费时间进行预习．预习作为一项学习任务，新内容的自学往往具有一定的难度．教师在课堂授课时可以先帮助学生复习之前的知识，就学生的最近的学习情况对教材进行处理，但学生自己并不具备这样的能力．

③ 在数学探究课中，教师不断地围绕教学目标去启发学生，若是学生已经预习了相关结论以及推导过程，就没什么神秘感了，他们的学习兴趣也会降低．至于教师检验孩子的预习效果的方法，具体的方法有课堂提问、检查书上是否有预习痕迹、上课开始时做个小测试、请家长签字等方式．没有教师提到孩子的学习态度变化和学习方式变化，说明现阶段我们对于预习的评价方式还是单一的、定性的．

3. 概念界定，确定实施策略

基于以上分析，本课题组对该课题涉及的模式进行了讨论，确定翻转课堂是指在教师正式讲课前，学生独立地通过微课自学新课的内容，初步了解新知识，做好知识准备的过程．根据预习习惯，本课题组成员在分配任务时，通过两种方式安排预习环节，一种是把预习的过程放在课堂上进行，另一种是把预习放在课外时间，让学生在课前完成．

根据前一阶段针对初中预习及学习习惯的调查分析，课题组讨论认为如果想充分发挥预习环节的积极作用，教师应该着力解决预习环节中诸多要素之间的关系.

教师应通过多种手段来培养学生的预习意识,特别是那一小部分学生的预习意识,要牢固树立学生是学习的主体的意识,学生自己有能力完成的预习任务,我们绝不包办代替.

教师应适当调整预习作业的难度和强度,让学生不害怕预习.要创设条件,唤醒学生,让他们认识到自己是学习的主人,进而使他们感受到学习的快乐,从而积极主动参与预习.如课堂上教师创设自由、民主、和谐的学习氛围,激发鼓励学生大胆质疑,对此教师应给予学生积极评价.又如教师想办法创造各种评价方式,激励学生提前预习,甚至超前预习.

教师应对学生预习内容给予指导,让他们逐步知道预习时自己可以做些什么,并且指导学生把在预习中遇到的问题记录下来,积极寻求解决办法.

教师应对学生预习步骤给予指导,让学生由浅入深,由易到难地进行预习;教师对学生进行预习指导时要让学生明确预习要求和目标.

教师应关注学生的差异.不同年级学生的预习要求不一样,同一个班级学生也有差异,对其要求也不一样.因此可以分层要求,层层递进,不断鼓励优秀学生和学困生战胜自我.

4. 教学进度与教学内容讨论

在正式开始实施课题研究前,本小组对目前任教的年级、教学内容进行了讨论,针对概念课、解题课、金牌满分课、天梯赛、积分制等软件功能的使用场景进行了分析,初步确定预习方案、教学方案和数学研究方案.方案由各小组成员分别实施,并定期召开进度交流会,处理好理论与实践的差异问题.

(二)课题实施中的理论探索

1. 明确基于"洋葱数学"微课预习模式的内涵

基于"洋葱数学"预习的教学模式是指在教师正式讲课前,学生独立地通过微课来进行自学或小组互助学习新知识的过程.因此预习过程既可以选择在课堂上进行,也可以选择在课堂之外进行,即"课堂微课预习"模式和"课前微课预习"模式.

"课堂微课预习"模式是一种新的教育教学方法,它是在微课的基础上构建的,是辅助进行课前预习的教学手段,具有完整的课程结构.其通过生动的图像、视频和语言等吸引学生进行自主预习式学习,以帮助学生培养课前预习习惯,增强学习数学的兴趣.学生在完成课堂开始的前几分钟的预习微课后,教师可以进行对重难点知识的深入讲解,也可以组织学生进行探讨式互助学习,加强学生对知识点的理解和运用．

"课前微课预习"是指在教师在课堂上讲解某个知识点之前，学生自主地通过微视频去为下一节的预习做准备．这类预习通常是学生自己或是在其他人的帮助下对新知识的一种学习．大多数情况下，整个预习过程是在课外进行的．

2. 做好课前准备工作

不管是"课堂微课预习"模式，还是"课前微课预习"模式，在正式讲课前，教师都应该提前做好以下几点准备：

（1）制作教案和任务单．教师应在研究课程标准的基础上，具体把握教材．在结合分析学生的能力后，对具体章节的重难点进行统筹把握，设计出教案和任务单．其中，教案应在传统模式的基础上，增加处理和运用微视频的内容．任务单，则是要求明确学生在自学微视频后能达到的预习目标，及学生通过自主学习或小组协作要达到的目标．

（2）确定要学习的"洋葱数学"视频内容或片段，教师也可以自己进行录制．虽然"洋葱数学"上的视频质量高、成体系，可以被直接拿来用，但在一些个性化问题上，始终会感觉差异化不足，这个时候教师就可以自己亲手制作一部分视频作为补充．自己动手制作微视频的方法比较多，如利用 PPT、Flash、录频软件、希沃胶囊课等．

首先是根据教案收集相关素材，如数学故事、著名定理、热点新闻事件、常见生活问题等．其次，要根据知识点的难易程度及视频整体的风格，设计好台词，做到轻松幽默又不失严肃，努力营造一个愉快的学习氛围，尽量做到寓教于乐．再次，整个微视频时长应根据初中学生的行为习惯和注意力曲线来进行设定，以 7 至 10 分钟为最佳，最长不要超过 15 分钟．

（三）课题实施中的分工合作

1. 坚持定期研判活动制度，根据最新研究实践优化研究目标和内容

各课题组成员所任教的学校、年级、进度均有差异，需要借助群体智慧，探索高效的预习模式，进一步加强对用"洋葱数学"培养学生自主预习能力的理论学习，把利用"洋葱数学"提升学生自主预习能力的数学教学模式的精髓深入贯彻到实践研究中去．课题组成员对当前教学的情况进行讨论，互相听取意见、借鉴经验．

从时间的角度来看，课题组围绕《基于"洋葱数学"培养学生自主预习能力的模式探索》课题进行研究．随着时间的推移，小组成员对研究背景、研究目标、研究内容的认识也更清晰且深刻．结合当前课题实践对方案的不断优化，本小组对一开始预设的目标和内容也进行了反复的梳理、打磨，既低头拉车做研究，又抬头看路辩方向. 所以小组成员在本课题研究的中期报告中对课题研究背景、研究目标、研究内容进行了恰当修正.

2. 既有分工又有合作，即资源整合又有所侧重

综合了四所学校教师的课题组，在进行课题实施时，很难完全按照统一的模式去实施教学. 考虑到课题实施需要多样性和系统性，小组讨论决定在分配实践任务时既各有分工与侧重，同时又有统一的任务安排.

考虑到本课题小组对"洋葱数学"的使用经验差异较大，比如甫学龙和杨周荣麟老师从 2014 年开始，就尝试使用"洋葱数学"融合常态化教学，积累了较多的数据和反馈信息，所以两位教师会更侧重于提供经验性的材料. 而使用时间不长的课题组成员，结合各自的分工，在实践中有所侧重，提供阶段性的反馈和数据.（见表 3 - 2 - 2）

表 3 - 2 - 2

姓名	分工	工作月数
王学先	负责课题实施、教学法实施操作要义、报告	18
杨周荣麟	制作调查问卷、记录调查分析、研究分析报告	18
甫学龙	撰写中期报告、教学法内涵文本资料	18
杨兴建	教学法实施操作要义、课例设计	18
杨 魁	视频资源整理、录像、评价手册、成绩对比分析报告	18
霍明霞	撰写结题报告	18

（三）课题研究的课堂实施

在课堂实施的环节中，按照流程先后，主要完成以下两大任务：一是让学生学习"洋葱数学"微课，并按照学习任务单的要求通过自主学习或小组协作完成相关练习；二是围绕重难点让学生进行分题解答，对练习效果进行反馈，教师视情况进行答疑和指导.

在第一个任务中，观看"洋葱数学"的环节根据学情和知识点，可以选择放在课堂上实施，也可以选择将基前置至授课的前一天，让学生在家里实施；学习任务单内的各项任务难度设置要有梯度，一般性任务应由易到难，综合运用的部分则需要较高难度、有价值的设置. 教师可以选择"洋葱数学"配套资源，比如视频后的在线练习，或配套的纸质预习学案；教师也可以自己设计，或借助学生课本、课辅中的知识清单或基础习题.

在第二个任务中，对于个性问题可以通过小组讨论、组间讨论以及教师个别辅导的办法来解决；而对于共性问题，教师应该积极介入，及时进行点拨，也可以请学生补充并分享自己对问题的理解．在整个课堂教学的过程中，教师可以根据硬件条件将课堂录制成微视频，作为复习课的参考，也便于对课堂质量进行评价总结．

教学反思或后记与传统教学方法无异，即及时对整个课堂学习的效果、过程进行评价，也可以对每个重点环节、重点要素、组织实施以及微视频、微课的设计进行评价和反思．

三、课题研究成果

（一）形成课题中期的初中生数学学习调查报告

示例：昆明长城中学甫学龙老师在疫情网课期间做的调查记录．

12、13 班"洋葱数学"预习体验反馈．

你喜欢"洋葱数学"吗？［单选题］（见表 3-2-3）

表 3-2-3

选项	小计	比例
非常喜欢	45	44.55%
比较喜欢	53	52.48%
一般	3	2.97%
不喜欢	0	0%
本题有效填写人次	101	

你会用"洋葱数学"进行预习自学吗？效果怎么样？［单选题］（见表 3-2-4）

表 3-2-4

选项	小计	比例
会，效果很好	75	74.26%
不会，仅仅接收老师布置的任务，效果一般	26	25.74%
不会，不想用	0	0%
本题有效填写人次	101	

你觉得使用"洋葱数学"预习对数学学习有帮助吗？［单选题］（见表3－
2－5）

表 3 - 2 - 5

选项	小计	比例	
帮助很大	38		37.62%
帮助较大	49		48.51%
有一定的帮助	14		13.86%
几乎没有	0		0%
本题有效填写人次	101		

你对老师目前采取的基于"洋葱数学"课前预习的教学模式的态度是？
［单选题］（见表3－2－6）

表 3 - 2 - 6

选项	小计	比例	
很有效，无需改变	66		65.35%
还能更好，需要调整	33		32.67%
有点用，要大改变	2		1.98%
没什么用，建议取消	0		0%
本题有效填写人次	101		

你认为开学后多久使用一次"洋葱教学"帮助你学习最好？［单选题］（见
表3－2－7）

表 3 - 2 - 7

选项	小计	比例	
每天都用	18		17.82%
周一至周五	20		19.8%
周末布置	62		61.39%
不布置	1		0.99%
本题有效填写人次	101		

（二）形成中期的初中生数学学习访谈记录

示例：财大附中学生视频及文字访谈（图 3－2－1、图 3－2－2）

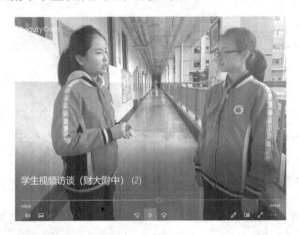

图 3－2－1

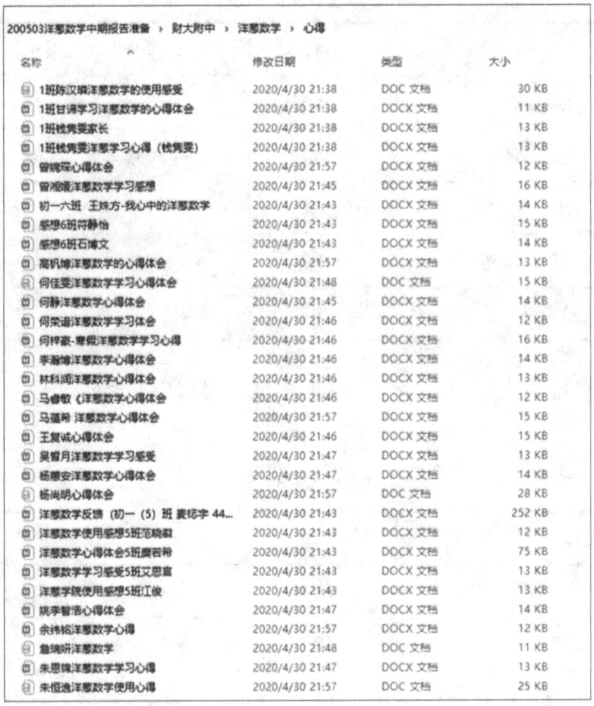

200503洋葱数学中期报告准备 › 财大附中 › 洋葱数学 › 心得

名称	修改日期	类型	大小
1班陈汉琪洋葱数学的使用感受	2020/4/30 21:38	DOC 文档	30 KB
1班甘谞学习洋葱数学的心得体会	2020/4/30 21:38	DOCX 文档	11 KB
1班钱隽雯家长	2020/4/30 21:38	DOCX 文档	13 KB
1班钱隽雯洋葱学习心得（钱隽雯）	2020/4/30 21:38	DOCX 文档	13 KB
曾婉琛心得体会	2020/4/30 21:57	DOCX 文档	12 KB
曾湘媛洋葱数学学习感想	2020/4/30 21:45	DOCX 文档	16 KB
初一六班 王姝方-我心中的洋葱数学	2020/4/30 21:43	DOCX 文档	14 KB
感想6班符静怡	2020/4/30 21:43	DOCX 文档	15 KB
感想6班石博文	2020/4/30 21:43	DOCX 文档	14 KB
高帆婥洋葱数学的心得体会	2020/4/30 21:57	DOCX 文档	13 KB
何佳雯洋葱数学学习心得体会	2020/4/30 21:48	DOC 文档	15 KB
何静洋葱数学心得体会	2020/4/30 21:45	DOCX 文档	14 KB
何荣谙洋葱数学学习体会	2020/4/30 21:46	DOCX 文档	12 KB
何梓豪-寒假洋葱数学学习心得	2020/4/30 21:46	DOCX 文档	16 KB
李翰博洋葱数学心得体会	2020/4/30 21:46	DOCX 文档	14 KB
林科润洋葱数学心得体会	2020/4/30 21:46	DOCX 文档	13 KB
马睿敏《洋葱数学心得体会	2020/4/30 21:46	DOCX 文档	12 KB
马蕴希 洋葱数学心得体会	2020/4/30 21:57	DOCX 文档	15 KB
王复诚心得体会	2020/4/30 21:46	DOCX 文档	15 KB
吴智月洋葱数学学习感受	2020/4/30 21:47	DOCX 文档	13 KB
杨慧安洋葱数学心得体会	2020/4/30 21:47	DOCX 文档	14 KB
杨尚明心得体会	2020/4/30 21:57	DOC 文档	28 KB
洋葱数学反馈（初一（5）班 麦铭宇 44...	2020/4/30 21:43	DOCX 文档	252 KB
洋葱数学使用感想5班范晓淑	2020/4/30 21:43	DOCX 文档	12 KB
洋葱数学心得体会5班唐若希	2020/4/30 21:43	DOCX 文档	75 KB
洋葱数学学习感受5班文思言	2020/4/30 21:43	DOCX 文档	13 KB
洋葱学院使用感想5班江俊	2020/4/30 21:43	DOCX 文档	13 KB
姚李智浩心得体会	2020/4/30 21:47	DOCX 文档	14 KB
余纬铭洋葱数学心得	2020/4/30 21:57	DOCX 文档	12 KB
詹瑞妍洋葱数学	2020/4/30 21:48	DOC 文档	11 KB
朱思锦洋葱数学学习心得	2020/4/30 21:47	DOCX 文档	13 KB
朱恒逸洋葱数学使用心得	2020/4/30 21:57	DOC 文档	25 KB

图 3－2－2

（三）对有效的预习模式进行分析、中期总结

示例：师大实验杨周荣麟老师中期总结报告节选．

"基于'洋葱数学'培养学生自主预习能力的模式探索"中期报告

2020年伊始,新冠病毒侵袭而至,教育部发布指示"停课不停学";于是,教师们纷纷走下讲台,当起了十八线主播,开始进入缤纷多彩的网络学习时代.这次疫情带给我们很多启示,让人深思,教学若能做到线上线下结合,不就可以将资源更直观地交流分享与传播吗?这是对全民自律性的考验,更是信息化进步的天然催化剂.若不想被淘汰,我们就要做好准备,运用科学的方式将线上线下学习进行融合,这样才会达到事半功倍的效果;同时,学生的数学学习能力与自主学习意识也会被建立,并陪伴其成长.多年之后,我们的学生也许不再会记得具体的哪一个数学知识点,但教师帮助学生培养的自主学习习惯与能力,却可以让他们受益终身.

基于"洋葱数学"培养学生自主预习的能力,要从实践数据来进行分析.课堂直观体验方面,学生上课积极性明显提高,举手发言次数增加,学生上课更加有信心,班级数学学习氛围活跃.从成绩方面看,从图3-2-3中可以得到以下信息:①因为2017届两个班数学考试成绩,第一栏是17班,下面一栏为18班成绩,我是两个班数学教师兼任18班班主任,两个班同学从2014年初一上学期后半段开始均使用"洋葱数学"进行课前预习;从数据可以看出,17班在初一进校成绩高于18班,但从初二开始,便在平均分上没有超过18班,并在中考冲刺的阶段拉大了分差;由于我是18班班主任,坚持与落实较好,最终在2017年中考中取得了全校22个教学班的第一名.②两个班在培养预习能力后,明显的表现有以下三个:一是两个班每一次考试的优秀率和及格率都在学校前列;二是两个班在初二时均没有出现明显的两极分化;三是两个班同学在初三总复习阶段,学生目标感明确,每个人对复习计划都可以做到心中有数,不会慌乱.③2020届两个班成绩如图3-2-3所示,第一栏为21班,第二栏为22班,我同时担任22班班主任.22班较为特殊,是云南省首个交响管乐团实验班,孩子们不仅需要成绩好,同时一班一团,他们也是一个管乐团,需要进行各种管乐的训练与表演、比赛;故有时都难以保证有充足的学习时间,更何况是完成作业,他们在表演季几乎是不可能做什么作业的.鉴于这样的情况,我充分利用"洋葱数学",培养22班孩子的自主学习能力与数学素养.可以发现,在明显22班没有21班基础好的情况下,22班在初三期末考试中超过了21班.在刚结束的五华区模拟考试中,两个班数学成绩均位于我校36个教学班的前列,均取得不错的成绩.最重要的是,孩子们不畏难,喜欢讨论分享提问,他们有信心,会在中考时让数学成绩为自己助力.

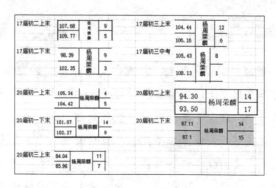

图 3-2-3

解学生所需，对我们来说是最幸福的，故近期我们开展了一次关于九年级学生数学解题能力的调查，发放问卷1000份，收回有效调查问卷912份，我们对问卷进行了数据的整理与分析；下一步我们将继续基于"洋葱数学"，与孩子们一起，做好每一节课的课前准备工作，让生生、师生活跃起来，教学相辅，共同进步！

（四）对课题研究过程中的亮点、心得，形成论文

示例：师大实验杨周荣麟老师论文节选．（图 3-2-4）

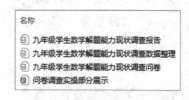

图 3-2-4

九年级学生数学解题能力现状调查报告

新课程标准强调生本教育，要求让学生主动获取知识．因此，对于提升九年级学生的数学解题能力，让学生对自己所做习题进行错题分析具有一定的重要意义．数学是一门科学、一门语言、一种精神和一种文化．基于数学教育新课程标准，要求教师实现课程的"四基"要求，分别为基础知识、基本技能、基本思想和基本活动经验．倡导在教学中实现"问题——探究"的教学模式，秉承布鲁纳的发现学习理论、建构主义理论、皮亚杰的发展认知理论及罗杰斯人本主义理论，实现教师为主导、学生为主体的学习课堂，进而切实地引导学生自我主动地、愉悦地获取知识，从而达到真正的学习数学，培养学生可持续发展的能力及数学素养．

研究结果：

本次问卷调查通过数据的收集、整理与描述、分析，主要从以下四个方面来进行研究调查的结果阐述：

就九年级学生自身数学学情而言，不同的学生对于数学学科有不同的学情，因此他们的学习需求不同，对于自身数学解题能力的要求有差异．

就性别而言，九年级男女生在数学解题能力上不存在明显差异．

就学校而言，办学质量好的民办学校会比一般公立学校学生要求高，其学生解题能力与数学学习自主性都较强一些；城市学校又普遍优于农村或城镇学校．

就九年级学生对自己的数学解题能力自评而言，超过一半以上的学生认为自己的数学解题能力一般，有较大的提高空间，这侧面体现出学生对数学学科的重视，与对自己的要求与期待．

（五）取得一定的实践成果，达成课题的阶段性目标缓解了当前初中数学教学中的突出问题

自从摇号政策实施以来，同一个班的学生的数学学习能力的差异一直是教师难以解决的问题，基于"洋葱数学"的预习模式，很好地缓和了这个矛盾，为教师提供了有力工具和教学抓手．

1. 提升教学质量

经过课题实施前后的数据对比（图 3 - 2 - 5）和课题实施中期的数据对照，课题组发现该模式能有效提升教学质量，最直观的感受就是课题实施以来，课题组成员任教班级的数学成绩在年级上的排名变化和后进生分数的提高．

昆明长城中学2020届2班初一年级各次考试数学成绩汇总 （班主任：张天朋）						
	上学期 开学考	上学期 期中考	上学期 期末考	下学期 开学考	下学期 期中考	下学期 期末考
班级均分	86.8	99.3	91.1	100.2	99.9	95.3
年级均分	86	96.4	85.6	96.4	98.0	90.9
年级在年级 上排名	6 （未用）	2	1	1	3	1
班级优秀率	83.3%	66.7%	50%	69.8%	70.4%	64.8%
年级优秀率	80.0%	61.8%	38.8%	62.5%	66.2%	46.3%
班级及格率	96.3%	94.4%	87.0%	94.3%	94.5%	92.6%
年级及格率	98.1%	91.5%	77.1%	90.0%	93.3%	87.0%
班级 在年能前 100人数	9人	11人	14人	12人	12人	15人

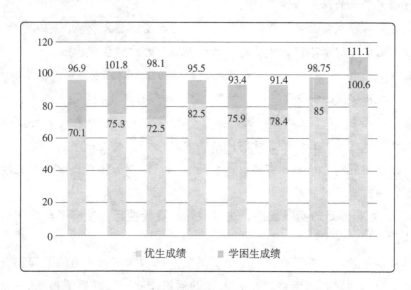

图 3 - 2 - 5

2. 提高学生自主学习能力

该教学方式促进了学生自主学习能力的提高. 在课堂内外, 学生的学习方式得到了较大的转变, 养成了预习习惯. 遇到问题时大部分学生会自己解决, 既能培养学生自主学习的能力, 也能提高学生自我解决问题的能力. 比较直观的体现是在课堂上全体学生的参与度更高, 在之前的课堂, 回答问题好像只是优等生的"一枝独秀", 学困生在课上缺乏回答问题的准备和自信; 转变教学模式后, 课堂成了"百家争鸣"的地方, 尤其是学困生在预习后有了准备, 就有了参与课堂的自信, 整个课堂举手的人数和次数都有大幅度的提升. 学生自我学习的能力得到大幅度提高, 这无疑对他们今后的学习生涯都有着莫大的帮助.

更新教师的观念, 提升教师的信息化素养, 增强教师指导预习的主动性. 课题组经过阶段性的汇报、总结发现, 基于"洋葱数学"的预习模式有效提升了教师的信息化素养, 带动了课堂教学的优化. 在研究实践中, 教师努力将先进的教育思想内化为自己的教育教学理念, 转变为自己的教育行为, 升华为自己的教育教学特色, 不再认为预习可有可无, 达成了"预习能有效提升学生自主学习能力"的一致共识.

3. 提高学生学习数学的兴趣

课题组依据《义务教育数学课程标准 (2022 年版)》, 结合"洋葱数学"视频设计了"数学文化与初中数学教学融合"的实践案例和原创试题, 将数学文化有效地融入到教学中，让学生充分了解所学知识的背景或背后的故事，渗透数学文化思想，让学生能够感受到数学文化的无限魅力，从而提高学生学习数学的兴趣，激发学生探索数学的欲望.

四、课题研究中发现的问题

我们的课题研究虽然取得了一些阶段性的成果，但也有一些问题需要注意，并应该在实践中不断完善.

教师要提高课堂上的组织引导能力，促进学生进行深度思考，以培养学生的问题意识.课题组个别参研教师在教学中虽然改变了传统的教学模式，但放得不开，担心影响教学质量和升学业绩，课堂上学生主体地位体现得不够充分.初中数学微课预习模式中的课堂有别于传统的数学课堂，不以概念产生为出发点，而是以解决多数学生在学习中暴露出的问题为出发点，在课堂上，教师仍然起到主导作用，通过引导，使教师与学生、学生与学生之间的思想碰撞达到一定高度.

课堂教学的情境设计的生活化、课堂练习设计的效率化还有待提高.微课预习模式对信息化资源及教师的信息化素养要求较高，逐步推广还需要解决诸如硬件设施、教师处理信息资源的能力发展不均衡等问题.如果将此类基于微课的翻转课堂教学模式发展为其他学科及地区普遍适用的教学模式，还需要经过长期的研究，不断进行完善.

对课堂中学生评价研究程度不够.课堂预习模式也要求学生具备良好的自主学习能力和信息素养，而如何在课堂上对学生进行过程性评价，相关的讨论还不足.比如分层评价，该如何平衡学优生和学困生的差异，需要在做教学设计时进行考虑.学生的学习水平、抽象思维和空间想象能力的发展不尽相同，微课预习模式可以先通过视频展示，再组织小组合作学习来平衡学生在学习能力方面的差异，帮助学困生建立信心，培养数学学习的兴趣，做到人人学有价值的数学，人人获得必需的数学，使不同层次的学生在数学上得到不同的发展.

五、课题研究的后段设想

本课题研究组分析了课题开展前、实施中期阶段的研究结果，基于对初中数学预习环节及课堂的调查与分析，设计构建了一个适合初中数学教学的微课预习模式，并在四所不同的学校、不同的班级进行教学实践研究，取得了一些阶段性研究成果和结论. 但由于精力、能力及条件有限, 在教学实践上的研究不够深入. 例如: 学生问卷调查的设计未能精确体现学生数学学科预习情况; 对于教师的访谈形式比较随意, 以闲聊的形式展开, 少数教师未能严格按照要求如实回答.

还有关于微课预习的一般性设计思路需要在实践中进一步摸索总结, 如: 不同的知识模块需要怎样的微课预习模式, 如何将微课预习有效地延伸到课堂以外, 如何用微课来上复习课, 如何提高教师录制微视频、制作微课的效率, 教师如何协作集体备微课, 如何建立校本层次的微课视频库等. 因此, 在后期的实践研究中, 本课题组将尝试扩大微课预习模式的使用频次和层次, 吸引更多的教师加入, 通过定期讨论, 完善课题研究中的不足之处.

本课题组在阶段性探索初中数学微课预习模式下, 进行了一定的实践研究, 但是取得的成果是否具有推广的价值, 还需要更多的实践, 以及需要更多的同仁进行思考和探索. 要使包括微课预习模式在内的翻转课堂教学模式高效有效地运行与发展, 还需进行更为深入和全方位的探究, 摸索出合适的基于"洋葱数学"培养学生自主预习能力的有效模式.

参考文献

[1] 郑毓信. 数学教育新论: 走向专业成长 [M]. 北京: 人民教育出版社, 2011: 65 – 176.

[2] 张奠宙, 于波. 数学教育的"中国道路" [M]. 上海: 上海教育出版社, 2013: 69 – 98.

[3] 张维忠. 基于课程标准的数学教学研究 [M]. 浙江: 浙江大学出版社, 2013: 46 – 48, 148 – 161.

[4] 马复. 初中数学教学策略 [M]. 北京: 北京师范大学出版社, 2010: 6 – 8.

[5] 孔企平. 多样化学习方式促学生发展 [J]. 中国教育报, 2009 (6): 1 – 6.

"基于'洋葱数学'培养学生自主预习能力的模式探索"结题报告

王学先名师工作室　霍明霞　杨兴建　杨周荣麟

一、课题提出的背景

随着信息时代的到来，在国家大力推动教育信息化发展的今天，"互联网＋"的概念渗透到各个行业，"互联网＋"的模式被推广和应用，这极大地鼓舞着教师们对教育信息化的热情，初中阶段的教学方式也随之发生变化．于是，传统课堂加信息化因素——微课，应运而生并逐渐兴起．

微课播放时间短，所占容量小；主题突出，内容精细，情境真实，资源多样；跨越时空，使用方便；半结构化，易于扩充，是对传统教学形式的补充和拓展．所以，对微课的研究和应用，符合国家中长期教育改革发展规划的要求，不仅有助于学校贯彻落实教育信息化，也有助于深化学校微课资源的构建和整合．

随着国家"教育信息化 2.0"战略目标的提出，教育行业吸引了大量互联网公司开始制作微课．经过近几年的发展，教师们对微课已经不再陌生．本课题组在众多微课资源中，对知名度、微课质量、教学体验等进行比较后，认为"洋葱数学"能满足日常教学的融合需要，特别是其可以在预习环节中发挥重要作用．

基于以上情况，本课题组研究的是如何将"洋葱数学"微课资源作为数学预习环节来和课堂有机结合，最大程度地发挥其作用．传统的预习方式主要通过课本标记预习法和任务落实预习法的形式呈现出来，在遇到数学中的一些重难点的时候，学生只有具备一定的阅读理解能力才能达到自学的效果．成绩中下等的学生只有在他人指导下才能较好地完成自主学习任务，这一定程度上把中下等的学生拒之门外．"洋葱数学"微课使自主学习成为一种可能，借助微课的提前预习，能有效地克服传统文本阅读预习方式的诸多弊端，为学习者提供多样化的选择，让学生既能感受学习数学的乐趣，同时又能提升自身自学能力，让初中生都能获得良好的数学教育．

二、课题提出的意义

基于"洋葱数学"培养学生自主预习能力的模式探索，是数学信息化教与学的新模式探索的一个方向，也是本课题研究的重点，对当前数学教学改革和探索具有非常重要的理论和实践意义.

（一）理论意义

1. 有利于深度融合数学学科与信息技术，推进教育信息化 2.0

基于网络学习空间的数学信息化教与学新模式的探索是教育信息化"十三五"规划的重要任务，是推进教育信息化 2.0 行动计划的重要步骤，是实现教育现代化的必经阶段.基于"洋葱数学"培养学生自主预习能力的模式探索研究将有助于信息化与数学学科在实际教学中的深度融合，能加快教育信息化和教育现代化的进程.

2. 有利于创新人才的培养和全体国民素质的提高

教育信息化的开展为素质教育、创新教育提供了环境、条件和保障.课下，学生可以利用"洋葱数学"开展自主学习，与教师和同学互动学习，并获得及时性反馈，整个学习过程不再受到时间和空间的限制，有利于丰富学生的专业知识，培养其良好的学习习惯，提升学生利用信息技术获取知识的能力；课堂上，教师利用"洋葱数学"开展信息化课堂互动教学，以学生为中心，实现资源的整合利用，进行互动教学，能营造良好的课堂教学氛围，提高课堂教学效率，帮助学生获取知识，从而构建网络化、数字化、智能化、个性化、终身化的教育体系.

（二）实践意义

基于"洋葱数学"培养学生自主预习能力的模式探索可以从教与学两个方面协助推进教育改革与创新，协助推进教育信息化 2.0 行动计划的实施.

（1）协助教师更宽泛地理解信息技术，进而有效地将之应用到教学中去.跟随课改目标，改造教学过程中的机械训练，改变深度融合信息技术、教学方法和教学内容.促进教师的专业化发展，在传统的教学过程中，教师只需要具备语言、体态、粉笔板书和各种各样的直观教具的使用能力，就可以向学生传递信息，进而引发学生相应的学习过程.而如今，客观环境发生了巨大的改变，一方面课堂中的教学工具除了传统的粉笔白板之外，还为教师提供了各种多媒体设备，无论从可选择范围还是教学表现形式来看，都给教师提出了更高水平的要求，教师必须运用现代化的信息技术手段，实现课堂展示样式现代化、师生沟通形式现代化、评价方式现代化，这样才能适应当前信息化的要求．

（2）探究如何培养学生的自主学习能力，关注学生的终生发展和个性化发展，使不同的人在数学上都能取得不错的发展．将微课融入日常教学，可以更好地帮助学生走上个性化自主学习之路，微课运用的形式是多种多样的，大多是根据学科特点、学生能力、课型需要来设计和使用的，具有各地、各校甚至各年级的专属特点．同时，在实施过程中，学生给予的反馈也是个性化的，教师结合学生的实际反馈运用好微课，对个性化的反馈予以指导，能提高学生自主学习能力，可以产生传统教学模式下难以达到的效果．

（3）响应教育信息化 2.0 的要求，发挥技术优势，变革传统模式，推进新技术与教育教学的深度融合，真正实现从融合应用阶段迈入创新发展阶段，不仅要实现常态化应用，还要达成全方位的创新．

三、课题研究的理论依据

（一）国家信息化发展与相关文件理论方向

为了改变我国基础教育总体水平不高的现状，教育部于 2001 年提出要大力推进基础教育课程改革，调整和改革基础教育的课程体系、结构、内容，构建符合素质教育要求的基础教育课程体系．改革目标包括强调学生积极主动的学习态度，加强课程内容与实际生活的联系，关注学生的终生发展，改变教学过程中死记硬背、机械训练的现状等．随着信息技术的发展，学科教学方式在不断改变，当年课改的一些目标正在逐步实现．但要想真正推进教育创新，跟上国际教育的步伐，必须利用好信息技术．

我国《教育信息化十年发展规划（2011 – 2020）》中明确提出，要"培养学生信息化环境下的学习能力"，即通过信息技术帮助学生更好地进行自我学习和自我发展．"十三五"指导意见则提出"要融合网络学习空间创新教学模式、学习模式、教研模式和教育资源的共建共享模式"．2018 年 4 月份，教育部在课改和教育信息化十年发展的规划基础上，制定了《教育信息化 2.0 行动计划》，提出积极推进"互联网＋教育"，坚持信息技术与教育教学深度融合的核心理念，坚持应用驱动和机制创新的基本方针，建设人人皆学、处处能学、时时可学的学习型社会，实现更加开放、更加适合、更加人本、更加平等、更加可持续的教育．

（二）初中数学课程标准中的基本理念

现代教育技术的发展对数学的价值、目标、内容以及学与教的方式产生了重大的影响，数学课程的设计与实施应重视运用现代的信息技术，特别要充分考虑计算机、互联网对数学学习内容和方式的影响，应当大力开发并向学生提供更为丰富的学习资源，使现代信息技术成为学生学习数学和解决问题的强有力的工具，致力于改变学生的学习方式，使学生乐意并将更多的精力投入到现实的、探索性的数学活动中去．关注信息化环境下的教学改革，关注学生个性化、多样化的学习和发展需求，促进人才培养模式的改变，着力发展学生的核心素养．数学教育是面向全体学生的，但是不同的学生在数学上会有不同的发展，现在的数学教育需要因材施教，进行个性化教学，传统的教学模式已经不能满足教育的需求，大数据融入数学课堂教学势在必行．

（三）依据教育学和教育心理学的相关理论设计实施

和"洋葱学园"团队共同研究探讨一系列问题："如何培养学生可以终身受用的能力？如何培养学生高阶思维的能力？如何对不同的知识进行教学？如何进行班级教学管理、小组合作？如何高效地检查学生对知识的理解？"，等等．结合《布鲁姆教育目标分类学》中的认知维度理论和布鲁姆教育目标分类学在教学设计上的应用，提炼数学学科精髓．围绕义务教育数学课程标准、数学核心素养的相关理论、信息技术特点等相关理论研究，学习并实践适用于初中数学教学的方法，如自主 WSQ 学习法、SCR 学习法、康奈尔笔记法等．

四、课题研究目标

（一）缓解当前初中数学教学中的突出问题

义务教育阶段的初中数学教学，遇到的最大问题就是学生个体学习能力与水平的差异化，特别是当前昆明市小升初政策调整，各所初中名校的学生都是通过摇号入学，教师的课堂教学设计和组织不能满足和缓解此类差异化问题，不能最大程度地满足所有学生的学习需求．而通过国内国外的实践和理论证明，翻转课堂的教学模式能够很好地缓解这一矛盾．但这种新型教学模式是建立在有充足的、良好的学习资源作为保证的基础之上的．目前"洋葱数学"初中数学已覆盖了所有教材版本，课程内容成体系，概念、习题、中考等教学中的不同课型也都有所区分，学生可以在教师的指导下根据自身的学习能力和水平、状态，从容地安排自己的学习，从而解决传统教学模式难以因材施教的困扰．

（二）提升初中数学教育教学质量

基于"洋葱数学"的微课预习模式，抛弃了传统课堂的讲授式模式，将问题作为中心打造个性化学习环境，引导学生通过课前预习、小组合作、自主探索等各种方式,去寻求解决问题的办法.在这样的模式下,学生会有更多的自主学习时间.学生可以按照自己的思路进行自主探索,遇到问题时,教师可及时介入,提供一对一的个性化辅导.这样的模式具有高度的灵活性、个性化,课堂也充满生气.基于"洋葱数学"的微课预习模式的翻转课堂教学模式,比较容易激发学生的学习兴趣和主动性,更能提高教学质量.

(三) 提高初中生数学自主学习能力

毫无疑问,基于"洋葱数学"预习的翻转课堂模式,将时间、自由都交给了学生自己.遇到问题,大部分情况下还是学生自己解决,既能培养学生自主学习的能力,也能提高学生解决问题的能力,使学生自主学习的能力得到大幅度提高,这无疑对他们今后的学习生涯有着极大帮助.

(四) 充分发挥现代信息技术的作用

传统的教学模式正在受到现代信息技术的冲击,单一的介绍课本知识的教学模式和教学手段,已经不能满足学生的知识需求与情感需求.而通过"洋葱数学"微课,可以将翻转课堂模式搬回家里.基于"洋葱数学"预习的翻转课堂模式所依赖的重要的学习资源就是它的微课,其所用的教学视频,不仅能解决学校课程资源单一、匮乏、低效等问题,也能为教师们自主录制视频提供很好的样板;既能借助优质资源,又可以逐步补充校本信息化课程,丰富学校课程资源和空间.学生可以反复地观看、揣摩、理解,既节省了教师的备课时间,又有利于学生的充分探索.

(五) 更新教师的观念,增强教师指导预习的主动性

对本课题组四所学校学生的数学学习过程进行分析发现,在学校以外,一部分家长会选择让孩子在校外培训机构上课.这类校外的课堂大多实行的是填鸭式的应试教育,这样的教育对学生的考试技能确实有帮助,但对于其自学能力的培养,作用可谓是微乎其微."授人以鱼不如授人以渔",学生的学习不应当被考试成绩功利化.作为一线数学教师,我们应当把眼光放得更加长远,我们有义务帮助学生借助数学学习的过程学会学习,教会他们用数学的眼光来看待世界,而不仅仅只盯着试卷上的分数.相比较提高学生分数,教师更希望培养学生对学习数学的兴趣,使学生学会独立思考,学会怎样学习,学会去关注学习本身.

当前部分数学教师认为,数学课不需要预习,他们认为数学学习是一种需要思维积极参与的活动,预习会使学生丧失对知识的新奇感,失去探究的兴趣,预习后的数学学习就成了接受性的学习,这就是在传统的预习模式下的观念.

传统方式缺乏对学生预习的指导，对学生预习的结果也缺乏反馈和评价，导致预习成为了一种形式和口号．利用基于"洋葱数学"进行预习的教学模式，可以探寻有效的预习方式，让教师体会到有效预习的价值，从而增强教师积极指导预习的主动性．

五、课题研究的主要内容

本课题组在分析国内外文献资料，结合学生实际水平，参考前人各种基于微课的翻转课堂教学模式后，尝试采用"基于微课预习的翻转课堂模式"来进行课堂实践教学研究，即通过采用"微课预习—自主学习"的实践式教学法来改善教学效果，促使学生理解概念，从而提高课堂效率．本次研究的主要内容为：

（一）界定微课预习的概念

本课题组所研究的基于"洋葱数学"微课预习的翻转课堂模式，脱胎于现在国内外比较热门的基于微课的翻转课堂教学模式．虽然它与翻转课堂教学模式有一定差异，但从其内涵、要素、课堂实施环节来看还是符合翻转课堂的特征的，故在概念界定时将微课预习模式纳入了翻转课堂模式的范畴．

（二）总结已有的国内外教学研究成果

分析和借鉴国内外学者的多元智能教学理论和实践研究，理论研究如建构主义学习理论、"最近发展区"理论、掌握学习理论，实践研究如可汗学院在线、TED – ED 模式、自主学习型翻转课堂模式、协作探究型翻转课堂模式等．

（三）分析初中学生数学预习现状中存在的问题

围绕当下初中学生在数学学科上是如何预习的、效果怎样、遇到哪些困难等问题，面向学生进行问卷调查并进行统计分析，面向教师进行访谈，并试图剖析导致这些问题的原因．在此基础上提出解决问题的方法，为微课预习模式的设计、实施提供更有价值的参考．

（四）进行微课预习模式的教学实践和分析

在成立本课题组前，小组成员已有多年使用"洋葱数学"辅助教学的经验，在成立课题组进行的微课预习模式的教学实践研究中，主要研究微课预习模式介入传统教学后，对学生的自主学习能力（学习成绩、学习态度、课堂行为等因素）所起到的改观效果，以探究微课预习模式在实践环节的重要意义和价值．

（五）利用微课预习模式的反思总结

探索基于"洋葱数学"网络学习的微课预习教学模式下，如何帮助教师转变教学理念、帮助教师实现教学模式变革，进而探索适合中国中小学生的数学信息化课堂教学新模式，比如适应于不同地区的数学教学模式，数学与融合信息技术的不同方式，不同课型、不同学段的数学教学模式研究．

六、课题研究的主要方法

（一）文献研究

对网络空间的资源进行相关文献检索，通过深入系统的研究，丰富与拓展对网络空间的资源的认识．同时课题组也发现，网络空间的资源与初中数学有效衔接的文章很少，虽然没有太多的经验可以借鉴，却也给我们的研究提供了无限的可能．考虑到本课题的研究难度及课题成员的实际情况，课题组从中国知网、陕西师范大学图书馆等网络和实体资源库搜集文献，课题主持人根据每位成员负责的内容将搜集到的有关资料分发给每一位核心成员，为课题的研究工作提供理论基础．

（二）问卷调查

通过问卷了解教师和学生对网络空间的资源的认识和需求，调整课题的研究方向和方法，发现建构过程中存在的问题，为进一步的研究提供依据．

（三）行动研究

"洋葱数学"与初中教学的有效衔接研究，可以借鉴的经验很少，主要通过课题组成员的不断实践、探究、总结反思来获取可行性方案，所以行动研究显得尤为重要．在课题研究的过程中，课题组开展了读书沙龙、"微课"录制培训、课堂教学展示、撰写论文等活动．既有目标，又强调行动落实，对"微课"与初中数学教学的有效衔接过程进行建构、记录、重现，并及时总结相关的思想、方法、模式和具体操作方法，力争形成可操作性强、高效的衔接模式．

（四）对比研究

在研究过程中，对同一年级不同的班级采用传统教学法和基于微课预习的翻转课堂模式下的教学法，通过多次统测的实验数据比较研究，及时总结预习的组织形式、过程、步骤、评价方法等，不断优化课堂教学结构．

七、课题研究的步骤

课题研究的步骤如图 3 – 2 – 6 所示.

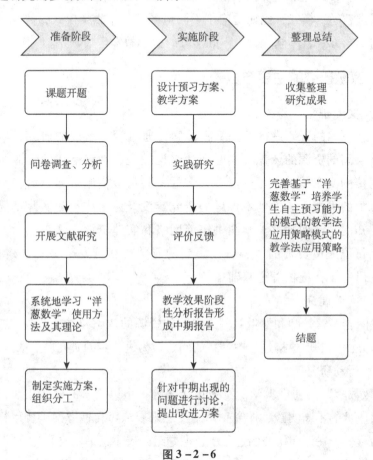

图 3 – 2 – 6

八、课题研究的成果

（一）指导初中生运用"洋葱数学"实现微课视频预习的做法

1. 做好初中生的动员和学法指导

"洋葱数学"可以帮助初中生实现课堂的预习，但是这种做法其实多数的初中生并未真正经历过，对他们说是非常新鲜但却有挑战性的尝试.教师在布置数学预习的任务之前，要做好介绍，让初中生了解"洋葱数学"的实际作用以及使用方式，还有为什么要在预习中使用"洋葱数学"，使学生明白"洋葱数学"对于提升自身成绩以及能力具有重要作用.同时也可以给予学生更多的支持以及理解，这样学生才能在预习中正确运用好"洋葱数学"．

2. 制定学习要求

首先就是在数学预习中运用"洋葱数学"，这并不是一时的举措，也不会随着兴趣变化而变化，"洋葱数学"本身是陪伴型的学习平台，是与初中数学的整个课程保持同步的，要想让"洋葱数学"在数学预习中的实际价值发挥出来，最关键的是初中生要做到持之以恒，对自己预习的时间进行合理的安排．若是初中生处于寄宿学校中，则可以在晚自习进行预习．若是初中生通勤，则要保证在家利用"洋葱数学"预习，每一次预习要保持在半小时左右的时间．初中生还要注意利用"洋葱数学"预习的方法，要不断加强自身的思考，同时多动笔，不断提出问题．最后则是要让学习的任务足够明确，"洋葱数学"平台的微课视频提供了学习的资源，初中生自身要做好预习笔记，然后用平台上的练习来进行巩固．

3. 预习方法的指导

在初中数学的实际学习中，课前预习是非常必要的环节，初中生需要在课前找到合适的预习方式，教师需要为初中生提供必要的指导．"洋葱数学"是非常好的微课平台，初中生可以在"洋葱数学"上获取资源，并实现个性化预习，这样预习的积极性以及效果就会更好，学习效率也会有所提升．第一，观看视频．"洋葱数学"上有着丰富的视频可以作为初中生数学预习的资源，初中生可以对自己需要的视频进行获取，然后可以进行回看或者重复观看，并结合自身的情况自主学习．第二，摘要．学生在观看的时候要随时做好笔记，对学习重点进行记录，然后对笔记进行整理，这样可以加强学生对知识的掌握．第三，提问．一方面是学生在观看后要进行自学，另一方面则是在巩固练习后，教师要鼓励学生不断提出问题．第四，激励．在课上为了让学生更好地及时完成预习任务，教师需要在班级内实施一定的激励机制，为学生进行评分，营造出良好的学习氛围．

（二）利用"洋葱数学"微课视频提高数学（预习）教学效率

1. 与教材同步的知识点微课预习是提高数学教学效率的前提

课前预习既是一种科学的学习方法，同时也是一种良好的学习习惯．有些孩子开始也进行了预习，但很难坚持下去．还有的学生觉得预习太难了，所以放弃了预习．预习的重要性不言而喻，但如何让学生自愿、有效地预习才是实际的，这也是数学教学中最容易忽略的地方．

微课结合任务式的预习形式是提高数学教学效率的前提．这里所使用的微课我推荐"洋葱数学"微课,"洋葱数学"微课将国家对初中生的教学大纲中的知识点制作成一系列的视频课程(与教材同步),每个视频都用有趣的视频语言来对教纲中的某个知识点进行详细的解释与阐述.

举例:下面以人教版八年级下册第十八章《18.1平行线四边形》作为教学案例进行研究分析.

课前预习从新的知识点入手,推送3个微课《认识平行四边形》《平行四边形性质》《证明平行四边形性质》.预习要有目的性,盲目的预习是无效的.首先学生在自学微课时要完成具体的知识任务清单:①什么是平行四边形?②平行四边形有什么性质?③如何证明平行四边形的性质?这些从课本里也可以找到答案,但以微课的形式推送给学生,比传统的看课本预习,学生更喜欢这种形式的预习.其次学生还要完成理解微课的任务清单:微课讲了什么?用了什么方法?补充了什么?微课中的知识点的解析可以让学生能够更好地理解知识点,使预习的难度大幅度降低,使预习能够坚持下去.

学生完成理解微课的任务清单展示如下:

《认识平行四边形》的"平行复平行,平行四边形"是在微课中感受最深的一句话,这句话虽简单但隐藏的知识点却不简单,要有两个"平行",还要是"对边".平行四边形还具有"高颜值",它"高颜值"的秘密是"它是中心对称图形".补充的知识点是梯形只有一组对边平行,千万不要与平行四边形混了;平行四边形不是轴对称图形.

《平行四边形的性质及证明》中告诉学生平行四边形是特殊的四边形,所以它具有四边形的所有性质,内角和等于360°,外角和等于360°等.这里的性质是平行四边形特有的性质,从边、角、对角线三个方面讲,对边平行(定义),对边相等(连接对角线——两三角形全等(ASA)),对角相等(平行——同旁内角互补——同角的补角相等),对角线互相平分(用中心对称来理解,证两组三角形全等(ASA)),注意对角线不一定相等.补充的知识点是平行四边形的邻角互补(平行).总之,几何学习要做到"知其然更知其所以然".

在知识点微课的引导下杜绝学生学习的盲目性,知识的讲解到位利于学生的理解,不理解的知识点通过课堂的讲解得以明确,若后面忘记也可以再进行复习.

2. 课堂中知识方法的微课是提高数学教学效率的关键

课堂中的微课不仅要有趣,还要引发学生的数学思考,提供适当的学习方法.如用《认识四边形》微课作为新章节的引入微课,利用这个微课进行如下的教学引入设计:在微课中,首先我知道了与学习三角形一样,我们从学习四边形的边、角和对角线的入手(板书),边有邻边和对边,内角也有邻角和对角,内角和等于360°,与三角形最不同的地方是对角线;其次与学习平行一样,我们要明确性质(我有什么)和判定(什么是我);最后我们本章学习的重点是特殊的四边形(板书)——平行四边形、矩形、菱形和正方形.通过类比三角形的学习方法再来学习四边形就给学生提供了学习方法.

再如在学生学习完课本上的知识后,针对一些数学思想进行微课学习.如《坐标系中的平行四边形》微课,学生在微课可以学习到在平面直角坐标系中已知平行四边形中的三个顶点求第四个顶点的方法,学生看完后思考微课中的方法还提出了自己的看法:这类题我没有像微课里讲的那样找规律对横纵坐标加加减减,而是直接画图观察的,但做这类题时要注意看清题目,把图画正确,情况我分为两种情况,已知平行四边形 $ABCD$ 的 A、B、C 和已知平行四边形的三个顶点 A、B、C,它们的区别是平行四边形字母的顺序确不确定,第一种顺序确定 D 点只有一种答案,第二种顺序不确定 D 点,有三种答案.此微课的"分类讨论"是数学中重要的思想,学生在学习这类思想时难度是较大的,但通过微课学习后学生的思维会更活跃,更能引发学生的思考.

3. 课后的知识巩固扩展微课是提高数学教学效率的保障

课堂的时间是有限的,学生的差异又是客观存在的,所以,常常有学生感觉某些知识点难以理解,教师虽讲了一遍学生但没有接受和理解.遇到这种情况,就可以借助微课的形式,把对题目或知识的理解,制作成微课,让学生课后再进行学习.

其次可以把在课堂教学中解题生成的多种方法做成微课,让学生课后进行思考,从中得出最佳的解题思路,并能找出相类似题型的解题思路.如《函数与三角形面积》的微课就是让学生通过找不同的底和高求面积,把三角形分成不同的小三角形求面积的情况都展示出来,最后得出以坐标轴或平行于坐标轴的线段为底,以横(纵)坐标的差为高的解题方法最容易解决这类问题的结论,方法的思考与积累符合课程标准的要求.

再者是知识的扩展部分的解题微课,主要是对知识点的扩展和解题方法的归纳应用.如《平行四边形与角平分线的秘密》的微课就是对课堂中学习的平行四边形性质的扩展:平行四边形有隐藏性质,这些隐藏性质与角平分线有关,角平分线又分为一个内角的角平分线(形成等腰三角形)、一组对角的角平分线（平行）、一组邻角的角平分线（互相垂直）三种情况．特殊情况：一组对角的角平分线还可以是重合，这时这个四边形就是菱形了．这些延伸的知识虽然考试不会考到，但对培养学生的数学素养，提高学生学习数学的兴趣起了很大的作用．

利用微课进行课前知识点的预习、课堂知识方法的思考、课后巩固扩展的教学设计就形成了．通过我的教学实践，学生乐于进行课前预习；课堂上善于表达自己的观点，思路清晰；课后的思维训练，大大提高了数学的教学效率．

（三）"洋葱数学"微课在初中数学教学中的具体应用

1. 学生可以利用"洋葱数学"微课预习

预习是每个学科必要的学习环节，预习是否可以发挥作用，直接决定着学习的效率以及成绩的高低，也会影响到教师在课堂上是否能顺利开展教学活动．在数学预习中，"洋葱数学"是非常好的辅助工具，学生可以在教师的引导下，通过观看"洋葱数学"微课，实现主动学习，养成良好的学习习惯．

2. 教学时利用"洋葱数学"微课导入

新课的导入是数学教学中一个关键的环节，我们都知道良好的开端是成功的一半，所以教师应该在这个环节中充分调动学生学习的兴趣，激发他们的求知欲，这样才能在接下来的讲解中吸引学生的注意力，以提升课堂教学的有效性．微课能够将课本中的抽象知识通过生动形象的画面和丰富多样的声音展示出来，刺激学生的感官，让枯燥乏味的数学课堂变得生动活泼，让学生们在丰富多彩的教学情境中体会学习数学的趣味，从而调动学生的求知欲望．

3. 通过"洋葱数学"微课提高学生的感性认识

数学是一门具有抽象性和逻辑性的课程，光是依靠课本上文字的叙述进行教学不利于学生对知识点进行深入理解，同时还会降低学生的探究欲望．初中是学生发展抽象思维的重要阶段，教师应该利用微课技术帮助学生去理解书本上静止的、抽象的事物．

例如在学习《等式的性质》时，教师通过播放"洋葱数学"中《等式性质》的两个小朋友玩跷跷板，让学生联系自己的生活经历，通过形象的画面和幽默的语言理解等式的性质．微课的应用给传统的教学课堂注入了新鲜的元素，提高了学生对数学的感性认识，有利于学生由形象思维向抽象思维过渡．

4. 利用"洋葱数学"微课突破知识的难点，掌握类型题的解题思想和方法

在平时的做题中学生会遇到一些难题，其实许多难题都是有规律可寻的．我们可以将这些难题进行分类，让学生做一题就会做一类题．"洋葱数学"中

有这样类型的微课，我们可以恰当地将其应用在数学的教学中，利用微课可以暂停，对学生进行针对性的讲解，可以有效帮助学生突破难点．

例如在学习一元一次方程时会遇到这样一类题型：含参数的一元一次方程．这类题对于初一刚刚接触方程的孩子来说是个难点，教师可以播放"洋葱教学"中《含参数的一次方程》这个微课视频，视频中对这类问题进行了归类讲解，这样能够让学生在意识当中形成正确的解题思路，找到正确的解题方法，从而突破难点，掌握解题规律．

5. 利用"洋葱数学"微课强化复习

"洋葱教学"视频微课与初中数学的整个课程相互同步，且微课视频可以反复观看．对于以前学过的内容学生可以进行适当的复习，巩固所学知识．

例如初三学生如果忘了初一时某些知识，那么他可以打开"洋葱数学"微课去看初一知识，这样可以很好地帮助其进行复习．

6. 形成数学文化与初中数学融合的优秀实践案例

课题组及王学先名师工作室设计了"数学文化与初中数学教学融合"的案例，在教学实践后进行了修改完善，形成了数学文化与初中数学融合体系化的实践案例集．这些案例将数学文化真正的融入到课堂中，增加数学课堂的文化品味，提升数学教学品质，能激发学生学习数学的兴趣，使学生建立数学文化自信，充分实施数学课程思政，落实立德树人的根本任务，从而实现数学文化与初中教学的深度融合．